Handbuch der
Parapsychologie

Armando Pavese

Handbuch der Parapsychologie

Einführung in den Bereich der Grenzwissenschaften

Mit 60 praktischen Beispielen

ins Deutsche übersetzt
von
Marcus Würmli

Bechtermünz Verlag

Titel der italienischen Originalausgabe:
Manuale di Parapsicologia

Übersetzung ins Deutsche:
Marcus Würmli
Druck und Bindung: Wiener Verlag, Himberg bei Wien
Printed in Austria
ISBN 3-86047-748-X

Inhalt

Erstes Kapitel

Parapsychologie, eine Wissenschaft zwischen Magie und Utopie

Zweites Kapitel

Theorie der Versuchsgestaltung

Drittes Kapitel
Experimente

Viertes Kapitel
Radiästhesie und Rhabdomantie

Vorwort

Die Begegnung mit der Parapsychologie, die heute bereits an Universitäten gelehrt wird, ist durch mannigfache Barrieren aus unterschiedlichen Bereichen erschwert, um nicht zu sagen blockiert. Aus dem bunten Knäuel der Einwände und der Vorurteile seien nur drei besonders bedeutsame Hemmschwellen genannt.

Parapsychologie und christlicher Glaube

Eine erste Barriere könnte durch (einen falsch akzentuierten) christlichen Glauben aufgerichtet sein, durch die Behauptung nämlich, die Parapsychologie versuche die Pläne und Wunder des göttlichen Eingreifens im Geschehen des Universums rein natürlich zu erklären. Es werde das Wirken Gottes in seiner Schöpfung wie auch die Gesprächsmöglichkeit Gottes mit den Menschen entzaubert und einem radikalen Säkularisierungsprozeß unterworfen.

Es kann durchaus gesagt werden, im atheistischen Weltkonzept wie auch im Konzept des Deismus, nachdem sich der Schöpfergott nach dem Kraftakt der Schöpfung endgültig ins himmlische Austragstübchen zurückgezogen habe, tue sich ein Freiraum auf, in dem unerklärliche Phänomene nicht mehr auf Gott zurückgeführt, sondern durch die Parapsychologie innerweltlich gedeutet werden.

Mit aller Deutlichkeit sei aber festgehalten: Die Parapsychologie versteht sich nicht als Konkurrentin, schon gar nicht als Antipodin des christlichen Glaubens. Sie weiß ebenso um ihre Methode wie um ihren Forschungsbereich. Sie versucht lediglich innerweltliche Phänomene aufzuschlüsseln, die in der Schöpfungswirklichkeit mitgegeben sind und die als Mitteilungs- und Wirkungsschienen auch der allmächtige und dialogfähige Gott verwenden kann.

Parapsychologie und kausal-mechanistisches Weltbild

Eine zweite Barriere gegen eine unvoreingenommene Begegnung mit der Parapsychologie könnte durch die Annahme gegeben sein, daß sich in ihr die Abwehr des kausal-mechanistischen Weltbildes artikuliere und ein unverkennbarer Irrationalismus vertreten werde.

Ohne Zweifel gibt es gerade im letzten Jahrzehnt des 20. Jahrhunderts eine wachsende heimlich-unheimliche Unruhe, ob das im neuzeitlichen Europa aufgestellte Modell der Weltdeutung und Weltbeherrschung wirklich richtig ist. Neben den staunenswerten Erfolgen der europäischen Naturwissenschaften kann die Produktion von gähnender Leere und die Zerstörung der Umwelt nicht länger verschwiegen werden. Europäisches Denken scheint an die argumentative Rationalität gefesselt wie Prometheus an seinen Felsen und damit ein unentrinnbares abendländisches Schicksal zu sein. Der Mensch, das ganze Universum geht in der Physik, in der Chemie, in der überschäumend optimistischen Wissenschaftsgläubigkeit nicht auf.

Immer lauter und immer hartnäckiger stellt sich die Frage, ob es jenseits aller Testierungen in den wissenschaftlichen Labors und weit über das Reagenzglas und die Milligrammwaage hinaus »Wirklichkeiten« gibt, die »wirklicher«, entscheidender und zukunftsträchtiger sind als jene Realitäten und Wirklichkeitsklötzchen, die chemisch-physikalisch getestet werden.

Parapsychologie und Bewußtseinserweiterung im Wassermann-Zeitalter

Eine dritte Hemmschwelle gegen eine positive Begegnung mit der Parapsychologie könnte durch die heute überschäumende Welle der Esoterik, der Mystik, ganz allgemein der New-Age-Bewegung und ihre kritische Abwehr entstehen. In unzähligen Veröffentlichungen wird heute das Ende des Zeitalters der Fische verkündet und für das Jahr 2000 der Beginn des Wassermann-Zeitalters proklamiert. Im Wassermann-Zeitalter werde die ganze Erde in ein höheres Schwingungsfeld geraten und eine kollektive Bewußtseinserweiterung möglich werden.

Nicht wenige Menschen reagieren angesichts solch kühner Prophezeiungen überaus skeptisch. Sie warnen vor utopischem Denken. Sie plädieren für Nüchternheit und Wachsamkeit des Denkens. Daß dabei auch die Parapsychologie in ein negatives Licht geraten kann, wäre durchaus verständlich, ist jedoch ungerecht.

Wer sich im Dschungel dieser Gegenwartsfragen orientieren und über die zwar vielzitierte, aber doch reichlich unbekannte Parapsychologie zu einer persönlichen, wissenschaftlich verantworteten Urteilsbildung gelangen will, greife zu vorliegendem Handbuch. Er wird es mit Spannung und mit geistigem Gewinn lesen und gewiß auch anderen zur Lektüre empfehlen.

Dr. theol. Alfred Läpple

Einleitung

Paranormale Erscheinungen treten in allen Kulturen, allen Religionen (auch den Stammesreligionen) und in allen Epochen auf. Wie man diese Phänomene interpretiert, hängt vom kulturellen Zusammenhang ab, in dem sie stattfinden.

Während der Gegenreformation waren paranormale Erscheinungen Symbole teuflischer Manifestation. Archaische Kulturen sehen darin einen Eingriff der Seelen Verstorbener und von Naturgeistern. Heute sind paranormale Erscheinungen eine Quelle der Verwirrung, der Spekulation und des Betrugs, aber auch ein Objekt wissenschaftlicher Forschung.

In diesem Zusammenhang müssen wir ein großes, mögliches Missverständnis über das Paranormale und den Glauben ausräumen. Die christliche Religion gründet auf der Frohen Botschaft von unserer Erlösung und nicht auf dem Glauben an mehr oder minder außergewöhnliche Erscheinungen, die wiederum den interessieren, der am Glauben zweifelt.

Der Glaube benötigt keine überwältigenden Beweise, zum Beispiel in Form von Stimmen Verstorbener, mehr oder weniger wunderbarer Heilungen, von Prophezeiungen oder spiritistischen Sitzungen.

Wer also dieses Buch gekauft hat, um darin Beweise für das geistige Überleben von Verstorbenen – oder schlimmer noch: für die Existenz Gottes – zu finden, wird nicht zufrieden sein.

Wer es hingegen aus einer gesunden Neugier heraus erworben hat, um zu Erkenntnissen auf wissenschaftlicher oder mindestens empirischer Basis zu gelangen, um Experimente über paranormale Erscheinungen selbst durchzuführen und um sich in der verwirrenden babylonischen Vielfalt der Magier, Esoteriker, Sensitiven und Atemtherapeuten zurechtzufinden, der hat eine gute Wahl getroffen und wird – so hoffe ich – nicht enttäuscht sein.

Der Autor

Erstes Kapitel

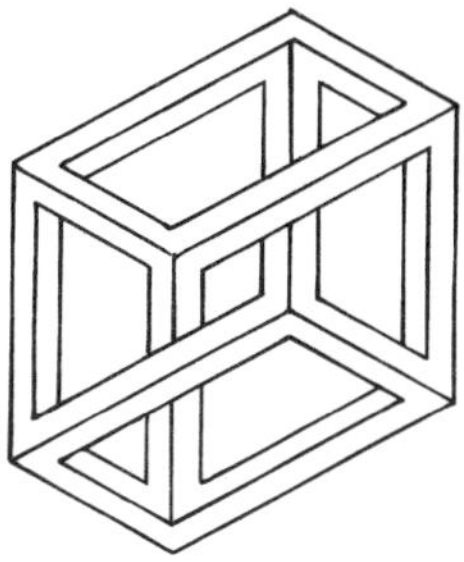

Parapsychologie, eine Wissenschaft zwischen Magie und Utopie

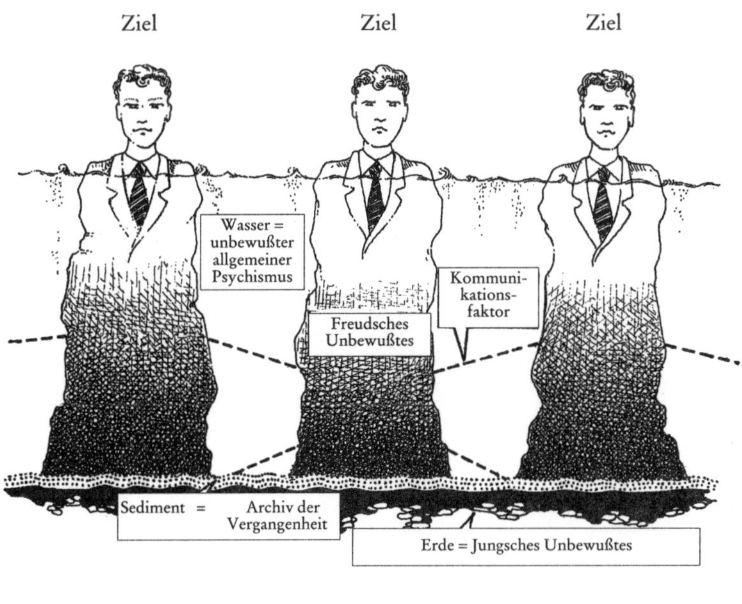

Klarheit über die Parapsychologie

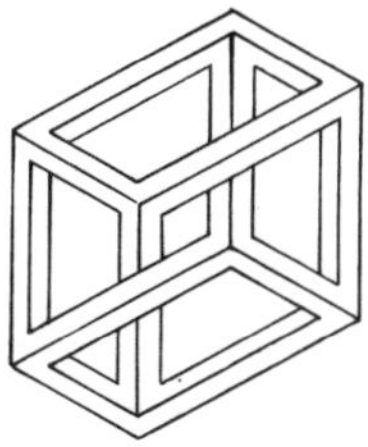

Glauben Sie an paranormale Erscheinungen?

Oft fragen mich Menschen, die kurz zuvor von meinen Forschungen über die Parapsychologie erfahren haben: „Glauben Sie an paranormale Erscheinungen?“ Darauf antworte ich mit einem Quentchen Provokation, viel Geduld und Überzeugung: „Ich glaube nur an Gott.“ Und füge dann hinzu: „Ich glaube nicht an die Parapsychologie, sondern führe Experimente durch, kontrolliere, werte und ziehe daraus Schlüsse. Bevor man Tatsachen nicht untersucht hat, kann man kaum etwas über ihren Ursprung sagen. Aber zumindest bin ich mir sicher, daß es sie gibt. Ich versuche eine Erklärung dafür im Licht der Wissenschaft zu geben, weil der Mensch die Welt, in der er lebt, begreifen will. Bisweilen bin ich überzeugt, daß die Erklärung standhält, aber oft kann ich diese Befriedigung nicht empfinden. Ein armer Forscher und Schriftsteller auf dem Gebiet der Parapsychologie wie ich kann vorerst nicht viel mehr als Buch führen.“

Gelegentlich bin ich weniger kategorisch. Vor einiger Zeit traf ich einen Freund, der nach der üblichen Begrüßung meinte: „Ich habe gehört von einem deiner jüngsten Experimente über ...“ Da verhaspelte er sich und fand das richtige Wort nicht mehr. Wahrscheinlich kämpften in jenem Augenblick Begriffe wie Parapsychologie, spiritistische Sitzungen, Magie und Hexerei in ihm um die Oberhand. Für ihn waren sie alle gleichwertig, und so brachte er am Ende nur ein Gestammel hervor. Glücklicherweise sind in jedem Individuum unbekannte Kräfte am Wirken, von denen die Telepathie die grundlegende Komponente der Intuition darstellt. So konnte ich seine Botschaft verstehen, auch wenn mich die Lust überkam, ihn zu fragen, ob er jene Geister meine, die ich im Keller in Flaschen aufbewahre ...

Als der Nobelpreisträger für Physik und Entdecker des Thalliums William Crookes und der Nobelpreisträger Charles Richet (Serotherapie und Anaphylaxie) gegen Ende des vorigen Jahrhunderts mit dem wissenschaftlichen Studium der Metapsychik, der heutigen Parapsychologie, begannen, ist sehr viel Wasser den Rhein hinuntergeflossen. Seither haben sich auch viele große Wissenschaftler mit den unbekannten Kräften im Menschen beschäftigt. Wir wollen hier nur C. G. Jung erwähnen, der zeitlebens paranormale Erscheinungen untersuchte, sowie Camille Flammarion, der grundlegende Entdeckungen auf dem Gebiet der Astronomie machte.

Ein Zweig der offiziellen Wissenschaft verleugnet seit jeher parapsychologische Erscheinungen und erklärt, sie seien unmöglich. Doch dann gab es auch wieder Wissenschaftler, die an Experimenten teilnahmen und dann doch an solche Phänomene glaubten, wie der italienische Anthropologe Cesare Lombroso oder der Psychiater Enrico Morselli.

Leider gibt es nur wenige zugängliche parapsychologische Phänomene, die man experimentell untersuchen kann, und nur eine geringe Zahl von Forschern hat die Möglichkeit dazu.

Heute befinden wir uns in parapsychologischer Hinsicht noch in der Zeit von Galileo Galilei. Es gibt noch viele Menschen, die sich weigern, „durch das Fernrohr zu sehen", weil „gewisse Dinge einfach nicht möglich sind". Es ist aber nicht sinnvoll, eine Tatsache so lange zu leugnen, bis man sie experimentell bewiesen hat. Es ist ebensowenig angebracht, eine Tatsache zurückzuweisen, einfach weil es dafür keine Erklärung gibt. Die Angst vor dem Unbekannten oder – besser – die Unkenntnis über dessen Gründe verleitet viele dazu, paranormale Erscheinungen abzustreiten.

Auch die Hypnose war in den vergangenen Jahrhunderten ein Rätsel, gehörte zum Bereich Okkultismus und Magie, und doch wird sie heute in Psychologie und Chirurgie angewendet! Bis vor kurzem verwarf die westliche Medizin zu einem großen Teil die Akupunktur als magisches oder mystisches Geschehen. Heute aber studieren viele westliche Mediziner diese ursprünglich chinesische Disziplin und erzielen große Erfolge, obwohl die Grundlagen hierfür noch lange nicht geklärt sind.

Was aber ist die Parapsychologie, die in den Augen ihrer Kritiker zwischen Magie und Science-fiction steht? Sie ist eine neue Wissenschaft. Sie studiert Erscheinungen, die sich der Kontrolle unserer fünf Sinne entziehen und die man nur teilweise mit heutigen wissenschaftlichen Erkenntnissen erklären kann. Oft manifestieren sich die Erscheinungen so, daß sie geradezu den Prinzipien der Wissenschaft zuwiderlaufen. Diese Erscheinungen finden jedoch nach der Erfahrung und der Überzeugung des Autors (und vieler anderer Forscher) im Rahmen noch nicht entdeckter Naturgesetze statt und haben nichts mit Göttlichem (Gott, Jesus Christus, Dreifaltigkeit) oder mit dem Leben im Jenseits (Erscheinung von Verstorbenen) zu tun. Gelegentlich kann es allerdings vorkommen, daß der Auslöser für eine paranormale Erscheinung in der religiösen Haltung einer Person liegt und damit eine geistliche Motivation besitzt.

Ich rate dem Leser, in gar keinem Fall Ursachen und Wirkungen miteinander zu verwechseln. Dies geschieht leider ziemlich häufig, wenn nämlich die Erklärung eines echten paranormalen Phänomens auf spiritistische Weise erfolgt. Oft schreibt man diese Vorfälle der Intervention von Verstorbenen oder von Dämonen zu. Heute weiß man immerhin so viel über die Dynamik der Tiefenschichten der Seele, daß wir zumindest den (unbewußten) Auslöser dieser Erscheinung – das Unbewußte – und deren tiefste Bedeutung – die Kommunikation – benennen können.

Die Forschung kann noch keine Antwort darauf geben, wie paranormale Erscheinungen vor sich gehen. Sie weiß noch nicht, welche Energien dabei auftreten, besonders bei der Psychokinese. Bisher können wir nur Hypothesen aufstellen.

Paranormale Erscheinungen

Paranormale Phänomene sind natürliche Erscheinungen, die als tiefsten Zweck die Kommunikation zwischen zwei Menschen beinhalten. Wir werden in den folgenden Abschnitten sehen, daß diese Kommunikation das Wesen aller paranormalen Erscheinungen ist. Sie bildet das verbindende Element unter ihnen.

Man kann im wesentlichen zwei Formen paranormaler Erscheinungen unterscheiden:

- *Psi-kognitive (intellektuelle),* die mit der Wahrnehmung des Seins oder des Werdens solcher Phänomene zu tun haben,
- *psi-kinetische (physikalische),* welche die Auswirkungen auf die Materie betreffen.

Die Vorsilbe „psi“ stammt vom 20. Buchstaben des altgriechischen Alphabets und geht auf den Anfangsbuchstaben des Wortes „psyché“ (Seele) zurück. Man verwendet dieses Akronym gleichbedeutend wie „paranormal“.

Jeder Autor, der sich um die Erklärung paranormaler Tatsachen bemüht, schafft neue Begriffe. Diese Tendenz findet ihre Rechtfertigung in der Vielfalt, mit der paranormale Phänomene auftreten. Im Hinblick auf den einheitlichen Ursprung der paranormalen Erscheinungen halte ich mich an die gebräuchlichste Terminologie. Der Begriff „Psi“ wird von allen Parapsychologen akzeptiert. Man bezeichnet damit allgemein jede Erscheinung, die mit Paranormalem zu tun hat. Der Begriff „Psi“ impliziert auch nicht notwendigerweise eine Erklärung dieser Erscheinung. Er nimmt keine Partei für eine der beiden parapsychologischen Strömungen. Die eine Strömung erklärt paranormale Erscheinungen mit den Auswirkungen seelischer Dynamik, die andere sieht sie als Äußerung noch unbekannter physikalischer Gesetze (sowjetische Schule). Der Autor dieses Buches sieht das Wesen aller paranormalen Erscheinungen in einer „unbewußten Kommunikation“ und zählt sich somit zur ersten Schule. Für psikinetische Erscheinungen stellt er eine psycho-physische Interaktion zur Diskussion.

Der Einteilung in kognitive und kinetische Phänomene entspricht das Verfahren, die Erscheinungen im Hinblick auf den Raum (Telepathie, Hellsehen), auf die Zeit (Hellsehen, Präkognition) und die Wirkung auf die Materie (Psychokinese) zu klassifizieren.

Psi-kognitive Erscheinungen

Sie betreffen das Wesen der Phänomene, also das, was geschieht oder was gerade außerhalb unserer sinnlichen Wahrnehmung geschehen ist. Es handelt sich um eine Art der Kommunikation im Raum über die Wege des Unbewußten. Es ist wichtig, daß die Kommunikation „nicht bewußt", aber unter bestimmten Bedingungen zustande kommt, auf die wir später eingehen werden. Sie wird im allgemeinen unterbrochen, wenn die Erscheinung instrumentalisiert und in utilitaristischer Weise genutzt werden soll. Es gibt zwei Arten solcher Erscheinungen:

– Die *Telepathie* ist die unbewußte Kommunikation zwischen Psyche und Psyche. Man kann auch sagen: „Bei der Telepathie erhält eine lebende Person auf paranormalem Weg Kenntnis von einem Ereignis oder einem geistigen Zustand einer anderen lebenden Person" (Cassoli).

Eine wesentliche Bedingung für echte Telepathie ist, daß sich die beiden Personen nicht in derselben Umgebung befinden. Trifft dies dennoch zu, so kann man nicht sicher sein, daß es sich wirklich um ein paranormales Phänomen handelt.

Wir wollen das an einem Beispiel reiner Telepathie erläutern. Es betrifft Papst Pius V. und wird von seinem Biographen Catena berichtet. Der Forscher J. Gente überprüfte die Fakten anhand der vatikanischen Archive und bestätigte deren Echtheit.

Am 7. Oktober 1571, um 5.00 Uhr nachmittags, als die Schlacht bei Lepanto gerade in Gang war, besprach der Papst zusammen mit einigen Prälaten einen Verwaltungsbericht seines Ministers Busotti. Plötzlich stand der Papst auf, öffnete ein Fenster und schaute in sich versunken gegen Osten. Dann wandte er sich gegen die Umstehenden und sagte: „Lassen wir für heute die Geschäfte, danken wir Gott! Die christlichen Armeen erringen den Sieg!" Ein Kurier, der auf seiner Reise von einem Sturm festgehalten wurde und erst zwei Wochen später eintraf, bestätigte die Niederlage der türkischen Flotte.

Es gibt viele Möglichkeiten, um telepathisch eine Nachricht zu empfangen. Der Papst erfuhr von der Niederlage vielleicht durch eine

Vision. Die Erscheinung gehört jedoch aufgrund der weiten Entfernung zur reinen Telepathie.

– *Hellsehen* ist eine Kommunikation zwischen Seele und unbeseelter physischer Realität. Es gibt eine wesentliche Bedingung für echtes Hellsehen: Die Erscheinung muß so zustande kommen, daß man ausschließen kann, daß die Information bereits einer anderen menschlichen Seele bekannt war. Im gegenteiligen Fall würde es sich um Telepathie handeln. Diese Vorbedingung ist aber selten gegeben. Der ideale Fall wäre das Auffinden eines antiken Manuskripts oder eines Grabes, von dessen Existenz man in der Überlieferung weiß, ohne die genaue Stelle zu kennen. Es reicht aus, wenn nur eine lebende Person Kenntnis von dieser physischen Realität besitzt (die zum Beispiel auch eine Leiche sein kann). Dann ist bereits eine Kommunikation auf unbewußter Ebene möglich.

Berühmt waren die hellseherischen Fähigkeiten von Gérard Croiset, der mehrere Male der holländischen Polizei half, die Leichen ertrunkener Kinder zu finden. Seine Sensibilität hatte sich während der Kindheit entwickelt, als er selbst einmal Gefahr lief zu ertrinken.

Unter seinen berühmtesten Fällen war auch der des kleinen Wimpie, der plötzlich von zu Hause verschwunden war. Croiset sagte, das Kind sei ertrunken, und beschrieb den Ort, an dem man die Leiche zwölf Tage danach auch tatsächlich fand. Alles stimmte, auch die Vorhersage über die Zeitspanne bis zur Auffindung des Knaben.

Im Fall des kleinen Menno Bergsma nannte Croiset auf telefonische Anfrage hin den Ort, bei dem das Kind ertrunken war. Kurz danach zeichnete er die Stelle, wo man die Leiche auffinden würde. Sie hatte als besonderes Kennzeichen einen Pfahl, an dem die Schiffe festmachten. Auf der Zeichnung war auch ein Autoreifen um den Pfahl wiedergegeben. Aufgrund der Zeichnung fand man die Stelle, es fehlte jedoch der Reifen. Man fischte den Kanal ab und fand ihn. Einige Kinder spielten später mit dem Reifen und steckten ihn dann auf den Pfahl. Kurz darauf wurde auch die Leiche des Kindes gefunden.

Die Unterscheidung zwischen reiner Telepathie und reinem Hellsehen ist eher praktischer Natur. Sie ermöglicht die Klassifizierung der Vorfälle. Vom wissenschaftlichen Standpunkt aus macht der Unterschied hingegen kaum einen Sinn, weil das Grundmuster dahinter dasselbe ist.

Zu den psi-kognitiven Erscheinungen zählt auch die *Präkognition,* die wir gelegentlich ebenfalls als Hellsehen bezeichnen. Der klassischen parapsychologischen Definition zufolge ist es „das Wissen um Tatsachen, die noch eintreten werden und die nicht vorauszusehen sind". Bei der geläufigen Interpretation dieser Erscheinung nimmt man an, daß die Tatsache eintritt, bevor der Grund dafür manifest wird. Ich bin mit dieser Auffassung nicht einverstanden. Die ganze existierende Kasuistik kann unter strengeren Gesichtspunkten betrachtet werden. Dann reduziert sich die Bedeutung der Präkognition für die Parapsychologie stark. Wir werden an anderer Stelle darauf zurückkommen. Bis dahin behaupte ich, daß es keine Präkognition im obengenannten Sinne gibt.

Die Präkognition ist eine paranormale Erscheinung, die Erkenntnisse über Tatsachen gewährt, die bereits am Eintreffen, in Bildung begriffen sind. Sie sondiert das Werden der Ereignisse und wählt die wahrscheinlichste Möglichkeit aus. So wird aus der Präkognition die Voraussage menschlicher Handlungen, die man durch Abwägung der Wahrscheinlichkeit im voraus weiß.

Psi-kinetische Erscheinungen

Paranormale Einwirkungen auf die Materie sind hier gemeint, man spricht allgemein von *Psychokinese.* Die Parapsychologie hat bisher noch keine Gemeinsamkeiten in der großen Vielzahl psychokinetischer Phänomene gefunden.

Professor Ugo Dettore macht in anderem Zusammenhang darauf aufmerksam, daß sich die Psychokinese der Telepathie stark nähert. Aus ganz anderen Gründen (auf die ich in den folgenden Kapiteln eingehen werde) fasse ich die Psychokinese als unbewußte Übermittlung einer symbolischen Botschaft mittels Einwirkung auf die Materie auf. Die Bedeutung des Phänomens schwankt je nach seiner Art.

Die Psychokinese, die normalerweise „PK" abgekürzt wird, zeigt sich in ähnlichen Ausprägungen bei unterschiedlichen Vorgängen, wie beim Spiritismus, der dämonischen Besessenheit, bei Poltergeistern, bei Spukerscheinungen und mystischen Sachverhalten. In den folgenden Abschnitten werden wir nach und nach hierauf eingehen.

Jetzt beschränken wir uns darauf, die wichtigsten psychokinetischen Erscheinungen zu definieren.

Telekinese bedeutet Fernbewegung, also die Bewegung entfernter Gegenstände ohne Anwendung einer bekannten physikalischen Kraft.

Levitation ist das freie Schweben einer Person in der Luft. Man verwendet den Begriff auch für Gegenstände. Wenn diese jedoch weiterbewegt werden, spricht man von Telekinese.

Psychophonie ist die Registrierung intelligenter Stimmen auf Tonbändern, ohne daß ein Mensch bewußt interveniert.

Unter *Apport* verstehen wir das Herbeischaffen oder das Erscheinen eines Gegenstandes, der in der betreffenden Umgebung zuvor nicht existierte. Man nimmt vernünftigerweise an, daß dieser Gegenstand von einem Ort wegtransportiert wurde, wo er nun fehlt. Man spricht dann von *Asport.* Man weiß vom Apport von Steinen, Wasser, Blüten und anderen Gegenständen.

Bei mediumistischen Sitzungen kann es zu einer *Materialisation,* also zur Bildung menschlicher Formen kommen. Man spricht dann auch von *Ektoplasma.*

Die englische Bezeichnung „*Raps*" bezeichnet unterschiedlich kräftige Klopflaute. Sie reichen von einem schallenden Knall bis zu ohrenbetäubendem Lärm. Raps treten normalerweise bei mediumistischen Sitzungen auf.

Direktes Malen und Zeichnen kommt ohne ersichtliche Betätigung zustande. Es können dabei Hilfsmittel vorhanden sein oder auch nicht.

Die *Bilokation,* also die Fähigkeit, an zwei oder mehr Orten gleichzeitig zu sein, ist eine Materialisation menschlicher Gestalten außerhalb von spiritistischen Sitzungen. Die Grundlage für diese Erscheinung ist vielleicht ein Prozeß der Organisierung korpuskulärer Energie. Dies geschieht unbewußt und hat als Ursprung einen unbewußten Reiz oder in einigen Fällen auch einen Akt bewußten Wollens. Oft verhält sich die menschliche Gestalt wie ein wirklicher „Doppelgänger", zeigt physische Konsistenz und spricht. Die Erscheinung trat im Leben von Mystikern und Heiligen, aber auch außerhalb von mediumistischen Sitzungen und bei anderen Anlässen auf. Ähnlich verhält es sich mit der Out-of-body-experience (OOBE), d. h. mit der Erfahrung, außerhalb des Körpers zu sein. Dazu gehört zum Beispiel die Wahrnehmung des eigenen liegenden oder schlafenden Körpers und der Besuch einer unbekannten Umgebung. Dieses Phänomen ist subjektiv und kann deswegen nur die Frucht einer psi-kognitiven Aktivität vom telepathisch-hellseherischen Typ sein. Eine Einreihung unter die psychokinetischen Erscheinungen ist damit nicht möglich.

Zu den *olfaktorischen Phänomenen* gehört das Verströmen von Wohlgerüchen oder von üblen Düften (Schwefel). Sie zeigen sich im Zusammenhang mit mystischen, pseudodämonischen, spiritistischen und spukhaften Erscheinungen. Ausgeschlossen sind davon natürlich Gerüche, die durch die normalen physiologischen Aktivitäten des Organismus entstehen.

Temperaturveränderungen zeigen sich durch ein Absinken der Raumtemperatur bis um 10° C bei gewissen mediumistischen Sitzungen und in den Augenblicken kurz vor wichtigen materiellen Erscheinungen wie Apporten, Materialisationen, Levitationen. Andererseits sind herbeigebrachte Metallgegenstände im allgemeinen so warm, daß sie bei dem, der sie berührt, zu Verbrennungen führen oder Brandspuren auf dem Tisch hinterlassen. Ein thermisches Phänomen ist auch die spontane Verbrennung, die beim Erscheinen von Poltergeistern auftreten kann (die Projektion von Neurosen in der Adoleszenz und dabei auftretende psychokinetische Effekte werden später behandelt).

Paranormale Erscheinungen nennen wir *experimentell*, wenn sie sich im Laufe von Versuchen zeigen. Ein solches Experiment kann *qualitativer* Natur sein; es dient dann dazu, das Phänomen mit seinen allgemeinen Merkmalen zu bestätigen und zu klassifizieren. Gleichzeitig sollen die gemeinsamen typischen Elemente solcher Phänomene herausgeschält werden, um eine Wiederholung zu erleichtern. Von *quantitativer* Natur ist das Experiment, wenn die Erscheinungen nach mathematischen Gesetzmäßigkeiten untersucht werden. Man muß hierfür sehr viele Versuche durchführen, kann dann aber aufgrund der statistischen Verteilungen feststellen, ob das behauptete paranormale Phänomen wirklich existiert. Wenn nämlich die Anzahl der positiven Fälle größer ist, als man nach der Wahrscheinlichkeitsrechnung annehmen kann, dann darf die Existenz der behaupteten Erscheinung als gesichert gelten.

Ein paranormales Phänomen bezeichnen wir dann als *spontan*, wenn es durch einen unbewußten Impuls ins Bewußtsein gehoben wird. Dahinter steht nach der Meinung des Autors immer ein existentieller Auslöser. Die spontanen Phänomene bilden in der Parapsychologie den Normalfall; sie lassen sich vor allem auf ihre qualitative Natur hin untersuchen. Spontane paranormale Phänomene verhalten sich zu experimentellen quantitativen Studien wie der Regenwald mit seiner ganzen Vielfalt an Pflanzen und Tieren zu einem zoologischen Garten. Quantitative Studien haben uns die Existenz paranormaler Phänomene bewiesen. Wenn sie uns in Zukunft auch einen Schlüssel zu den gemeinsamen Elementen in die Hand geben, so werden sich ganz neue Ausblicke für das Studium des Paranormalen auftun.

Das Unbewußte

Freud und Jung

Die Bezeichnung „Psyche" stammt aus dem Altgriechischen und bedeutet „Seele". Wir wollen hier festhalten, daß in diesem Kapitel nur von der *psychologischen Seele* die Rede sein soll, die drei Schichten umfaßt, das persönliche oder individuelle Unbewußte, das bewußte Ich und das kollektive Unbewußte. Wir werden nicht auf die *spirituelle Seele* eingehen, denn dies betrifft den persönlichen Glauben. Das nächste Kapitel bietet dafür übrigens einen besseren Zugang.

Das *individuelle Unbewußte* ist der tiefste Teil der Seele außerhalb des Bewußtseins. Vom Unbewußten wissen wir nur wenig: Alle Erfahrungen des Lebens werden jedenfalls dorthin verfrachtet. Das Unbewußte besteht nach Auffassung von Freud, dem Begründer der Psychoanalyse, aus dem Es und dem Über-Ich.

Im *Es* liegen die primitiven und egoistischen Instinkte des Menschen. Es handelt nach dem Lustprinzip und berücksichtigt keine moralischen Prinzipien und keine Anforderungen der Realität. Es ist chaotisch, unorganisiert und stellt die Quelle der Triebe dar. Darunter verstehen wir instinktive Neigungen, die das Individuum zur unmittelbaren Befriedigung primitiver Bedürfnisse drängen. Das Es entspricht dem Maß an Vitalität, das man bei der Geburt mitbekommt. Wenn es erschöpft ist, geht man dem Tod oder dem Selbstmord entgegen.

Das *Über-Ich* ist Ergebnis der Erziehung durch die Familie und die Umwelt. Es spornt das Ich an, die Aggressivität und die instinkthaften Triebe zu unterdrücken und die sexuellen Forderungen des Es zu regulieren. Das Über-Ich handelt unbewußt und nicht aufgrund moralischer Vorstellungen. Es stellt eine Art „Programm" dar, und als solches ist es steril, erbarmungslos und grausam. Wenn das Über-Ich eine Niederlage erleidet und die Triebe des Es die Oberhand gewinnen, treten normalerweise Schuldgefühle auf. Es kommt zu einer Selbstbestrafung, die für das Individuum viel Leid mit sich bringen kann.

Das *bewußte Ich* oder kognitive Bewußtsein ist das Zentrum des Seins. Es bewahrt das Bewußtsein der eigenen Identität, hält den Kontakt zur Realität und formt sich permanent um. Es ist der bestorganisierte und zusammenhängendste Teil unserer Seele.

Nach der Freudschen Auffassung schützt das Ich die Persönlichkeit mit Hilfe geeigneter Abwehrmechanismen. Diese bilden ein Gegengewicht zu den Trieben des Es und dem Druck des Über-Ich. Zwischen diesen beiden Instanzen vermittelt das Ich. Freud erläuterte seine Vorstellung mit dem Bild von den drei Tyrannen, denen das Ich unterworfen ist, nämlich dem Über-Ich, der Außenwelt und dem Es. Drei Herren kann man nicht gehorchen, und noch schwieriger ist es, ein Gleichgewicht zwischen diesen dreien zu finden. Aus dem Kampf zwischen dem Es und dem Über-Ich, den wir meist nicht bemerken, gehen unsere Entscheidungen, also die Entscheidungen des Ichs, hervor.

Der Theorie von Freud zufolge entwickelt sich das Ich nach und nach aus dem egokosmischen Ich des Kindes, das zwischen dem eigenen Ich und der Außenwelt nicht unterscheiden kann. Die Entwicklung führt über das egozentrische Ich, bei dem das Kind sich als Zentrum der Welt auffaßt.

Freud kennt auch ein Gebiet des Vorbewußten, das vergangene und damit nicht mehr bewußte Dinge enthält. Mit einem Willensakt können sie jedoch ins Bewußtsein zurückgeholt werden. Es ist eines der Ziele der Psychoanalyse, gewisse Lebenserfahrungen vom Unbewußten ins Vorbewußte und von dort ins Bewußte zu heben.

Carl Gustav Jung, der Begründer der analytischen Psychologie, faßte das Unbewußte anders auf. Im Gegensatz zu Freud unterschied er:

– Das *persönliche Unbewußte* enthält „die verlorengegangenen Erinnerungen, verdrängte peinliche Dinge, Sinneswahrnehmungen, die nicht intensiv genug waren, um ins Bewußtsein einzudringen, und Inhalte, die für das Bewußtsein noch nicht reif sind".[1]

Das persönliche Unbewußte läßt sich nicht allein mit den persönlichen Erfahrungen erklären. Bei der Analyse seines eigenen Unbewußten und des seiner Patienten erkannte Jung Urbilder, die er Archetypen nannte. Sie sind die psychologischen Erfahrungen der ganzen Menschheit und bilden das kollektive Unbewußte. Dieses beeinflußt mit der Projektion seiner Urbilder auch das persönliche Unbewußte.

– Das *kollektive Unbewußte* wäre somit das gemeinsame Erbe der Menschheit. Es bildete sich als seelische Projektion des Glaubens und der ständig wiederholten Erlebnisse des Menschen. Die Figuren des Vaters, der Mutter und des Kindes sind in diesem Sinne die mächtigsten Urbilder, die der ganzen Menschheit gemeinsam sind. „Tatsächlich sind sie eine instinktive Neigung, wie etwa der Impuls bei Vögeln, Nester zu bauen, oder bei Ameisen, organisierte Kolonien zu bilden."[2] Jung interpretiert die Dreifaltigkeit der christlichen Dogmatik als einen Archetyp oder als Projektion eines Symbols des kollektiven Unbewußten in die christliche Lehre. Wenn Jung damit die Wahrheit getroffen haben sollte, bleibt uns nur, die Schöpfung zu bewundern, die diesen Mechanismus vorgesehen hat: So würde sich in einer tiefen Schicht der Seele das Geheimnis der Dreifaltigkeit spiegeln.

Das Unbewußte und das Paranormale

Aus diesen Vorstellungen und der Gegenüberstellung zwischen Freud und Jung sind zwei Schulen der Analyse entstanden. Jede Schule oder Methode hat Erfolg und gelangt zu anerkennenswerten Ergebnissen, obwohl beide von unterschiedlichen, bisweilen einander entgegengesetzten Voraussetzungen und Konzepten ausgehen. Wieso ist das möglich? Darauf könnte man vereinfachend antworten, daß das Unbewußte eine „einzige Realität" mit vielen Zugangsmöglichkeiten ist. Die faszinierendste Antwort ergibt sich jedoch aus dem Studium des anscheinend polyvalenten Unbewußten und seiner noch unbekannten Merkmale. Das Unbewußte bildet in der Analyse fast eine eigenständige Dimension, eine „psychische Wesenheit", die einen gewissen Grad der Formbarkeit aufweist und die den Analysanden, den Analytiker und die wissenschaftliche Methode umfaßt.

Diesen kurzen Exkurs haben wir aus drei Gründen gemacht:

1. Der Begriff des Paranormalen setzt den des Unbewußten voraus, weil das Paranormale seine Dynamik im Unbewußten entfaltet. Es steht fest, daß das Unbewußte den Filter darstellt, durch den die parapsychologische Kommunikation ins bewußte Ich gelangt.

2. Verschiedene Parapsychologen haben während ihrer qualitativen und quantitativen Experimente festgestellt, daß die „Gruppe", bestehend aus Experimentator mit bestimmter ideologischer Ausrichtung, aus Sensitiven und Beobachtern, offensichtlich eine „psychische Wesenheit" bildet, die aufgrund gewisser geistiger Einstellungen den Ausgang des Experiments beeinflussen kann. Paranormale Phänomene im Experiment haben fast immer einen gemischten Charakter und werden auch von Elementen beeinflußt, die in der Seele des Experimentators entspringen.

Bei quantitativen Experimenten beobachteten Sharp und Clark, daß eine feindselige Einstellung oder persönliche Sorgen des Experimentators zu negativen Ergebnissen führten. C. B. Nash entdeckte, daß die persönliche positive oder negative Einstellung des Experimentators im Hinblick auf die Versuchsperson (in diesem Fall ging es darum, Urteile über sie abzugeben) zu Ergebnissen führte, die mit dem ausgedrückten Urteil in Übereinstimmung standen. In der Praxis entstand dabei eine zeitweilige „psychische Integration", durch die der Experimentator zu einem Teil des Experiments wurde. Das würde erklären, warum es schwierig ist, Experimente mit konstanten qualitativen und quantitativen Ergebnissen zu erzielen. Der italienische Professor Servadio spricht in diesem Zusammenhang von „Verbindungen und Zwischengliedern zwischen Lebewesen", dies seien wahre Gemeinschaften, vielleicht nur von kurzer Dauer, aber ein Ausdruck der psychologischen transpersonalen Phänomenologie.[3]

Diese *„psychische Integration"* zeigt sich in verschiedenen Intensitätsgraden oft auch bei paranormalen Experimenten. Der höchste Grad der Integration ist bei der „mediumistischen Sitzung" erreicht. Dort tritt sie zusammen mit einem weiteren Phänomen auf, nämlich der psychischen Spaltung des bewußten Ichs des Mediums, wobei eine fiktive Persönlichkeit (der sogenannte Geist des Verstorbenen) entsteht. Die Abspaltung ist autonom und besitzt eigene Intelligenz. Die Erscheinung der psychischen Integration wird begünstigt durch pseudoreligiösen Fanatismus, der ein typisches Merkmal dieses spiritistischen Ambientes darstellt. Psychische Integration tritt nur auf, wenn sich das Medium und die Experimentatoren im selben Raum befinden. Sie stellt einen besonderen Typ der unbewußten Kommunikation dar, die ich *bedingte Telepathie* nennen möchte – bedingt deswegen, weil sich die Personen in derselben Umgebung befinden müssen.

In diesem Zusammenhang möchte ich auch auf ein Merkmal paranormaler Erscheinungen mit fideistischer Grundlage hinweisen. Es entsteht durch die Beziehung zwischen dem Sensitiven und seiner Umgebung. Diese Erscheinung wollen wir hier *Opportunismus* nennen. Die Entwicklung des Spiritismus gegen Ende des 19. und in den ersten Jahrzehnten des 20. Jahrhunderts hängt eng mit dem Interesse zusammen, das die Experimentatoren und die breite Masse für telepathische Erscheinungen, das Hellsehen und die Psychokinese in diesen mediumistischen Sitzungen bekundeten. Später verlagerte sich das Interesse der Forscher – Rhine machte 1931 den Anfang – zu quantitativen, statistischen Methoden, die die Existenz der Phänomene mit zahlreichen Experimenten an „normalen" Personen zu erklären versuchen. Damit verschwanden aber die Subjekte, welche die auffälligsten Erscheinungen hervorbringen konnten. Einige Überbleibsel der alten „spiritistischen Kultur" haben sich dennoch erhalten.

Wir können auch eine Anpassung der Phänomene an die technische Ausrüstung erkennen. Das zeigt sich besonders in der Ausbreitung der Psychophonie, die nach der geläufigen Interpretation eine moderne Form des Spiritismus ist. Nach dem Tischrücken mit Klopfgeräuschen konzentrieren sich die Phänomene jetzt auf die Tonbandaufnahme. Paranormale Erscheinungen, besonders auf dem Gebiet der Psychokinese, haben offensichtlich eine opportunistische Natur, die sich der jeweiligen Situation anpassen kann.

Die „psychische Integration" und der „Opportunismus" lassen den Eindruck entstehen, daß sich paranormale Phänomene dem Experimentator und der kulturellen Einstellung angleichen. Es ist diese Plastizität, diese Anpassungsfähigkeit und dieser Opportunismus, welche die paranormalen Phänomene immer stärker mit dem Konzept des Unbewußten in Verbindung bringen.

3. Der Begriff des Unbewußten, den die Psychoanalyse (Freud) und die analytische Psychologie (Jung) liefern, reicht nicht aus, um die paranormalen Erscheinungen richtig einzuordnen.

Neue Wege zur Kenntnis der Psyche

Die parapsychologischen Gegebenheiten setzen die Existenz zweier „seelischer Bereiche“ voraus, von denen jeder seine Besonderheiten hat.

Die erste Vorausetzung ist ein „bewußtes, intelligentes und pathologisches Ich“, das eine „unbewußte intelligente psychische Aktivität“ hervorbringen kann. Diese Bezeichnung beschreibt einen seelischen Bereich, den ich vor Jahren als Hypothese formulierte und den ich anhand eines Falles intelligenter Psychokinese „intelligente autonome Kraft“ nannte.

Herr C. A. hatte gerade den Bademantel an und wollte sich nach einer erfrischenden Dusche abtrocknen, als er hinter sich drei nichtmodulierte, mittellange Pfeiftöne hörte. Schon der erste Pfeifton hatte ihn alarmiert, und mit dem dritten Ton war er auf den Gedanken gekommen, daß die Pfeiftöne ihn auf etwas hinweisen wollten, was gerade geschah. Herr C. A. trug am Hals ein Kettchen mit einer Medaille der Madonna daran. Er pflegte häufig nachzusehen, ob der Verschluß des Kettchens sich noch im Nacken befand. Er befürchtete nämlich, er könnte die Medaille verlieren, wenn sich der Verschluß öffnete. Befand sich die Schließe vorne auf der Brust, was oft vorkam, so hielt er mit der linken Hand die Medaille fest, während er mit der rechten die Schließe des Kettchens hinter den Nacken zurückschob. Diesesmal machte er genau dasselbe – oder besser: Er versuchte es. Zu seiner großen Überraschung mußte er feststellen, daß die Kette die Medaille mittransportierte. Er hielt einen Augenblick inne und wollte als rationaler Mensch die Gründe für dieses Verhalten herausfinden. Er schaute genau hin und entdeckte mit Erstaunen, daß der Ring, an dem die Medaille hing, mit dem Verschluß eine kettenartige Einheit bildete und also in ihn eingedrungen war. Herr C. A. trug die Kette seit Jahrzehnten, und schon unzählige Male hatte er die Medaille längs der Kette bewegt. Und doch war die Medaille in dieser absurden Stellung fixiert. Er begann sie aufmerksam zu studieren, wandte Gewalt an und dachte an alle möglichen Hypothesen. So vergingen ein paar Minuten, und als er überzeugt war von dem, was vorgefallen war, entschied er sich, das Kettchen fotografieren zu lassen. Kaum hatte er diesen Gedanken gefaßt, lag die Medaille in seiner Hand und ließ sich am Kettchen bewegen. Spätere Überprüfungen der beiden Ringe der Medaille und des Verschlusses zeigten, daß sie unbeschädigt waren.

Ich will hier nicht die Gründe aufzählen, warum ich in diesem Fall eine Halluzination ausschließe, weil wir uns zu weit vom Thema entfernen würden. Ich möchte nur auf zwei „intelligente“ Momente dieser Manifestation hinweisen, die auf unbewußter Ebene geblieben ist:

– Die „drei Pfeiftöne“ gehörten schon zur Erfahrung der betreffenden Person. Herr C. A. hatte bereits paranormale Dinge miterlebt, bei denen die Zahl 3 eine entscheidende Rolle gespielt hatte. Überdies war er mit den unterschiedlichsten paranormalen Signalen vertraut. Zu dieser Zeit war er kein Spiritist und lebte in einer ausgeprägt antispiritistischen Haltung; er hatte sogar persönliche Schritte gegen den Spiritismus unternommen. An der Oberfläche erschien er dem Beobachter als rational, logisch und kontrolliert, doch in Wirklichkeit besaß er ein emotional geprägtes Naturell und durchlebte im Unbewußten viele Gegensätze. Man kann sagen, er verhielt sich unbewußt spöttisch gegen sich selbst. Das geht aus der Analyse der Versuchsperson und der vergleichenden Untersuchung anderer paranormaler psychokinetischer Erscheinungen hervor, die ihm bereits zugestoßen waren und bei denen er sich selbst einen Streich gespielt hatte.

Um dieses Erlebnis zu erklären, muß man – sofern man nicht auf eine banale spiritistische Deutung zurückfallen will – eine neue psychische Dimension einbringen: nämlich ein intelligentes, autonomes, kreatives und vor allem unbewußtes Ich, das neurotische Reize aufnimmt und auf sie reagiert. Es ist ein intelligentes und raffiniertes Ich, das sich selbst einen Streich spielen kann.

Herr C. A. kam zu mir mit vielen Zweifeln, unter denen sich auch die Hypothese eines teuflischen Einflusses befand. Langsam konnten wir herausarbeiten, daß der „kleine Teufel“ sein unbewußtes Ich war, das gewisse neurotische Spannungen auf kinetische Weise abbaute. Es fand sich ein Ich, das sein bewußtes Wollen behinderte, ein antagonistisches Ich, das der Kontrolle des wachsamen Ichs entzogen war. Dieses Ich war sehr kreativ und entwickelte viel Phantasie, wenn es darum ging, dem „offiziellen Ich“ einen Streich zu spielen. Es hatte das „bewußte Ich“ des Herrn C. A. überrumpelt und ihn an rational begründeten Tatsachen zweifeln lassen. Dieses unbewußte Ich kann die psychischen Kräfte der Materie in ähnlicher Weise anpassen, wie die Psychokinese auf die Materie einwirken kann. Das ist aber ein schwieriger Punkt, auch heute noch kann man darüber wenig oder gar nichts sagen.

Die Tatsachen bleiben allerdings bestehen, und man kann nicht behaupten, sie seien nicht vorhanden.

– Die Psychokinese, die unter den Augen des Herrn C. A. stattfand, während er ans Fotografieren dachte, ist ein weiteres Zeichen für die Intelligenz und Autonomie dieses Ichs. Im fraglichen Fall äußern sich Intelligenz und Autonomie durch Kreativität und Hohn, in anderen Fällen jedoch mit Zeichen der Wut (Poltergeist), der Macht (Spiritismus), des Glaubens (Mystik), des Hasses (pseudodiabolische Besessenheit) usw.

Auf jeden Fall handelt es sich um ein *„pathologisches Ich“*, weil es sich bei allen psychokinetischen Erscheinungen zeigt, die als Hauptursache eine Neurose haben. Dieses unbewußte, intelligente und pathologische Ich manifestierte sich im vorliegenden Fall parallel zum wachsamen Ich. Dies trifft für die meisten psychokinetischen Erscheinungen (Poltergeist, Psychophonie, Mystik) zu, bei denen die betreffende Person mit vollem Bewußtsein an einer ihr unverständlichen Manifestation teilnimmt. Auf diese Weise entstanden die spiritistischen Interpretationen. 1848 nahm in den USA die moderne spiritistische Bewegung mit den drei jungen Schwestern Fox ihren Anfang. Sie hörten Klopfgeräusche in den Möbeln und verbanden deren Anzahl mit den Buchstaben des Alphabets. So erfanden sie das Klopfalphabet (Typtologie). Die Erscheinung läßt sich, wohl im Verlauf einer Krise während der Adoleszenz, der Manifestation eines intelligenten und pathologischen Ichs zuschreiben.

Gegen Ende des 19. Jahrhunderts begann man diese Erscheinungen zu untersuchen. In England zogen die Forscher eine „secundary intelligence“, in Deutschland ein „Doppel-Ich“ in Betracht. Die psychologischen, psychopathologischen und parapsychologischen Untersuchungen deuteten auf eine unbewußte intelligente Aktivität hin. Diese konnte sich im Verlauf der *„spiritistischen Automatismen“* in eine *„mediumistische Psychose“* mit Formen der Persönlichkeitsspaltung verwandeln. Im Gegensatz zu Freud interessierte sich Jung für diese Aufspaltung der Persönlichkeit, die sich über Gläser, Teller, automatische Schrift, Pendel, Tischrücken als Mittel der spiritistischen Kommunikation äußern kann. Wenn man diese Verfahren ständig ausübt, entsteht ein seelischer Automatismus. Nach und nach bilden sich Botschaften, von denen die Versuchsperson behauptet, daß sie ihr völlig fremd seien. Es handelt sich aber um intelligente psychische Manifestationen, derer sich das wachsame Ich nicht bewußt ist. Sie werden in Unkenntnis dieser wissenschaftlichen Erklärung fremden Intelligenzen zugeschrieben, d. h. Geistern, Außerirdischen (es gibt eine reichhaltige Literatur darüber), Gott, der Madonna oder Christus (auch darüber gibt es viele Publikationen, die wir im Kapitel „Interpretation paranormaler Erscheinungen“ behandeln werden).

Hans Bender, der einen der wenigen Lehrstühle für Parapsychologie in Europa innehat, schuf den Begriff der mediumistischen Psychose für den Zustand, der sich nach wiederholten spiritistischen Sitzungen entwickelt. Er wies auch darauf hin, daß diese Psychose nicht mit der schizophrenen Ich-Störung verwechselt werden dürfe. Die Versuchspersonen würden, so meinte er, aufgrund des lang andauernden Automatismus und ihrer gleichzeitigen Überzeugung eines spiritistischen Kontaktes anfangen, Stimmen zu hören, „in denen zunächst das psychographisch Produzierte laut wird, die aber dann selbständig werden und als akustische Halluzinose, oft verbunden mit visuellen Trugbildern und Zwangsantrieben, die Patienten quälen. Der halluzinatorische Erregungszustand klingt bei den reinen psychogenen mediumistischen Psychosen bei einem Verzicht auf die spiritistischen Praktiken und bei einer sachkundigen Persuasion nach einiger Zeit ab.“[4]

Ich habe die Manifestationen des unbewußten, intelligenten und pathologischen Ichs und der mediumistischen Psychosen unter dem Gesichtspunkt der Tiefenpsychologie behandelt, um damit vor allem zu zeigen, daß die unterschiedlichen paranormalen Erscheinungen, die in diesem Zusammenhang auftreten können, eine pathologische Komponente aufweisen, die von einfachen Emotionen bis zur mediumistischen Psychose reicht.

Die zweite für das Paranormale interessante *„psychische Zone"* betrifft ein kollektives Unbewußtes. Es hilft uns, die parapsychologischen Erscheinungen mit dem später behandelten Interpretationsmodell in Einklang zu bringen.

Da ich aber den Begriff des Jungschen Unbewußten für die Erklärung paranormaler Erscheinungen nicht für ausreichend halte, habe ich folgendes Schema mit den drei Hauptbegriffen *Wasser, Sediment* und *Erde* ausgearbeitet.

Das individuelle Bewußtsein ist eine Singularität, die in das Ganze eintaucht und die jederzeit mit diesem Ganzen in Kommunikation treten kann, sofern bestimmte Bedingungen gegeben sind. Das menschliche Individuum ist wie eine Insel, die im Sonnenlicht (Bewußtsein) über dem Meeresspiegel erscheint. Die Insel besteht aus einem festen Körper: Die Basis verliert sich in den Tiefen des Meeres; je tiefer sie eintaucht, um so mehr entfernt sie sich vom Sonnenlicht, und alles wird dunkler (Übergang vom bewußten Ich zum Unbewußten). Dieses persönliche Unbewußte umfaßt alle von Freud geforderten seelischen Bereiche, die in das Meer eintauchen.

Es gibt drei „Verbindungen" zwischen diesen „Inseln":

– Das Wasser verbindet alles von der Oberfläche bis zur Basis, also vom Bewußtsein bis zum tiefsten Unbewußten; gleichzeitig trennt es aber auch.

– Das Sediment bildet eine dünne Schicht, die die Inseln an ihren Wurzeln miteinander verbindet. Diese Verbindung ist aber schwach und ähnlich zerbrechlich wie die Erinnerung.

– Die Erde ist die wirklich allen gemeinsame Verbindung.

1. Das *„Wasser"* stellt den *unbewußten allgemeinen Psychismus* dar, der die einzelnen Körper und die tiefen Wurzeln (individuelles Unbewußtes) trennt, sie aber auch bei Bedarf verbindet. Das Wasser umfaßt tierische und pflanzliche Formen und Gegenstände, also die Information über alle Dinge, die zur Realität des Menschen gehören. Das Wasser umfaßt das Ganze, das in sich wiederum geteilt ist und das nur bei Aktivierung untereinander in Verbindung tritt. In diesem Ozean, wo alles seinen bestimmten Platz und seine Individualität hat, stehen potentiell Informationen über das Ganze zur Verfügung. In den einzelnen Inseln pulsiert das bewußte und unbewußte Leben mit vielen Kommunikationsmöglichkeiten, die sich aber nicht auf das Wasser

erstrecken. Nach einer Aktivierung können sie allerdings paranormale Erscheinungen hervorrufen.

Der „unbewußte allgemeine Psychismus“ weist somit die folgenden Eigenschaften auf:

– Er ist nicht kollektiv und stellt damit keine „einzige Wesenheit“ dar, welche die Einzigartigkeit des individuellen Unbewußten aufhebt. Der allgemeine unbewußte Psychismus trennt, kann bei Bedarf aber auch verbinden.

– Er ist nicht dynamisch, weil er die eine Seele nicht mit der anderen verbindet. Das entspricht dem natürlichen Bedürfnis, wechselseitige Interferenzen bei einem kontinuierlichen Informationsfluß zu vermeiden.

Vom individuellen Unbewußten (der Insel) geht ein unbewußter originärer Impuls aus, den ich Kommunikationsfaktor (KF) nennen will. Er wird von einem „existentiellen Auslöser“ stimuliert. Der KF bewirkt eine Kommunikation, die sich im allgemeinen unbewußten Psychismus äußert. Diese Kommunikation ist das wahre Wesen paranormaler Erscheinungen. Wie wir in den folgenden Kapiteln sehen werden, die der Analyse dieser Kommunikation und des Kommunikationsfaktors gewidmet sind, kennt dieser keine räumlichen Begrenzungen. Ausgehend von einem persönlichen Unbewußten kann er mit dem Ganzen in Kommunikation treten, d. h. mit der Realität des Menschen. Im Augenblick, da der originäre Impuls der paranormalen Kommunikation entsteht, entwickelt der allgemeine unbewußte Psychismus eine Dynamik und wird zu einem Feld parapsychologischer Kräfte.

Wenn wir die paranormale Phänomenologie durchgehen, erkennen wir neue psychische Gebiete. Es tritt deutlich zutage, daß die paranormalen Erscheinungen eine „Form der Kommunikation“ archaischen Charakters sind. Kommunikation muß die Individualität der Menschen respektieren, sonst würden wir alle verrückt werden und in einem Meer von Nachrichten und Botschaften untergehen. Aus dieser Tatsache geht das Konzept eines allgemeinen Psychismus hervor, der aus vielen verschiedenen getrennten Individualitäten besteht und damit in engerem Sinne nicht kollektiv ist, aber doch zu einer Verbindung untereinander führen kann. Darin besteht auch die nicht immer dynamische Beschaffenheit des allgemeinen Psychismus. Der allgemeine unbewußte Psychismus wird nur dann dynamisch, wenn bestimmte Bedingungen für eine Kommunikation erfüllt sind. Diese Voraussetzungen müssen unbewußt sein, weil die Kasuistik ohne Zweifel zeigt, daß sich paranormale Erscheinungen in der Sphäre des Unbewußten abspielen. Die Vorstellung vom „unbewußten Impuls" entspricht dieser Forderung. Er braucht aber einen „existentiellen Auslöser"; dazu gehören bestimmte emotionale Situationen, das persönliche Interesse, die eigene Vergangenheit, die affektiven Bindungen, mystische und neurotische Zustände und alle pathologischen Bedingungen.

2. Das „*Sediment*" ist das Archiv der bewußt erlebten Vergangenheit. Diese ist allerdings ins Unbewußte abgeglitten und entspricht den Lebenserfahrungen vergangener Generationen und damit den „Resten der Seelen der Verstorbenen". Wenn sich die Inseln und ihre Wurzeln auflösen, sammelt sich das „Material" auf dem Boden des Gewässers an. Es stellt ein unbewußtes Archiv dar, dem man auf unbewußter Ebene Informationen entnehmen kann, wie man von einem fotografischen Archiv Gebrauch macht, d. h. auf unpersönliche, aber präzise Weise.

In diesem Zusammenhang finden gewisse außersinnliche spiritistische Tatsachen, die eine Kenntnis von der Vergangenheit voraussetzen, sowie Spukphänomene eine sinnvolle, wenn auch nicht immer hinreichende Erklärung. Wenn wir das Vorhandensein einer Person, die bewußt oder unbewußt etwas von dem angeblichen Geist weiß, und damit eine „psychische Integration" ausschließen, so ist es doch möglich, daß eine andere Person – auch in weiter Entfernung – irgend etwas über diese Tatsache weiß und unbewußt Informationen darüber liefert.

In diesem Zusammenhang erscheint der bereits zitierte Fall der Schwestern Fox sehr erhellend. Über das Klopfalphabet, also eine Form der Psychokinese, teilte der angebliche Geist mit, daß er ein Hausierer sei, der in diesem Haus beraubt und ermordet wurde und hier auch begraben liege. Eine junge Frau, die vier Jahre zuvor in diesem Haus bei einem Ehepaar Bell in Dienst war, erinnerte sich an einen Hausierer, der für eine Nacht um Unterkunft gebeten und sie auch erhalten hatte. In jener Nacht schickten die Bells sie zum Schlafen heim zu ihren Eltern. Am Morgen darauf war der Hausierer nicht mehr da. Die Bells mußten sich später gegen Anklagen wehren und zeigten ein Leumundszeugnis vor, das von 44 Bekannten unterzeichnet war. 56 Jahre danach ließ der neue Besitzer den Keller wieder herrichten und fand eingemauert ein menschliches Skelett und den Rucksack eines Hausierers.

Die Erklärung dieses Falls könnte so lauten: Wenn die Bells oder der Mörder noch lebten, könnten die Schwestern Fox telepathisch die Informationen über dessen unbewußte Seele aufgenommen haben, da das Unbewußte mit dem Ganzen in Kommunikation treten kann.

Abgesehen einmal von der Unkenntnis der psychischen Dynamik wäre die spiritistische Bewegung nie entstanden, wenn sich die Beteiligten die banale Frage gestellt hätten, warum die Geister so lange mit der Kommunikation zugewartet haben, obwohl das Alphabet nun schon seit Jahrtausenden bekannt ist.

3. Die „*Erde*“ verbindet alle Inseln in der Tiefe. Man kann sie als das „archetypische kollektive Unbewußte“ von Jung auffassen. Es ist ein Unbewußtes, das alles durchzieht, weil es kollektiven Charakters und allen gemeinsam ist.

Ich habe hier ein „Modell“ des individuellen und allgemeinen Unbewußten vorgestellt, das es uns erlaubt, paranormale Erscheinungen mit ihren tiefsten Komponenten einzuordnen. Unter allen Modellen, die in der Vergangenheit im Hinblick auf ein mögliches allgemeines Unbewußtes zur Erklärung paranormaler Erscheinungen vorgeschlagen wurden (zuerst von Jung), fühle ich mich dem Modell des größten amerikanischen pragmatischen Philosophen James Williams (1842–1910) am meisten verpflichtet. Dieser Forscher betätigte sich auch als Psychologe und bedeutender Parapsychologe. Er setzte ein „kosmisches Bewußtsein“ voraus, das die Gedanken der lebenden Menschen und ein „kosmisches Reservoir“ mit Nachrichten und Botschaften über die Verstorbenen umfaßte.

Die Natur der paranormalen Erscheinungen: Physik oder Psyche?

In den letzten Jahrzehnten des vorigen und in einem Teil unseres Jahrhunderts gab es auf dem Gebiet der Parapsychologie einen Streit zwischen den Animisten und den Spiritisten.

„*Animismus*" ist ein Begriff, den der deutsche Arzt G. Stahl im 18. Jahrhundert erstmals verwendete. Er wollte damit ausdrücken, daß in der Seele (anima) ein immaterielles lebensspendendes Prinzip seinen Sitz habe. Im vergangenen Jahrhundert übertrug der englische Ethnologe E. Burnett Taylor dieses Konzept auf eine seiner Theorien. Ihm zufolge leitete der „primitive" Mensch die Vorstellung von einer Seele aus seinen Träumen ab. In seinen Träumen gewann er den Eindruck, er löse sich von seinem Körper und begegne gelegentlich den Verstorbenen. So sei die Vorstellung von einem „vitalen Prinzip" entstanden, d. h. der Seele, die den Tod des Körpers überlebe.

Am Ende des 19. Jahrhunderts bezog sich die Bezeichnung „Animisten auf eine Gruppe von Parapsychologen (an ihrer Spitze der deutsche Philosoph E. von Hartmann), die den spiritistischen Erscheinungen die Beweiskraft für das Überleben der Seele absprachen. Man schrieb sie vielmehr der psychischen Aktivität der lebenden Menschen zu. Ihnen standen die „Spiritisten" gegenüber, die fest daran glaubten, daß sich bei den Sitzungen mit einem Medium wirklich die Verstorbenen zeigten. Die Animisten wurden auf indirektem Weg von der katholischen Kirche unterstützt, auch wenn sich unter ihnen zahlreiche Positivisten und Nichtgläubige befanden. Das Heilige Offizium verurteilte nämlich in zwei Entscheidungen von 1898 und 1917 die mediumistischen Sitzungen und bezeichnete sie als „unerlaubt".

Durch die tiefenpsychologischen Erkenntnisse erwies sich der Gegensatz zwischen Spiritisten und Animisten bald als nicht mehr sinnvoll. Heute gibt es nur noch wenige Rückzugsgebiete wirklich spiritistischer Kultur, und es zeigt sich ein weitverbreitetes Unwissen über die wissenschaftlichen Gründe, die den Spiritismus erklären können. Die heutige Gesellschaft zieht den Konsum des Okkulten der Suche nach einem Wert vor, und so mußte auch der Spiritismus in seinen besten Elementen verkommen.

Im vergangenen halben Jahrhundert wurde der Spiritismus wissenschaftlich überwunden. Die Forscher stehen heute vor der Qual der Wahl zwischen zwei möglichen Ursprüngen für paranormale Erscheinungen. Einige glauben, sie seien physikalischer, andere, sie seien psychischer Natur.

Für eine physikalische Natur plädierte 1985 der Neuropsychiater Ferdinando Cazzamalli. Er behauptete, mit einer elektrischen Apparatur „einwandfreie" wissenschaftliche Beweise dafür erzielt zu haben, daß das Gehirn unter besonderen psychischen Bedingungen elektromagnetische Wellen im Radiowellenbereich ausstrahle. Diese Wellen würden eine „telepathische Übermittlung" möglich machen. Cazzamalli schrieb zum Beispiel, er habe eine Versuchsperson in Hypnose versetzt; mit der Zunahme sinnesgebundener Erscheinungen (halluzinatorischer Visionen) habe er im Kopfhörer pfeifende, zischende Geräusche und modulierte Töne wie von einer Geige wahrnehmen können.[5] Seine Experimente dauerten von 1925 bis zu seinem Tod 1958. Er schloß daraus, „es handele sich um elektromagnetische Erscheinungen, die in isolierten Zimmern in direkter Abhängigkeit von der besonderen Situation der Versuchspersonen entstehen, und somit um Emanationen der Zentren der Hirnrinde".[6] Cazzamalli erwarb viel Ruhm für seine Forschungen und wurde zum Pionier experimenteller Untersuchungen.

Bereits 1940 griffen jedoch andere Forscher Cazzamalli an, weil sie seine Experimente nicht reproduzieren konnten. Der Psychiater H. Berger, der 1929 als erster die Alphawellen des Elektroenzephalogramms beschrieben hatte, behauptete, die Schwankungen der elektrischen Spannung im menschlichen Gehirn würden sich nicht im Raum fortpflanzen. Sie könnten also „für die Erklärung einer Fernwirkung nach unseren derzeitigen Kenntnissen nicht in Frage kommen". Derselbe Berger glaubte aber an die Existenz der Telepathie. Über sie sagte er, „sie erfordert die Annahme eines derartigen Überträgers, dem wir jedoch physische Eigenschaften zuschreiben, um mit unseren sonstigen naturwissenschaftlich verankerten Anschauungen nicht in einen unlösbaren Konflikt zu kommen".[7]

Der elektromagnetischen Theorie paranormaler Erscheinungen versetzte der Russe Leonid L. Wassiliew den letzten Schlag. Er hatte den Lehrstuhl für Physiologie an der Universität Leningrad inne und leitete gleichzeitig die physiologische Abteilung des Instituts für Gehirnforschung. 1925 wurde er Chef eines Projekts zum Studium der Telepathie. Ihm stand ein Team von Ärzten, Psychologen und Ingenieuren zur Verfügung, und er sollte beweisen, daß telepathische Erscheinungen nach Cazzamallis Theorie von Gehirnaktivitäten abhingen. Die Ergebnisse dieser Untersuchungen wurden 1963 veröffentlicht. Die Schlüsse, zu denen Wassiliew gelangte, legen Zeugnis ab für seine wissenschaftliche Lauterkeit, denn er behauptete das Gegenteil von dem, was er eigentlich beweisen wollte. Der Russe schreibt: „Unsere Experimente mit metallischer Abschirmung widersprachen völlig der Hypothese von Cazzamalli und seinen Schülern, daß nämlich Meter- oder Zentimeterwellen die physikalische Ursache für die Telepathie darstellen."[8] Er bestätigte noch einmal, daß die Gehirnwellen von Cazzamalli, wenn sie denn existieren sollten, keinerlei Bedeutung für die Telepathie haben.

Wassiliew blieb jedoch von der Existenz der Telepathie oder der „mentalen Suggestion" (wie er sagte) überzeugt, weil er bei seinen Experimenten Entfernungen von 1700 km und ausgeklügelte Abschirmungen überwinden konnte. Wassiliew dachte wie die russische Schule immer an eine physikalische Energie, die noch nicht bekannt war. Die übrigen bekannten Energieformen stellen dabei nur eine Form dieser Energie dar. Dies würde allerdings die Grenzen der heutigen Physik sprengen. Es ergäben sich unvorstellbare praktische und theoretische Folgen.

Westliche Schulen unterstützen die Hypothese von einer nicht physikalischen Natur, geben aber gewisse Unsicherheiten zu erkennen. Die Schule von Rhine, dem Begründer der quantitativen Methode und Leiter des Laboratoriums für Parapsychologie an der Duke University (USA), schlug den Begriff der „nichtphysikalischen Energie" vor. Er meinte damit eine geistige Energie, die wie die Energie der Physik wirken kann.

Im Jahr 1948 führten der englische Psychologe R. H. Thouless und H. P. Wiesner den Begriff der „Psi-Energie" ein. Ihr Charakter ist aber nicht definiert, und sie unterteilt sich in „Psi-gamma" (Telepathie, Hellsehen, Präkognition) und „Psi-kappa" (Psychokinese).

Ich selbst lege es nicht so sehr darauf an, die Qualität dieser Energie und die Tiefenmotivationen paranormaler Erscheinungen aufzuspüren. Sie sind unbewußt und haben ihren Angelpunkt im Kommunikationsfaktor. Ich glaube jedenfalls, daß Paranormalität eher „eine Qualität des Lebens" als eine Energie im herkömmlichen Sinne ist. Dieser Auffassung zufolge gibt es tiefgreifende unbewußte Motivationen, welche die parapsychologischen Erscheinungen bewirken. Diese flüchtige und so wenig an das Materielle gebundene Eigenschaft bringt die akademische Wissenschaft – und „akademisch“ bedeutet hier für mich „konservativ“ – dazu, die Existenz paranormaler Erscheinungen ganz abzulehnen.

Die vorsichtige, aber reale Öffnung Albert Einsteins gegenüber telepathischen Erscheinungen sollte vielen Verleumdern zu denken geben.

Es bleibt jedoch eine praktische Notwendigkeit, den „Interaktionsfaktor“ der Seele ausfindig zu machen, der die notwendige physikalische Energie liefert, um in die Mechanik psychokinetischer Erscheinungen einzugreifen. Diesen unbekannten Faktor wollen wir „Omega“ nennen. Er macht die Psyche gegenüber psychokinetischen Energien empfänglich, indem er ein zeitweiliges Kraftfeld aufbaut. Dieses nutzt vielleicht die statische Energie der Gegenstände und organisiert sie nach dem unbewußten Impuls auf dynamische Weise. Nach dieser Auffassung gäben die Versuchspersonen nur den unbewußten Stimulus, während die Energie, die für die Erscheinung notwendig ist, ganz von den Versuchspersonen selbst stammt.[9]

Spirituelle Seele und Psychologie

Der traditionelle Materialismus, der heute allerdings von einem Säkularismus überholt wird, der jeden Gedanken mit Ausnahme des hedonistischen auslöschen möchte, neigte zu einem einzigen Konzept von der Seele – dem der Psyche als einem Produkt chemischer und biologischer Reaktionen im Gehirn.

Weiter vorne im Text habe ich das Konzept einer *psychologischen Seele* als Einheit entwickelt, die sich dem Gebiet der Psychologie und Psychoanalyse zuschreiben läßt. Ich wollte sie damit von der spirituellen Seele als einem von Gott geschenkten Lebensprinzip unterscheiden, die zum Bereich der Religion zählt. Diese Unterscheidung verhindert unnütze Polemiken. Der Nichtgläubige bleibt bei der psychologischen Seele stehen. Der Gläubige hingegen mag an eine Verbindung beider Konzepte glauben. Die Unterscheidung ist in sich unnatürlich, und es gibt keine zwei verschiedenen Seelen. Es gibt eine spirituelle Seele oder einen Geist, der sich mit den im Laufe des Lebens gemachten Erfahrungen – ob gut oder böse – anfüllt. Was unsere Seele erlebt hat, ist das spirituelle Vehikel, das den göttlichen Wesenskern für das Jüngste Gericht beinhaltet.

Die „Psyche" als psychologische Seele ist für mich eine offene Tür, die zum Geist führt. Sie ist die Grundlage für den Aufbau des spirituellen Lebens, das den „göttlichen Funken" in sich trägt und das jenes spirituelle Ich darstellt, das schließlich vor das Angesicht Gottes tritt.

In diesem Zusammenhang ist das *moralische Gewissen* ein grundlegendes Element für die psychologische Seele. Es kann mit dem Ich zusammenfallen, das zwischen dem Es und dem Über-Ich steht. Dieses Ich handelt mit Unterstützung der göttlichen Gnade. Ein Neurotiker, der einem Konflikt völlig ausgeliefert ist, kann deswegen seine Krankheit nicht mit dem Glauben allein heilen. Für seine Störung braucht er psychotherapeutische Hilfe. Die göttliche Gnade gibt ihm jedoch Kraft, wenn er sich der Vorsehung anheimstellt, um das Leiden zu ertragen und um seine eigene spirituelle Dimension zu finden. Wir werden später sehen, daß manche Heilige Neurotiker waren, trotzdem erreichten sie höchste spirituelle Ziele. Es liegt auf der Hand, daß ihnen eine Therapie viel Leid hätte ersparen können.

Mit den Auffassungen des österreichischen Theologen Alois Wiesinger (1885–1955) stimme ich nicht überein. Dieser Zisterzienserabt und Parapsychologe behauptete, die „spirituelle Seele" könne sich während des natürlichen Schlafs, während des krankhaften Schlafs der Hysteriker, des hypnotischen Schlafs und in der Trance vom Körper lösen. In einem solchen Zustand könne die Seele Tatsachen kennenlernen, die räumlich oder zeitlich weit entfernt seien, auf große Distanzen hin mit anderen Seelen in Verbindung treten und sich sogar teilweise materialisieren.

Ich bin deswegen mit dieser Theorie nicht einverstanden, weil es nicht nötig ist, die spirituelle Seele, also den göttlichen Wesenskern, den ich hoch schätze, heranzuziehen, um ihn für ganz natürliche Erscheinungen wie die Telepathie, das Hellsehen oder die psychokinetischen Spielchen einer etwas aufgeregten oder leidenden Psyche oder psychologischen Seele verantwortlich zu machen. Die Psyche, die zur menschlichen Natur gehört und die als Individualität untergeht (vielleicht bleibt eine Art Fingerabdruck davon im unbewußten Archiv übrig), ist mit ihrer Dynamik die wahre Protagonistin paranormaler Erscheinungen. Die spirituelle Seele bleibt unberührt von den Absonderlichkeiten eines Kommunikationsprozesses, der aller Wahrscheinlichkeit nach ein primitives Vermächtnis der Evolution und damit eine natürliche Erscheinung ist.

Die göttliche Natur der spirituellen Seele ließ im vorigen Jahrhundert die Versuche der Spiritisten scheitern, ein Leben nach dem Tode zu beweisen. Auch F. W. H. Myers, einer der wichtigsten Vertreter der wissenschaftlichen Untersuchung paranormaler Erscheinungen im vergangenen Jahrhundert, tappte in diese Falle, indem er die spirituelle Seele mit der psychologischen verwechselte. Er schuf das Konzept des „unterschwelligen Ichs", das beide charakteristisch miteinander verband und das eng mit dem Paranormalen zusammenhing. Den gleichen Fehler machen heute noch viele Forscher, die ein Überleben nach dem Tode beweisen wollen. Unter ihnen will ich einen der wichtigsten in Italien nennen, den Professor Di Simone, der eine Schule überzeugter Spiritisten anführt.

Auf der anderen Seite zeigt auch die psychologische Seele ganz andere Merkmale, als sich ein klassischer Materialist vorstellen kann, der keinen substantiellen Unterschied zwischen dem Verhalten eines Meerschweinchens im Laboratorium und dem des menschlichen Wesens erkennt. Gerade die Untersuchungen paranormaler Erscheinungen haben das Konzept zerstört, daß die Psyche gleichbedeutend sei mit dem Gehirn. Solche Ideen bleiben aber noch in manchen traditionell gesinnten Köpfen verwurzelt, weil sie die Fortschritte der Parapsychologie nicht kennen oder akzeptieren.

Freud war gewiß kein Spiritist, denn Jung etwa schreibt über ihn folgendes: „Was Freud unter ‚Okkultismus' zu verstehen schien, war so ziemlich alles, was Philosophie und Religion, einschließlich der in jenen Tagen aufgekommenen Parapsychologie, über die Seele auszusagen wußten."[10] Es war aber auch Freud, der sinngemäß feststellte, daß jeder Versuch, psychische Vorgänge in Nervenzellen zu lokalisieren, völlig gescheitert sei.

Wilder Penfield, der 1952 mit seinen Entdeckungen die Hoffnungen einer materialistischen Neurologie verstärkt hatte, schrieb 1975, es sei seit jeher unmöglich gewesen, die Psyche aufgrund elektrochemischer Vorgänge im Gehirn und im Nervensystem zu erklären, und das neue Konzept der Hirnfunktionen erkenne die bewußten seelischen Kräfte als Krönung der Evolution an.

Die Psychologen und Parapsychologen bestätigen die immaterielle

Natur der Seele. Professor Emilio Servadio, einer der Gründer der wissenschaftlichen Parapsychologie in Italien, schreibt: „Die sogenannten außersinnlichen Wahrnehmungen, die sogenannten psychokinetischen Effekte passen nur wenig in die Koordinaten einer materialistischen Sicht dieser Dinge. Sie zeigen aber, daß es möglich ist, Gedanken auch über Entfernung hin ohne ein physikalisches Zwischenglied oder einen materiellen Vermittler, also ohne zwischengeschaltete Gehirnstrukturen, zu übertragen.“[11]

Hans Bender macht es noch deutlicher: „Eine Psyche, die unter bestimmten Bedingungen Raum und Zeit überwindet, kann in einem viel größeren Maße als von einem lebenden Organismus unabhängig gelten als eine Psyche nach materialistisch-mechanistischer Auffassung.“[12]

Wissenschaft und Glauben

Der Wissenschaftler sollte Modell für einen *ganzheitlichen Menschen* sein, bei dem Wissenschaft und Glauben miteinander verschmelzen. Er wäre dann ein Mensch, bei dem die beiden Komponenten Geist und Materie nicht getrennt wären; er würde diesen Kontrast nicht empfinden, denn er glaubt an Gott und hat Vertrauen zur Wissenschaft. Das ist ein idyllisches Modell: Die Wissenschaft interpretiert die Schöpfung im Licht der Zeit und wird von einem Glauben ohne Scheiterhaufen und Inquisition bestärkt.

Die Männer der Religion machten einen Fehler, als sie Modelle und Erklärungen durchzusetzen versuchten, die sie aus ignoranten Interpretationen der heiligen Schriften ableiteten. Diese Schriften jedoch sind keine naturwissenschaftlichen Werke, sondern Botschaften, die den Menschen in seine spirituelle Dimension einordnen.

Heute ist uns das alles klar, doch der Schaden ist bereits angerichtet. Von Generation zu Generation wurde ein Groll gegen den Klerus weitergegeben, und schließlich entstand daraus ein Widerstand gegen Gott. Diese Geschichte ist eingegangen in die Mäander des menschlichen Unbewußten. Die massive Präsenz von Klerikern auf jedem Gebiet, die ungeachtet eines Gottes, der für uns alle am Kreuz gestorben ist, stets recht behalten wollten, war in den vergangenen Jahrhunderten die unnatürlichste Erscheinung des Christentums. Es war ein Verrat an Gott selbst. Die Revolte der Wissenschaftler war legitim, führte aber zum Bruch zwischen Wissenschaft und Glauben. Heute findet die Kirche ohne weltliche Macht ihre richtige Sendung wieder. Sie hilft den Menschen, sich selbst im Licht der Zeit mit der wahren Wissenschaft, der Wissenschaft des Geistes, zu interpretieren.

Heute ist es an der Zeit, daß die menschliche Wissenschaft sich wieder Gott zuwendet.

Das Unbewußte als Schöpfer falscher paranormaler Erscheinungen

Das Unbewußte scheint ein wunderbares Gedächtnis zu besitzen. Es kommt in einigen Fällen tatsächlich vor, daß es Erscheinungen hervorruft, die offensichtlich nur durch Paranormalität erklärt werden können.

Diese Erscheinung bezeichnete der Nobelpreisträger für Physiologie Charles Richet (1850–1935), der auch über paranormale Erscheinungen forschte, als „Pantomnesie“. Die Etymologie dieses Wortes bedeutet, daß keine Spur unserer kognitiven Vergangenheit verlöscht, sondern daß wir uns an alles erinnern.

Alles, was wir seit der zartesten Kindheit hören und sehen, wird getreu vom Unbewußten aufgenommen, auch wenn unser Bewußtsein viel davon vergißt. Ein Synonym für die Pantomnesie ist die Paramnesie oder das französische Déjà vu. Wird das Unbewußte etwa durch Hypnose, einen Nervenzusammenbruch, Anästhesie, ein Trauma oder einfach vom Anblick gewisser Dinge stimuliert, so kann die Erinnerung daran, die in der Tiefe vergraben war, wieder zur Oberfläche hochsteigen.

Ein Beispiel mag ausreichen: Ein sechzehnjähriges Mädchen kam in eine neue Schule und „spürte“, daß sie sie schon kannte und daß sie schon einmal dort gewesen war. Das Mädchen konnte die Zimmer beschreiben, bevor sie geöffnet wurden. Nur einen Fehler machte sie dabei: Sie sagte, ein bestimmtes Zimmer sei das Büro der Schulleiterin, während dort jedoch die Putzfrau zu Hause war. Zu diesem Fall wurden die unterschiedlichsten Hypothesen formuliert: Man sprach von einer paranormalen Erscheinung, von Reinkarnation eines früheren Lebens, auch von Betrug. Eingehende Nachforschungen lösten schließlich das Rätsel. 15 Jahre zuvor hatte eine Tante die Schule anläßlich der Eröffnung besichtigt und dabei das Kind im Arm getragen. Nur in jenem Jahr befand sich das Büro der Schulleiterin in jenem Zimmer. Später wurde dieses zum Aufbewahrungsort für die Geräte der Putzfrau.

Das Unbewußte hatte wie ein Videogerät alle Bilder in sich aufgenommen. Unter dem Reiz des erneuten Besuches trat die tief im Gedächtnis begrabene Erinnerung in den bewußten Teil der Psyche. Über diesen Fall berichtete später Pater Oscar Gonzales-Quevedo, der ihn in Rio Grande do Sul in Brasilien recherchierte. Der Jesuit war in diesem Staat Professor für Parapsychologie an der Faculdad Ancheta von São Paulo.

Das Unbewußte registriert wie ein Tonbandgerät alles, was wir hören. Ein junger französischer Metzger rezitierte während einer Nervenkrise ganze Seiten aus dem „Phèdre" von Racine. Nach der Heilung konnte er sich an keinen Vers mehr erinnern, obwohl er große Anstrengungen unternahm. Er erklärte, er habe in seinem ganzen Leben die Tragödie nur einmal gehört, als kleiner Junge.

Auf die verschiedenen Sprachen wollen wir gar nicht näher eingehen. Wer während seiner Kindheit einige Jahre in einem fremden Land verbracht oder Menschen zugehört hat, die sich in einer fremden Sprache ausdrücken, ist im Unbewußten ohne Zweifel fähig, jene Sprache zu sprechen, auch wenn er im Bewußtsein kein einziges Wort davon versteht.

Ein alter Mann, der nur Deutsch sprach, die ersten Jahre seines Lebens aber an der polnischen Grenze verbracht hatte, sprach, rezitierte und sang in polnischer Sprache über zwei Stunden lang während eines chirurgischen Eingriffs unter dem Einfluß von Chloroform. Als die Einwirkung der Anästhesie vorüber war, konnte er kein einziges Wort dieser Sprache mehr herausbringen.

Offensichtlich hatte die Anästhesie die Barriere geöffnet, die üblicherweise zwischen dem Unbewußten und dem Bewußtsein steht. So konnten die verborgenen Erinnerungen aufsteigen.

Wüßte man nicht um die Mechanismen des Unbewußten und um die Tatsachen, so könnte man an die *Xenoglossie* denken, eine paranormale Erscheinung, bei der bestimmte Personen Sprachen sprechen, die sie nicht kennen.

Der schottische Mediziner James Braid, ein wissenschaftlicher Pionier der Hypnose im vorigen Jahrhundert, berichtete über den Fall einer Frau, die unter Hypnose ohne Zögern lange Kapitel aus dem Alten Testament in Hebräisch rezitierte. Die Frau konnte nicht ein Wort dieser Sprache. Man fand jedoch heraus, daß sie einfach das wiederholte, was sie von einem Rabbiner gehört hatte, bei dem sie in der Jugend gearbeitet hatte.[13]

Das Unbewußte registriert auch, wenn der betreffende Mensch das Gedächtnis durch ein psychisches Trauma verloren hat. Eine Patientin, die über absolut kein Gedächtnis mehr verfügte (sie konnte sich weder an die Vergangenheit erinnern noch die Gegenwart festhalten), konnte sich unter Hypnose (ebenfalls ein Mittel zur Aktivierung des Unbewußten) an alles erinnern. Soweit die Zusammenfassung einer der berühmten Vorlesungen von Jean-Marie Charcot in der Salpêtrière. Charcot (1825–1893) war einer der Begründer der modernen Neuropathologie und Lehrer von Sigmund Freud. Er schloß eine Vorlesung über diesen Fall mit den folgenden Worten: „Das ist der Beweis, daß sich das Unbewußte an alles erinnert. Die Frau erinnert sich unter Hypnose an alle Vorkommnisse bis zum heutigen Tag. Alle ihre Erinnerungen treten assoziiert, systematisiert und ohne Unterbrechung auf. Es sieht aus, als gäbe es ein zweites Ich, das in einem merkwürdigen Gegensatz steht zum ‚offiziellen' Ich, dessen tiefgreifende Amnesie wir alle kennen."[14]

Magier und Medium: Von der Hyperästhesie zur psychischen Integration

Die bewußte Wahrnehmung erfolgt über die Sinne. Es gibt auch eine höhere Sinneswahrnehmung, die nicht paranormalen Charakters ist. Wir nennen sie *Hyperästhesie* oder Überempfindlichkeit. Dieses Wort wird verwendet, wenn Menschen winzige Signale mit den Sinnen wahrnehmen können.

Gewisse Berufe schärfen die Sinne. Man weiß zum Beispiel, daß Seeleute Dinge in großer Entfernung ausmachen können und daß Maler die feinsten Farbabstufungen wahrzunehmen imstande sind. Diese Fähigkeiten fehlen im allgemeinen den Menschen, die beruflich anderweitig beschäftigt sind. Die Taschenspieler entwickeln im höchsten Grad eine Hyperästhesie des Tastsinnes. Durch langes Training können sie mit ihren Fertigkeiten unglaubliche Dinge vollbringen.

Eine Hyperästhesie zeigt sich auch unter bestimmten Umweltbedingungen oder kulturellen Voraussetzungen. Die sogenannten „Wilden“, die im Regenwald oder in der Savanne leben, entwickeln einen Gehör- und Geruchssinn ähnlich wie bei manchen Tieren.

Auch körperliche Behinderungen wie Blindheit oder Taubstummheit begünstigen diese Erscheinung. Blinde zeigen oft eine Hyperästhesie des Gehörsinns, des Geruchs- und des Tastsinnes. Blinde können oft feststellen, wo sich Personen oder Gegenstände befinden. Deswegen führen sie auch handwerkliche Arbeiten häufig ganz sicher durch. Taubstumme entwickeln eine Hyperästhesie des Gesichtssinnes, so daß sie die Sprache von den Lippen ablesen können.

Eine Verfeinerung der Sinne geschieht auch unter Hypnose. Der amerikanische Parapsychologe H. H. Carrington beschreibt uns ein solches Experiment. Wenn man eine Person in ein ihr unbekanntes Haus führt mit der Aufgabe, sich in fünf Sekunden möglichst viele Gegenstände zu merken, so kann sie später zehn bis zwölf davon aufzählen. Unter Hypnose ist die Versuchsperson imstande, auch 40 oder 50 Gegenstände zu nennen.

Die Hypnose ist ein „veränderter Bewußtseinszustand“ oder, wie Servadio richtig bemerkt, ein „anderer Bewußtseinszustand“. Dabei werden die Sinnesleistungen des Menschen verschärft. Die Hypnose ist eine Übereinkunft zweier Personen, von denen eine die psychischen Suggestionen des anderen akzeptiert. Es handelt sich keinesfalls um eine Macht. Hypnose wird zu einer „Macht“ in kulturellen Mangelsituationen, d. h. bei Furcht vor einer angeblichen Macht, die in Wirklichkeit nicht existiert. Die Hypnose wird ein gefährliches Spiel, wenn der Hypnotiseur seiner Versuchsperson aufträgt, eine berühmte Persönlichkeit zu verkörpern. So entsteht in der hypnotisierten Person eine falsche Persönlichkeit, und das führt auf künstliche Art zu einer Verdoppelung des Ichs. In solchen Augenblicken „interpretiert“ die hypnotisierte Person die Rolle wie ein Schauspieler. Die

Kreativität der Interpretation liefert das pathologische unbewußte Ich, das wir bereits behandelt haben. Die Gefahr besteht bei der Rückkehr zur normalen Person. Bisweilen bleiben Suggestionen der falschen Persönlichkeit bestehen – mit darauffolgender Nervenkrise und anderen Störungen.

Ich bin hier auf die Hypnose eingegangen, um die Selbsthypnose, die Magier und die Medien behandeln zu können.

Die Selbsthypnose ist eine Konditionierung seiner selbst; durch sie unterwirft sich ein Individuum mit bestimmten Techniken einer Selbstsuggestion.

Die Selbsthypnose kennt wie die Hypnose mehrere Grade. Den leichtesten würde ich wie folgt definieren: ein Zustand der Aufmerksamkeit und der Konzentration mit dem Ziel, die zartesten Signale wahrzunehmen, deren Bewertung wir unserem Instinkt überlassen. In diesem Zustand befinden wir uns alle, wenn wir einen neuen Menschen kennenlernen und ihn einschätzen wollen. Wir stellen einen möglichst direkten Kontakt zu ihm her und konzentrieren uns dermaßen, daß wir am Ende die ganze Außenwelt ausschließen. Die Geräusche kommen von weit her, und unsere Aufmerksamkeit ist darauf gerichtet, die neue Person zu erfassen und zu ergründen.

Was ich eben dargelegt habe, ist die Haltung des Magiers, des Hellsehers, des Karten- und Handlesers. Sie alle nutzen ihre Hyperästhesie, d. h. eine normale, natürliche Begabung.

Meine lange berufliche Erfahrung vor allem mit solchen Menschen hat mich davon überzeugt, daß eine der Komponenten ihrer Wahrsagekünste die Hyperästhesie darstellt. Eine andere Komponente ist die psychische Integration.

Die Person, die solche Pseudowahrsager aufsucht, wird von etwas beunruhigt. Bereits der Ton, mit der sie Fragen stellt, verrät ihre Besorgnis und bringt den Wahrsager auf die richtige Antwort. So ist es der Ratsuchende, der sich unbewußt selbst die Antwort gibt. Er durchlebt große Ängste und verliert dadurch die eigene Kritikfähigkeit, die wiederum ist beim Wahrsager aufs höchste ausgebildet. Das Wahrsagen wird an diesem Punkt zu einem psychologischen Spiel. Der Leser möge sich vor Augen halten, daß ich hier die wissenschaftlichen Mechanismen des „wahren“ Wahrsagers analysiere und nicht die der Betrüger. Auf solche Machenschaften und ihre praktischen und moralischen Auswirkungen werde ich später zu sprechen kommen.

Die Hyperästhesie hat jedoch wohldefinierte Grenzen. Sie kann nicht die Ergebnisse von Versuchen erklären, bei denen die Versuchspersonen ganze, zuvor niedergeschriebene Sätze oder die Gedanken eines Menschen „erraten", wie Quevedo behauptet. Er erklärt diese Erscheinungen damit, daß die übermittelnden Personen bei jedem Konsonanten und jedem Vokal eine unbewußte Muskelkontraktion durchführen. Die Versuchspersonen würden dann die Signale unbewußt und „ohne Kontakt mit dem Körper der anderen Person" entschlüsseln.

Wenn wir bedenken, daß jede psychische Tatsache einen physiologischen Reflex bedingt, so können wir auf dieser Grundlage den *Cumberlandismus* erklären. Es handelt sich hierbei um die Fähigkeit gewisser Menschen, gedankliche Kommunikationen einer zweiten Person über Muskelkontraktionen aufzunehmen, wenn beide miteinander in physischem Kontakt stehen. Der Begriff geht auf Stuart C. Cumberland zurück, der diese Erscheinung studierte und seine Fähigkeiten in öffentlichen Sitzungen unter Beweis stellte. Hier ein Beispiel: Ein Zauberkünstler läßt sich die Augen verbinden und bittet darum, eine Uhr solle in der Tasche eines der Anwesenden versteckt werden, während er wegsieht. Dann hält er die Hand eines Zuschauers, vorzugsweise die eines Kindes, und wandert durch den Saal. Plötzlich hält er vor einem Zuschauer inne und zieht ihm die Uhr aus der Tasche. Erfolg und Applaus. Der Zauberkünstler ist eine empfindsame, geübte Person: Während er langsam umherwandert, nimmt er das ganz leichte instinktive Zittern wahr, das ihm auf unbewußtem Weg von der Hand des begleitenden Kindes übermittelt wird. Das Kind kann nämlich beim Vorbeigehen an der betreffenden Reihe ein kaum wahrnehmbares, unwillkürliches Zittern nicht unterdrücken. Für den Illusionisten ist es das Zeichen, daß er die richtige Stelle erreicht hat. Auf dieselbe Weise findet er dann die einzelne Person heraus.

Ich habe bereits die zeitweilige psychische Integration behandelt. Sie tritt beim Experimentator während paranormaler Versuche und beim Analytiker während der Analyse auf. Dieselbe Situation kann sich bei Kartenlegern ergeben, denen sich der Ratsuchende psychisch und emotional „öffnet". Im folgenden will ich einige überprüfte Fälle erläutern, welche die Hypothese von der psychischen Integration erhärten können.

Der Fall der Ilga K. von Trapene in Litauen wurde ursprünglich von Dr. Neureiter untersucht, einem Dozenten für Gerichtsmedizin an der Universität Riga, danach von deutschen Spezialisten. Schließlich ernannte das Bildungsministerium eine Kommission aus Psychiatern, Psychologen, Physikern und Phonetikern. Ihr Vorsitzender war Dr. Dale, der Leiter des Labors für experimentelle Psychologie an der Universität Riga.

Ilga war geistig zurückgeblieben. Als sie acht Jahre alt war, sprach sie wie ein Kind mit zwei Jahren. Sie kannte Ziffern und Buchstaben, konnte sie aber nicht zusammenfügen. Mit neun Jahren las Ilga jedoch beliebige Stücke aus beliebigen Sprachen und löste mathematische Probleme, sofern ihre Mutter dabei war und mit ihrem Geist dieselben Stücke las und über die Lösung des Problems nachdachte. Auch wenn Mutter und Tochter durch eine Tür getrennt waren, konnte man das Phänomen beobachten. Nur einmal war die Mutter im Senderaum des Rigaer Radios isoliert, und das Kind rief ihr zu, obwohl es sie durch das Fenster sah: „Ich höre nichts." Die Kleine hatte aber ein vollkommen normales Gehör, wie ärztliche Untersuchungen zeigten.

Die medizinische Kommission stellte verschiedene Hypothesen darüber auf, daß die Mutter „unwillkürliche Murmelgeräusche" von sich gegeben habe, welche die Umstehenden nicht wahrnehmen konnten. Die Ärzte stellten fest, daß das Kind sofort zu sprechen anfing, sobald die Mutter die Lippen beim Lesen bewegte.

Eine zweite Kommission widmete sich dann der Frage, warum das Kind auch etwas aufnahm, wenn die Mutter nur nachdachte. Sie kam zum Schluß, daß das „Murmeln" im Körperinnern stattfand, d. h. in den Stimmbändern und dem Sprechorgan. Auch Telepathie wurde in Betracht gezogen, doch die Spezialisten waren der Meinung, daß sie sich nur gelegentlich zeigen würde.

Ich schließe eine reine Telepathie aus, weil diese eine bestimmte Entfernung unbedingt voraussetzt. Die Kommission zog meines Erachtens aber nicht die Möglichkeit einer psychischen Integration in Betracht, d. h. die Möglichkeit, daß sich zeitweilig zwischen Tochter und Mutter eine Art „geistige Kommunikation" bildete. Die Tochter hätte dann wie ein Parasit die Ideen der Mutter aufnehmen können. Sie hätte dabei nicht auf ihre eigene Individualität verzichten müssen, trotzdem sie andererseits intellektuell sehr beschränkt war. Die Tatsache, daß Ilga einmal zur Mutter sagte: „Ich höre nichts", könnte bedeuten, daß das Gehör auf geistiger Ebene als Mittel diente, um die Gedanken der Mutter anzuzapfen.

Auch der kleine Ludwig, der von den medizinischen Akademien von Paris und Angers untersucht wurde, konnte nur lesen, indem er die Gedanken seiner Mutter erriet. Die Erscheinung trat nicht bei räumlicher Entfernung auf und war deswegen auch keine Telepathie. Es war notwendig, den Sohn von der Mutter zu trennen, damit er normal aufwachsen konnte.

Auch beim Fall des elfjährigen, geistig zurückgebliebenen Bo verhielt es sich ähnlich. Das Kind wiederholte spontan Wörter und Zahlen, welche die Mutter gerade dachte. Bo konnte die einfachen Binet-Simon-Tests nicht schaffen, wußte aber alle Antworten und konnte jedes Problem lösen, wenn es auch die Mutter konnte und sie in der Nähe war. Allein gelassen war Bo zu nichts imstande.

Erwähnen möchte ich auch den Fall von Ludwig Kahn, der geistig normal war. 1925 bestätigten ihm die Experten des Institut Métapsychique International in Paris, daß er imstande war, Sätze zu wiederholen, die Versuchspersonen zuvor auf ein Blatt Papier notiert hatten. Dazu mußten aber die Personen, die den Satz niedergeschrieben hatten, anwesend sein, sonst gelang es Kahn nicht.

Dieser Vorgang zeigt, daß es sich nicht um reine Telepathie, sondern um eine reduzierte Form dieser Erscheinung handelt. Ich bezeichnete sie schon als *bedingte Telepathie,* weil sie davon abhängt, ob die zweite Person in derselben Umgebung anwesend ist. Ich glaube aber, daß die „Kommunikation" durch eine besondere Art der psychischen Kommunikation stattfindet, die ich auch als Integration bezeichnet habe.

Zusammenfassend kann man sagen, daß bei Menschen, die den Okkultismus als Beruf betreiben, also bei Magiern, Hellsehern, Karten- und Handlesern, zwei Phänomene auftreten, die Hyperästhesie und die psychische Integration. Die Hyperästhesie ist keinesfalls eine paranormale Erscheinung, sondern beruht auf sinnlicher und psychischer Wahrnehmung. Die psychische Integration ist ein außergewöhnliches Phänomen, das ich aber nicht zum wahren Paranormalen rechne. Die betreffende Person beschränkt sich darauf, sich eigene unbewußte Informationen von einem Ratgeber zurückzuholen. Sie hört also das, was sich bereits in der eigenen bewußten oder unbewußten Seele befand. Es handelt sich um eine Art Spiegelbild. Dieses zeigt sich oft darin, daß der Kartenleger unbewußt und durch psychische Integration die Ängste und Hoffnungen des Ratsuchenden erfaßt und sie ihm als „Gewißheiten“ präsentiert. Der Ratsuchende erschrickt um so mehr, wenn ihm seine unbewußten Ängste vorgehalten werden, und er ist um so mehr erleichtert, wenn er seine Hoffnungen als feststehende Tatsachen für die Zukunft vorgesetzt bekommt.

Am häufigsten zeigt sich die Erscheinung der psychischen Integration bei spiritistischen Sitzungen. Durch das Warten und die seelische Konzentration auf das kommende Ereignis werden die Informationen des Mediums auf bewußtem oder unbewußtem Niveau mit den Informationen der Teilnehmer verbunden. Auf diese Weise entstehen oft überraschende Aussagen. Viele lassen sich einer untergeordneten Form der Telepathie zuschreiben, der „bedingten Telepathie“. Andere Phänomene gehen auf die reine Kreativität des Unbewußten zurück, d. h. auf sein „Talent“.

Das Talent des Unbewußten

Das Unbewußte kann auch neue Sprachen entwickeln. Besonders bekannt geworden ist der Fall des Mediums Helene Smith. Während einer Sitzung behauptete sie, sie befinde sich auf dem Mars, beschrieb dessen Bewohner (sie sahen ähnlich aus wie wir), die Häuser mit ihren gewellten Dächern usw., und sie begann, die dortige Sprache zu sprechen! Die Sprache war unbekannt und wurde vom Psychologen Flournoy von der Universität Genf gründlich studiert. Es zeigte sich, daß das Unbewußte eine richtige neue Sprache herausgebildet hatte. Diese Sprache erreichte im Lauf von sechs Monaten nach und nach ihren Höhepunkt. Die grammatikalische Struktur war ähnlich wie beim Französischen, und die Wörter besaßen oft die gleiche Anzahl von Silben und Buchstaben. In der Folge „besuchte“ Helene Smith auch den Mond und die übrigen Planeten und erfand dazu eigene Sprachen.

Dieser Fall von Spiritismus, den der genannte berühmte Psychologe studierte, ist einer unter sehr vielen, die das Talent des Unbewußten zeigen. Man muß die vorherigen Ereignisse kennen, um das Paradox des Spiritismus voll zu erfassen.

Professor Lemaître, der die Sitzungen leitete, erzählte eines Tages einer Verwandten des Mediums davon, daß er sich sehr dafür interessiere, was es auf den Planeten gäbe, besonders auf dem Mars. Nach einem Monat begann das Unbewußte des Mediums Dinge über den Mars auszuarbeiten. Es beschrieb die komplizierten Begrüßungen der Marszivilisation, die Pferdewagen ohne Räder und Pferde. Es erzählte auch von der Begegnung mit dem verstorbenen Sohn (Alexis) einer der Teilnehmerinnen. Er befinde sich zur Zeit in einem Konferenzsaal auf dem Mars und nehme von dort aus an den Sitzungen des Mediums teil, usw.

Diese netten Behauptungen sind ein Zeichen für die große Kreativität des Unbewußten auf dem Gebiet der Phantasie. Die neuerfundenen Sprachen bewiesen jedoch auch technisch-linguistische Fähigkeiten.

Flournoy bemerkte, daß zwar ein Wörterbuch notwendig war, um die Sprache zu verstehen, nicht aber eine Grammatik, denn diese war die gleiche wie im Französischen.

„Kevi berinm-m-eb“ in der Marssprache bedeutete auf französisch „Quand reviendra-t-il?«, also „Wann wird er zurückkehren?“

Als das Unbewußte die Erfahrung gemacht hatte, daß ihm die Erfindung einer neuen Sprache gelungen war, fühlte es sich stark genug, um an die Erfindung weiterer Sprachen zu gehen. Das Unbewußte paßte sich jedoch dem Einwand des Psychologen an, der bei mehreren Gelegenheiten dem Medium gesagt hatte, für ihn sei die Marszivilisation eine phantasiereiche Kopie der Zivilisation auf Erden und daß er sich eigentlich ganz andere Dinge erwarte.

Seit dem 19. Jahrhundert berichten die Forscher von einer beeindruckenden Zahl solcher Erfindungen und natürlich auch von paranormalen Erscheinungen, darunter auch von bemerkenswerten Fällen der Psychokinese. In all diesen Vorgängen zeigt sich ein pathologisches Ich; es orchestriert die Informationen, die es durch Integration des Unbewußten der Sitzungsteilnehmer erhält.

Hier beginnt das Drama vieler ehrbarer, aber unbedarfter Forscher, die von den sogenannten „spiritistischen Beweisen“ buchstäblich überwältigt wurden und am Ende die spiritistische Hypothese vertraten.

An einem Abend telefonierte ich mit einem Freund, von dem ich zwei Jahre lang nichts gehört hatte. Er interessierte sich seit jeher mehr für den Spiritismus als für die Parapsychologie, begann aber mit guten Vorsätzen für seine Forschung. Aus seiner Arbeit gingen mehrere Bücher über Erfahrungen mit mediumistischen Sitzungen hervor. Ich war sehr betroffen, als er mir mitteilte, daß er nun zur Hypothese des Spiritismus neige. Ich kann mir nicht vorstellen, daß ihm die tiefenpsychologische Argumentation, die ich eben dargelegt habe, unbekannt ist. Die einzige Erklärung, die mir für seine „Konversion" einfällt, ist das Fehlen eines festen Glaubens. Ein Forscher mit einem unerschütterlichen Glauben, gleich welchen Bekenntnisses, empfindet nicht das Bedürfnis, das Überleben nach dem Tode zu beweisen, weil er weiß, daß dies keine Angelegenheit der Wissenschaft ist.

Es ist vielleicht noch weniger die kreative Phantasie im Hinblick auf die Welt der Verstorbenen, die sich bei solchen Sitzungen zeigt und letztlich doch ziemlich banal bleibt, vielmehr sind es paranormale, psychokinetische und außersinnliche Tatsachen, die den Forscher in eine Krise bringen können, besonders wenn er in der Tiefenpsychologie nicht bewandert ist und, vielleicht noch mehr, wenn er sich auf der Suche nach einer Bestätigung für sein Leben befindet.

Auch ich neigte früher einmal während ein paar Monaten in meinem Leben zum Spiritismus. Ich untersuchte damals ein erstaunliches Medium mit psychokinetischen Phänomenen, die den Beobachter ja am meisten beeindrucken. Doch seit vielen Jahren bin ich nun dagegen immun und betrachte meine frühere Unsicherheit mit einem Lächeln.

Das nicht paranormale und das nicht präkognitive Hellsehen

Der Erfolg vieler Magier, Karten- und Handleser beruht nicht so sehr auf ihren paranormalen Fähigkeiten, die in einigen, allerdings seltenen Fällen durchaus vorhanden sein können, sondern vielmehr auf dem Zufall. Wenn der Magier einer Frage von der Art wie „Werde ich diese Stelle bekommen?" gegenübersteht, so weiß er, daß er Erfolg haben wird, egal wie seine Antwort darauf auch ausfallen mag. Es gibt nämlich nur zwei mögliche Antworten: Ja oder Nein. Eine von beiden trifft sicher zu. Ein Teil der Klienten wird enttäuscht sein, weil die Antwort nicht zutraf, und sich nicht mehr blicken lassen. Die anderen, für die die Antwort richtig war, werden darüber sprechen und dem Wahrsager neue Kunden zuführen. Deswegen geht es den Wahrsagern heute so gut: Der Okkultismus ist in jedem Fall ein gutes Geschäft.

Manchmal kommt es vor, daß sich Voraussagen des Wahrsagers erfüllen. Er sagt zum Beispiel: „Ich sehe einen Autounfall." Und der Ratsuchende ist davon so eingeschüchtert, daß der Unfall dann auch wirklich eintrifft.

Die Sekretärin des Mediums William Stead erhielt von diesem im Verlauf des automatischen Schreibens eine Botschaft, die von dessen geistlichem Führer unterzeichnet war. Sie besagte, daß das Mädchen noch vor Jahresende sterben würde. Im Lauf des Jahres wiederholte sich diese Botschaft, und das Mädchen, das an den Spiritismus glaubte, geriet in Angst. Am 10. Januar – also bereits nach dem angegebenen Termin – erhielt das Medium eine weitere Botschaft, in der es hieß, es sei besser, nun gleich Abschied zu nehmen von der Sekretärin, denn der Tod stehe unmittelbar bevor. Dieser Dummkopf ging zu dem jungen Mädchen nach Hause, weil sie gerade krank war, und gab ihr die Nachricht zu lesen. Die Kranke stürzte sich zwei Tage danach aus dem Fenster.

Das Medium bestätigte, daß ihm die Sekretärin nicht sympathisch gewesen war. Damit waren die Voraussetzungen für einen unbewußten Wunsch nach dem Tod des Mädchens und nach dieser wiederholten Botschaft gegeben. Das Unbewußte des Mediums hatte zusammen mit der Dummheit des betroffenen Mädchens einen Mord begangen.

Eine „offenkundige Präkognition" erfuhr auch meine Großmutter väterlicherseits, Eleonora Zai, während des Zweiten Weltkriegs. Sie befand sich in der Küche, als sie plötzlich große Kälte und Angst verspürte. Sie sprang zurück. Wenige Sekunden danach fiel ein Teil des Dachbodens ein, durchschlug den Fußboden und kam erst auf dem Bett des darunter befindlichen Zimmers im Erdgeschoß zur Ruhe.

Das läßt sich folgendermaßen erklären: Meine Großmutter hatte unbewußt Zeichen dieses Einsturzes wahrgenommen. Das Unbewußte meldete wenige Augenblicke vor dem Unglück die Gefahr durch ein körperliches Signal, durch die Kälte, die für Angstzustände typisch ist. Man kann diesen Fall demnach als Hyperästhesie bezeichnen. Es ist allerdings auch ein paranormales hellseherisches Signal (Kontakt zwischen Psyche und Materie) mit anschließender körperlicher Äußerung nicht auszuschließen.

Ein Fall „angeblicher Präkognition", in Wirklichkeit aber nur eine telepathische Erscheinung, geschah um 11.00 Uhr am Morgen des 27. Juni 1894 dem Medizinstudenten Gallet in Lyon, während er sich für seine Doktorprüfung vorbereitete. Mit einemmal wurde er von einem Gedanken befallen, den er nicht mehr loswerden konnte. Er schrieb in sein Heft: „Herr Casimir-Périer wird mit 451 Stimmen zum Präsidenten der Republik gewählt." Er gab diese Notiz auch seinem Kollegen Saray zu lesen, der im selben Zimmer studierte. Nach dem Essen traf er zwei Kommilitonen, Boucher und Delorme, denen er ebenfalls vom Vorgefallenen erzählte.

Sie lachten ihn aus, weil keinerlei Wahrscheinlichkeit bestand, daß seine Voraussage eintreffen würde, weil allen Prognosen zufolge die Abgeordneten Brisson oder Dupuy die besten Chancen hatten. Nach den Vorlesungen des Nachmittags gingen sie in ein Café, um auf die Ergebnisse der Abstimmung zu warten. Von 485 Abgeordneten stimmten 451 für Casimir-Périer.

Es handelte sich hierbei aber nicht um Präkognition, sondern um klassische Telepathie. Der Student nahm die bereits bestehende geistige Ausrichtung der Abgeordneten wahr, die sich kurz darauf in der Abstimmung konkretisierte.

Der Kommunikationsfaktor

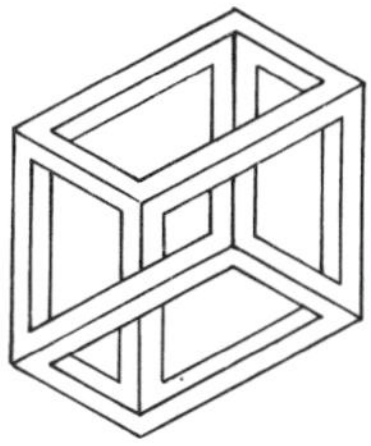

Die außersinnliche Wahrnehmung: Unbewußte Kommunikation aufgrund eines existentiellen Auslösers

Der Begriff „psychomiletisch“

Bevor ich das theoretische Modell zur Interpretation paranormaler Erscheinungen im Lichte der Dialektik, die sich in den letzten 100 Jahren herausgebildet hat, darlegen will, sollte noch eine Definition geklärt sein.

Fast allgemein wird der Begriff „sensitiv“ für jene Menschen verwendet, die paranormale Erscheinungen aktiv erleben. Dieser allgemeine Begriff verwirrt aber, weil er in der Psychologie eine unterschiedliche Bedeutung hat, die nicht paranormaler Natur ist.

In Übereinstimmung mit dem Wesen der paranormalen Erscheinungen, das in der Kommunikation liegt, werde ich den Begriff *psychomiletisch* verwenden. Damit bezeichne ich jene Menschen, die paranormale Erscheinungen erleben. Das Wort geht auf das griechische „homilein“ zurück, das „in Kommunikation treten“ bedeutet. Ein Psychomiletiker kommuniziert also mit der Psyche.

Psychomiletisch bezieht sich nicht nur auf außersinnliche, sondern auch insofern auf psychokinetische Erscheinungen, wenn diese – wie wir später sehen werden – zum Phänomen der unbewußten Kommunikation gehören. Gelegentlich werde ich mich bei entsprechenden Erscheinungen auch des häufigen Begriffs *Psychokinetiker* bedienen. Er bedeutet „einer, der mit dem Geist bewegt".

Unsere Lebenserfahrungen sind nicht nur biologisch durch chemische Reaktionen im Gehirn kodifiziert, sondern sie spiegeln sich auch im individuellen Unbewußten wider. Das individuelle Unbewußte jedes einzelnen Menschen ist getrennt von dem jedes anderen Menschen. Und dennoch besteht untereinander eine Verbindung durch den allgemeinen unbewußten Psychismus, so daß alle Informationen eine potentielle universelle Datenbank darstellen, zu der jeder in bestimmten Situationen Zugang hat.

Die Informationen überschreiten die Grenzen des individuellen Unbewußten, wenn sich dieses Bahn schafft. Dies geschieht für kurze Augenblicke bei bedeutungsvollen Geschehnissen, die das Subjekt stimulieren und die Kommunikation herstellen.

Existentielle Auslöser

Diese bedeutungsvollen Geschehnisse werden von existentiellen Auslösern stimuliert, die wir im folgenden aufzählen:

a) *Persönliches Interesse,* ausgelöst vielleicht durch eine Wette. Ich erinnere mich an den Fall von Pearce Habert, den Psychomiletiker, mit dem Rhine und Patt in den dreißiger Jahren Experimente durchführten. Rhine wettete mit ihm einmal um 100 Dollar, daß es ihm nicht gelingen werde, alle Karten eines Spiels zu erraten. Doch er gab 25 von 25 Zenerkarten richtig an.
b) *Die Überzeugung, paranormale Qualitäten zu besitzen.* Derselbe Pearce stellte sich freiwillig für Experimente zur Verfügung und erreichte im Zeitraum von zwei Jahren hervorragende Ergebnisse.
c) *Die Emotionslage des Subjekts, Situationen mit vorübergehenden emotionalen Komponenten, große Gefahren und Todesgefahren.* Es gibt unendlich viele Beispiele für außersinnliche und psychokinetische Erscheinungen unter solchen Bedingungen. Im allgemeinen zeigen sich Hellsehen, Wahrsagen und Telepathie bei Unfällen, Angstzuständen und Naturkatastrophen. Viel seltener sind sie in

befriedigenden Situationen oder unter sicheren Bedingungen zu beobachten.

Es gibt hierfür auch experimentelle Beweise. Im Dream Laboratory des Maimonides Medical Center in Brooklyn, New York, wurde ein Schläfer mit einem Elektroenzephalographen und einem Elektromyographen verbunden, um die REM-Phase des Schlafes und Traumes aufzuzeichnen. Während dieser Phase bewegt der Schläfer seine Augen schnell hin und her (REM = Rapid Eye Movements) und träumt.

In den Experimenten wollte man den telepathischen Einfluß einer nicht schlafenden auf eine schlafende Person untersuchen. Man wollte den Traum durch Übermittlung von Bildern beeinflussen. Der richtige Augenblick dafür war eben die Traumphase, die von der Apparatur angekündigt wurde. Es zeigte sich, daß das Experiment besser gelang, wenn derjenige, der die Bilder übermittelte, auch Situationen ausgesetzt war, die entsprechende Botschaften hervorriefen. Wenn er zum Beispiel „Feuer" übertragen wollte, so zündete man neben seinem Gesicht eine Kerze an. Wenn er „Regen" mitzuteilen versuchte, übergoß man ihn unvermittelt mit Wasser, usw.

d) *Eigene Erlebnisse.* Viele Psychomiletiker haben Erfahrungen gemacht, die sie bewußt oder unbewußt für ihr Leben prägten. Der bekannte Psychomiletiker Croiset hatte eine besondere Sensibilität zur Auffindung ertrunkener Kinder, weil er selbst als Kind einmal fast ertrunken wäre.

e) *Affektive Bindungen.* Verwandtschaftliche oder freundschaftliche Beziehungen zwischen der Person, der die paranormale Erscheinung widerfährt, und der Person, welche die Mitteilung empfängt, können diese Erscheinung stimulieren. Solche affektiven Bindungen sind bedeutsam, weil man sich im allgemeinen um die geliebte Person auch Sorgen macht und ihretwillen Angst empfindet.

f) *Mystische Zustände.* Es gibt eine reiche Kasuistik über Persönlichkeiten aus allen Religionen (christliche Heilige, Yogis, Schamanen usw.), die außersinnliche Erlebnisse hatten.

Die beiden erstgenannten existentiellen Auslöser sind vor allem in experimentellen Situationen wirksam. Die anderen treten meist spontan auf, auch wenn die Kombination untereinander nicht auszuschließen ist.

Die Auslöser wirken im allgemeinen in zwei typischen Situationen:
- im Traum und in sonstigen veränderten Bewußtseinszuständen, die sich bei den verschiedenen Graden der Hypnose oder des induzierten Schlafs, bei Selbsthypnose oder Trance zeigen.
- bei normalen Bewußtseinszuständen paranormal veranlagter Personen.

Die Parapsychologen sehen seit jeher in der Telepathie eine Form der Kommunikation. Sie sind bisher aber nicht über die einfache Feststellung der Tatsache und einiger ihr gemeinsamer Elemente hinausgegangen.

Bereits Freud, der mit der Parapsychologie recht unsanft umging, deutete 1925 darauf hin, daß es in der telepathischen Kommunikation wahrscheinlich unbewußte interpersonelle „emotionale Faktoren" gebe. 1933 schrieb Freud in seiner Arbeit „Traum und Okkultismus", die Telepathie sei wohl das ursprüngliche archaische Verständigungsmittel zwischen einzelnen Menschen gewesen. Später sei es im Lauf der Evolution von der besten Form der Kommunikation, nämlich der auf den Sinnen basierenden, unterdrückt worden. Anders gesagt: Die Sprache und die Schrift hätten damit nach und nach die paranormale Kommunikation ersetzt. Heute sei sie ein Merkmal des Menschen, das gerade überwunden werde.

Davon ausgehend werde ich auf den folgenden Seiten ein Interpretationsmodell paranormaler Erscheinungen entwickeln. Es beruht auf dem Konzept der Kommunikation, mit dem sich alle Psi-Erscheinungen vereinheitlichen lassen.

Die unbewußte Kommunikation bei der Psychokinese

Psychokinetische Erscheinungen sind nur ein Mittel der Kommunikation. Mit ihnen äußert das Subjekt eine Erfahrung. Diese bezieht sich auf ein aktuelles Leiden oder auf ein Leiden, das im Unbewußten sublimiert wurde. Die Kommunikation geschieht in symbolischer Form, d. h. durch Einwirkung auf Materie. Die Erlebnisse des Subjekts äußern sich auch auf bewußte, offenkundige Weise und prägen die Beziehungen zu den anderen und zur Umwelt. Daraus können sich „Risikosituationen" ergeben, bei denen es möglicherweise zu psychokinetischen Manifestationen kommt.

Vorausbedingungen für psychokinetische Erscheinungen können sein: ein Medium, das verzweifelt Bestätigung sucht; ein neurotischer Heranwachsender; ein Mensch in Trauer, der einen erlittenen Verlust nicht überwinden kann; ein Mystiker, der neurotische Komponenten aufweist und sich ganz Gott anheimgibt; der Besessene, der auf die objektive Welt die Art und Weise projiziert, in der er die Beziehung zwischen sich selbst und der Vorstellung des Bösen in seiner Kultur erlebt.

Es gibt ohne Zweifel eine Verbindung zwischen der Seele und der physikalischen Energie. Das alte Konzept, das noch das vorige Jahrhundert von der Materie besaß, hat der ganz anderen Auffassung Platz gemacht, daß Materie auch Energie ist. Materie ist nichts Festes, Faßbares mehr. Unterhalb des Atoms gibt es zum Beispiel Elementarteilchen wie die Neutronen und die Quarks. Manche Unterteilungen zwischen diesen subatomaren Partikeln sind aber nur Vermutungen auf theoretischer Grundlage. Die Materie ist aufgelöst, es ist faszinierend zu erfahren, daß aus hochbeschleunigten Protonen unterschiedliche Materieformen entstehen können.

Kürzlich sah ich die Werbung für eine Batterie, die behauptete: „Der Gedanke ist Energie." Vielleicht enthält er keine Energie. Doch sicher interferiert der unbewußte Teil der Psyche mit der physikalischen Energie. Er lenkt, organisiert und erzeugt psychokinetische Erscheinungen. Diese stellen ein Mittel zur Kommunikation dar. Die Kommunikation kommt durch „Spannungsentladungen" zustande. Insgesamt handelt es sich um eine Botschaft, die der Energie aufgeprägt ist, welche die Materie bildet.

Die Psychokinese hat eine unbewußte Grundstruktur. Es ist damit nur logisch, einen unbekannten Faktor der Interaktion anzunehmen, der mit den physikalischen Energien in Beziehung tritt und ein „zeitweiliges Kraftfeld" bildet. Vielleicht nutzt er die potentielle Energie eines Objekts aus und verwandelt sie nach dem Impuls des Unbewußten in kinetische Energie.

Wenn die unbewußte Psyche motiviert, von existentiellen Auslösern stimuliert und auf psychokinetische Erscheinungen ausgerichtet ist, können diese tatsächlich stattfinden. Angesichts der Tatsache, daß psychokinetische Erscheinungen existieren, erheben sich zwei Fragen: Warum geschehen sie? Welche Bedeutung haben sie?

Wir suchen hier einen Kodex zur Interpretation einer okkulten und ursprünglichen Sprache des Unbewußten. Eine Person kann sehr gelehrt sein, doch ihr Unbewußtes äußert sich auf primitive, magische Weise.

Ich habe die Kasuistik der psychokinetischen Erscheinungen untersucht und daraus eine Reihe typischer Botschaften isoliert, die das Unbewußte des Menschen der Außenwelt über psychokinetische Erscheinungen zukommen lassen will. Das Unbewußte hat keine Stimme, kann aber die Materie auf symbolische Weise zu Wort kommen lassen, indem es sie so organisiert, daß sie die eigene Botschaft bekräftigt. Als erstes wundert sich das Subjekt über die psychokinetischen Manifestationen. Die Botschaft existiert aber unabhängig von seinem bewußten Willen.

In der folgenden Tabelle gebe ich eine Übersicht über diese typischen Botschaften, die das Unbewußte mit Hilfe psychokinetischer Erscheinungen mitteilen will.

Erscheinung	Bedeutung der Botschaft
Poltergeist	Hilfe, ich brauche Freiheit!
Psychophonie	Ich muß überleben!
Spiritistische Psychokinese	Glaube an mich!
Spuk	Hilfe, ich bin schuldig!
Mystische Psychokinese	Ich glaube!
Diabolische Psychokinese	Ich hasse Gott und alle, ich will Freiheit!
Selbsterzeugter Spuk	Ich bin böse, ich will Freiheit!

Das Subjekt sucht einen Dialog mit der Welt über andere Formen der Kommunikation außerhalb der Sprache und der übrigen Sinne. Warum ist das aber so?

Poltergeist

Die Welt reagiert oft nicht auf die Bedürfnisse eines Heranwachsenden, der sich in einer Krise befindet. Wenn in einer Familie oder an einem Arbeitsplatz mit einem Heranwachsenden psychokinetische Erscheinungen auftreten, so spricht man von einem Poltergeist: Gegenstände überwinden die Schwerkraft und werden gegen Wände geworfen; Wasser und Steine fallen aus dem Nichts herab; Lampen werden eingeschaltet; Wasserhähne geöffnet, ohne daß irgend jemand sie berührt; sogar kleine Brände entzünden sich ohne Grund.

Über solche Erscheinungen berichten immer wieder Zeitungen. Sie treten in einer Umwelt auf, in der Heranwachsende nach und nach eine unbewußte Aggressivität gegenüber Vater, Mutter oder dem Arbeitgeber entwickelt haben.

Das Subjekt ist eine anscheinend „normale" Person. Doch sie ist nicht imstande, ihre Aggressivität bewußt abzureagieren. Sie kann keine Gegenstände gegen die Wand oder gegen jene Menschen werfen, mit denen sie in unbewußtem Konflikt steht. So entlädt sich eine unbewußte kinetische Energie, die dennoch die betreffende Person erreicht. Der Heranwachsende teilt sein Bedürfnis nach Hilfe über die psychokinetische Symbolik mit.

Die paranormale Aggressivität wendet sich insbesondere gegen die Person, die zu Recht oder zu Unrecht als unterdrückend oder einschränkend empfunden wird. Dabei werden Dinge, die ihr gehören, und vor allem ihr Frieden zerstört.

Das Vorhandensein einer neurotischen Störung, d. h. „eines Kontrastes zwischen der inneren und der äußeren Realität des Subjekts", ist somit der Auslöser für das Phänomen. Solche Situationen erklären Familienmitglieder und Umwelt üblicherweise „spiritistisch" oder unter Zuhilfenahme von Dämonen. Sie meinen damit, der Schlüssel liege im Übernatürlichen. Die Bezeichnung „Poltergeist" allerdings wäre Erklärung genug.

An diesem Punkt greift man im allgemeinen auf Exorzismen und Segnungen zurück. Sie bringen bisweilen auffällige psychokinetische Erscheinungen zum Verschwinden, doch nicht das psychologische Problem, das dahintersteckt, denn um ein solches handelt es sich. Ein Magengeschwür, das durchgebrochen ist, muß dringend chirurgisch behandelt werden. Und beim Poltergeist muß in ähnlicher Weise ein

Psychologe eingreifen und dem Heranwachsenden helfen, sich die unbewußten Konflikte klarzumachen und den psychotischen Spielchen in der Familie ein Ende zu bereiten.

Bekannt ist der Fall des Psychologen Nandor Fodor, der aufgrund von Poltergeist-Phänomenen eine junge Frau psychologisch behandelte. Nachdem die Patientin ihre Probleme bewußt wahrgenommen hatte, blieben die Erscheinungen aus. Den Bericht über den Fall las auch Freud, der das Vorgehen von Fodor guthieß.

Psychophonie

In diesem Fall ist es Gott, den das Subjekt wie einen magischen Gott im Dienste des Menschen erlebt. Er geht aber auf die Erwartungen dieses Subjekts nicht ein; er ist taub und hat kein Ohr für die Gebete des Flehenden, der von ihm Beweise für das Überleben eines Verstorbenen verlangt. Er verhält sich indifferent gegenüber einer Person, die im Glauben etwas Konkretes zu finden hofft und die bewußt oder unbewußt einem menschlichen Gott Beweise abverlangt, die vielleicht mit der Stimme Verstorbener gegeben werden könnten.

Diese Beweise werden vom Unbewußten durch psychokinetische Registrierung auf Tonband konstruiert. Es handelt sich um Stimmen „offensichtlich" unbekannter Herkunft.

In einigen Fällen geben sich die Stimmen als Verstorbene zu erkennen. Daher stammt die spiritistische Interpretation des Phänomens. In Wirklichkeit manifestiert sich hier das pathologische, kreative, unbewußte Ich und täuscht damit die Menschen (wie die Erfahrung mit dem klassischen Spiritismus lehrt).

Insgesamt handelt es sich bei diesem konstruierten „Beweis" um einen Akt des Glaubens an das Überleben nach dem Tod, obwohl es sich um einen „menschlichen" Glauben handelt, denn ein solcher „Beweis" schließt ja den vollkommenen Glauben aus. Wir wissen allerdings nicht, mit welchem Mechanismus diese Interaktion mit der physikalisch-magnetischen Welt erfolgt, so daß es zu Tonbandaufzeichnungen kommen kann.

Klar ist hingegen der seelische Mechanismus, der das Phänomen auslöst. Das dahinterstehende unbewußte Motiv ist das Bedürfnis des

Menschen, sich und anderen die Hoffnung auf ein Leben nach dem Tod mitzuteilen.

Damit habe ich die Hauptbedeutung der unbewußten Botschaft dieser Psychophonie interpretiert. Es gibt aber noch andere, die je nach den vorhandenen Problemen unterschiedliche Formen annehmen. Neurotische Patienten, die anscheinend dank kompensatorischer Mechanismen ein normales Leben führen, können kritische oder verspottende psychophone Botschaften produzieren, „um sich selbst zu bestrafen". In einigen Fällen in Italien (Neapel und Valenza Po), die nichts miteinander zu tun hatten, entstand dabei eine roboterhafte, metallisch scheppernde Stimme, die der Kreativität des unbewußten Ichs zuzuschreiben war.

Vor Jahren untersuchte ich den Fall eines jungen Mannes mit nicht allzu schweren neurotischen Problemen. Nachdem er Aufnahmen von Stimmen abgehört hatte, gelang es ihm, Stimmenaufzeichnungen zustande zu bringen, unter denen auch die „Reproduktion" einer der ursprünglich abgehörten Stimmen war. Diese Tatsache beweist wieder einmal, daß bei manchen Patienten die Teilnahme an einem paranormalen Phänomen besonders der psychokinetischen Art wie eine Ansteckung wirkt.

Dieser besondere Aspekt der Psychokinese wurde vor Jahren deutlich, als Uri Geller im Fernsehen Bestecke verbog: In ganz Europa gab es plötzlich viele junge Leute, die das auch konnten. Diese Erscheinung ist wie eine psychische Ansteckung.

Spiritistische Psychokinese

Das Medium ist in der „spiritistischen Religion" jene Person, die zwischen unserer Welt und der Welt der Verstorbenen vermittelt. In Wirklichkeit produziert sie die äußeren sinnlichen und psychokinetischen Erscheinungen, um das allgemeine Interesse auf sich selbst zu lenken. Das ist der klassische Fall, bei dem das pathologische, kreative, unbewußte Ich sich am besten produziert.

Pathologisch deswegen, weil das Medium eine Person ist, die Bestätigung erfahren will. Sie lebt in einer spiritistischen Kultur und hat über diese Dinge gelesen, von ihnen gehört oder gar daran teilgenommen. Nun findet sie in dieser Welt ihren „innersten Wunsch" nach Macht erfüllt. Dieser wird auch voll bestätigt, denn das Medium gewinnt in den Augen der Adepten an Bedeutung, und der „leitende Geist" vertritt auch stets die Interessen des Mediums.Tatsächlich „fühlt sich das Medium von einem körperlosen Geist geleitet, der sich besonders um dessen Gesundheitszustand Sorgen macht. Dieser leitende Geist läßt sich auch als Schiedsrichter bei mediumistischen Er-scheinungen bezeichnen."[1]

Der innerste Grund für den Spiritismus, der noch vor dem Wunsch „Glaube an mich" kommt, ist ein unbewußter Konflikt des Mediums, der seinerseits von Frustrationen und Traumen ausgelöst wird. Das Leben übersetzt den Konflikt in den Wunsch nach Bestätigung, und dieser führt zur Aussage „Glaube an mich", die von Beweisen untermauert werden muß.

Diese Beweise bekommen die Adepten durch psychokinetische und außersinnliche Erscheinungen geliefert. Die Beweise hängen jedoch eng vom Glauben des Mediums an Geister ab. Es ist kein Glaube an Gott, denn er wird unbewußt – und ich meine narzißtisch – sozusagen auf die eigene Habenseite und das unbewußte Bedürfnis nach Anerkennung geleitet. Auf solchem Boden gedeiht die mediumistische Psychose, wie Hans Bender nachgewiesen hat.

Kreativ deswegen, weil das Medium sich in paradoxen, unbewußten Erfindungen aus der Welt der Verstorbenen austobt. Gleichzeitig ist das eine sehr dankbare Aufgabe, weil das Medium seinen Fans diese Wahrheiten frei austeilen kann.

Unbewußt deswegen, weil dies alles außerhalb des Bewußtseins geschieht, ohne daß das Subjekt mit seinem bewußten Wollen daran teilnimmt. Dies schließt nicht eine gelegentliche Simulation einer tiefen „Trance" zu rein kommerziellen Zwecken aus.

Das klassische Medium ist normalerweise eine gutgläubige Person, die an das glaubt, was die Geister enthüllen. Nur selten kommt es vor, daß ein Medium wie Leonore Piper sich von der spiritistischen Interpretation abwendet und sich zu einer wissenschaftlichen Erklärung des Phänomens bekennt.

Das wahre Wesen des Spiritismus wurde aber schon von vielen Forschern in der Vergangenheit enthüllt. Der berühmte Neuropsychiater Enrico Morselli (1852–1929), der an der Universität Genua lehrte, war ein unbedingter Anhänger der materialistischen Schule, welche die Möglichkeit leugnet, daß im Spiritismus paranormale Erscheinungen eine Rolle spielen. Morselli mußte aber aufgrund von Experimenten seine Meinung revidieren und war überzeugt, daß diese Phänomene existieren. Doch er gelangte zu einer wissenschaftlich richtigen Meinung, indem er schrieb: „Für mich als Psychologen liegt die merkwürdigste Seite darin, daß Experimentatoren wie Hodgson nach Hunderten von Sitzungen den psychokinetischen Ursprung dieses Jenseits nicht bemerken."

Dieses Jenseits wird von der unbewußten Phantasie des Menschen geschaffen. In seiner Todesangst begnügt er sich nicht mit den Versprechungen der offiziellen Religionen, sondern versucht seine Angst dadurch zu überwinden, daß er den eigenen Wunsch nach Bestätigung zum Ausgangspunkt nimmt. Mit der eigenen unbewußten Kreativität als Komplizin produziert er eine an sich selbst und an die anderen gerichtete Botschaft, welche die Gewißheit des Lebens nach dem Tod attestiert.

Spuk

Eine „emotionale" Botschaft bildet auch die Grundlage der Spukerscheinungen. Der größte italienische Erforscher spiritistischer Phänomene, Ernesto Bozzano (1862–1943), bemerkte nach der Untersuchung Hunderter von Spukerscheinungen, daß 80 Prozent davon mit einer Tragödie in Zusammenhang stehen.

Der Spuk besteht aus psychokinetischen Erscheinungen wie lauten Schritten, Schlägen, Rascheln, Stimmen, Stöhnen, rasselnden Geräuschen, Gesängen, Gelächter, kaltem Luftzug, Blütendüften oder Geruch nach Verbranntem oder nach Schwefel, spontan entstehenden Bränden, Erscheinungen von Figuren, Bewegungen von Gegenständen an bestimmten Orten, seien sie nun bewohnt oder unbewohnt.

Man sollte Poltergeist und Spuk auseinanderhalten. Der Poltergeist ist an einen Menschen gebunden, der Spuk an einen Ort, weil die Erscheinungen sich stets an einer Stelle wiederholen.

Man kann zwei große Gruppen von Spukphänomenen unterscheiden:
– Die einen wiederholen sich an einem Ort mechanisch und unabhängig davon, ob es Zuschauer gibt.
Es ist, als ob diese nicht existierten.
– Die anderen scheinen vom Vorhandensein von Menschen beeinflußt zu werden, wie etwa intelligente Aufschriften auf Wänden beweisen.
Sie stellen eine Botschaft an jene dar, die diese Orte besuchen.

Der Spiritismus hat diese zweite Gruppe von Spukphänomenen als Beweis für die Kommunikation mit Verstorbenen interpretiert. In diesen Fällen mischt sich das Phänomen des Spukhauses mit dem Spuk, der von einer Person hervorgerufen wird, also mit Manifestationen, die typisch sind für einen Poltergeist (der nicht notwendigerweise auf Heranwachsende beschränkt bleiben muß).

An Orten, wo es spukt, sind Verbrechen, Morde geschehen. Es haben dort Schlachten und andere Dinge stattgefunden, die intensive Emotionen auslösten. Wir können also annehmen, daß das individuelle Unbewußte kurz vor dem bevorstehenden eigenen Tod eine dramatische Botschaft aussandte. Die Kommunikation, die daraus hervorgeht, ist ein Hilferuf, dem gelegentlich auch ein Schuldbekenntnis beigefügt ist. Man kann die Botschaft mit den Worten „Hilfe, ich bin schuldig!" umschreiben. Wie die Interpretation auch aussehen mag, die Botschaft übermittelt stets eine intensive Emotion über die Zeitgrenzen hinweg.

Über welche Mechanismen gelangt diese Botschaft nun zu uns oder sogar zu Generationen, die vielleicht Jahrhunderte später leben? Die realistischste Hypothese meint, es sei das unbewußte Potential des Menschen, welches das Phänomen aktiviert und ihm Sinn verleiht.

In der Literatur wird der Fall der Anna Simpson zitiert, die jede Nacht das Gespenst einer Frau sah. Dieses teilte ihr mit weinerlicher Stimme den Namen „Malory" mit und sagte, sie habe eine Schuld zurückgelassen. Der Pfarrer, der davon informiert wurde, führte Recherchen durch und erfuhr dabei, daß eine Wäscherin dieses Namens, die vor einigen Monaten gestorben war, eine kleine Schuld beim Drogisten hinterlassen habe. Der Pfarrer beglich sie, und das Gespenst erschien nicht wieder.

Die erste Bemerkung, die mir dabei in den Sinn kommt, wird vom gesunden Menschenverstand diktiert: Hätte es sich um einen Geist gehandelt, so wäre die Welt voller Gespenster, die ihre Schulden bezahlen wollen!

Vielleicht hat Anna Simpson unbewußt das „Relikt der Psyche" dieser Malory aktiviert, und ihr letzter Gedanke vor dem Tod galt vielleicht dieser Geldschuld. Das Relikt der Psyche gehört zum Sediment oder dem Archiv der Vergangenheit, in dem das psychische Leben der Verstorbenen aufbewahrt wird.

Warum hörte das Gespenst mit dem Spuk auf? Vielleicht war es gar nicht erschienen, sondern es handelte sich nur um eine optische Halluzination von Anna Simpson. Diese hatte auf paranormalem Weg die letzte Botschaft der Sterbenden aufgefangen und in ihrem Sinn diese Nachricht materialisiert. Tatsächlich erschien das „Gespenst" in der Wohnung von Anna Simpson und war damit nicht an einen bestimmten Ort gebunden. Anna Simpson erfuhr, daß die Summe bezahlt worden war; diese Botschaft aktivierte die unbewußte Überzeugung, daß Malory nun beruhigt sein könne.

Im Fall der Spukhäuser ist die Kommunikation an den Ort und offenkundig auch an die Materie des Gebäudes gebunden. Diese Behauptung findet ihre Bestätigung im Fehlen psychokinetischer Erscheinungen, die sich auf griechische, römische oder etruskische Gebäude beziehen. Wenn das Gebäude verschwindet, geht auch der Spuk vorbei. Die griechischen und römischen Historiker berichten allerdings über Spukhäuser.

Für die Rekonstruktion der Erscheinung gibt es offensichtlich zwei wesentliche Elemente:

– Die dramatische Botschaft, die im „Archiv der Vergangenheit" niedergelegt ist.

– Die Materie, d. h. das Gebäude oder der Ort.

Auch wenn die „Botschaft" existiert und weiterbesteht, verhindert doch das Fehlen des betreffenden Gebäudes, daß sich das Phänomen manifestiert.

Die Spukphänomene können als Beweis für die Existenz des Sediments oder des Archivs der Vergangenheit gelten. Dieses umfaßt die gesamte Realität, die von den vergangenen Generationen mit ihren Sinnen wahrgenommen wurde, und somit alles, was das Interesse des Menschen weckte.

Bei den Spukerscheinungen empfängt das individuelle Unbewußte über das Archiv der Vergangenheit die dramatische Botschaft und reproduziert sie durch eine psychophysische Interaktion mit herkömmlicher Energie.

Mystische Psychokinese

Über mystische Erscheinungen psychokinetischer Art gibt es eine reiche Zahl von Fällen, die in einigen Punkten mit den herkömmlichen paranormalen Erscheinungen wie Levitation (heiliger Joseph von Copertino), Bilokation (Pater Pio), Klopflauten oder Raps (Jean Marie Vianney, Pfarrer von Ars), Verströmen von Gerüchen (heilige Gemma Galgani) und vielen mehr zusammenfallen. Hinter ihnen steht eine religiöse Motivation, die sich jedoch stets in psychokinetischen Erscheinungen äußert (Hostien und Statuen, die Blut ausschwitzen usw.).

Das Subjekt ist ein Mystiker, der die direkte Erfahrung mit dem Göttlichen und dem Übernatürlichen durch spirituellen Kontakt und durch den Filter der Gefühle verstärken will. Der Mystiker kann auch ein Heiliger sein. Vor allem aber ist er ein Mensch, der seine eigene spirituelle Dimension erobern will, auch wenn er dafür mit Verzicht und Opfer zahlen muß.

Wenn das Subjekt Schwierigkeiten hat, das eigene Innenleben mit der Realität der Außenwelt zu versöhnen, und damit an einem neurotischen Bruch leidet, so ist die Straße zur Heiligkeit schwieriger und ohne Zweifel auch verdienstvoller. Doch das psychische Leiden ist die Grundlage für psychokinetische Manifestationen. Ich möchte hier betonen, daß psychokinetische Erscheinungen insofern relativ sind, als sie jene Menschen betreffen, die von existentiellen oder neurotischen Problemen geplagt werden oder in einem magisch durchtränkten kulturellen Klima (Schamanismus) leben, und nicht, weil es sich um einen Mystiker oder Heiligen handelt.

Psychokinese ist also nicht charakteristisch für die Religion, sondern für Menschen, die an einer seelischen Krankheit leiden.

Der „neurotische Mystiker" lebt wie alle „nicht neurotischen Mystiker" in der dauernden Hingabe an Gott und empfindet tiefste Befriedigung an diesem Zustand, dem Aufstieg von der begehrenden

Liebe zur vollkommenen Liebe. Die begehrende Liebe erwartet sich ein Ergebnis, eine Antwort; die vollkommene Liebe hingegen gibt, ohne selbst etwas zu verlangen: Sie ist göttlich, und ich weiß nicht, ob der Mensch ihrer wirklich fähig ist.

Es gehört zum Menschen, daß er sich ein Zeichen des Wohlgefallens von Gott erwartet. Auch wenn er es nicht bewußt fordert und auch wenn er es nicht formuliert, so möchte er doch, daß die eigene Beziehung zu Gott durch materielle oder sinnesgebundene Signale objektiviert wird.

Diesem menschlichen Bedürfnis trägt die Kirche praktisch Rechnung, wenn sie die Heiligkeit gewisser Menschen anerkennt. Die Heiligen sind die „Interpreten" des Wortes auf Erden, die „lebenden Steine des Anstoßes" für diese säkularisierte Welt, der Dorn in der Flanke der bürokratischen Kirche. Sie führen die kämpfende Kirche zur triumphierenden Kirche. Viele Gläubige rufen die Heiligen um Hilfe an und merken nicht, daß in Wahrheit Gott der Empfänger ihrer Bitten ist.

Alle Gläubigen machen mehr oder minder intensive mystische Phasen durch, auch wenn sie meist nur von kurzer Dauer sind. Bisweilen geschieht in diesen Zuständen etwas: Meistens wird innere Tröstung und Erleuchtung zuteil; in anderen Fällen, wenn keine Übereinstimmung mit der Außenwelt besteht, kann es zu psychokinetischen Erscheinungen kommen.

Zu den Personen, die der Autor untersucht hat, gehört auch Herr C. A., dem beim Gebet (Rosenkranz) eine Medaille mit der Darstellung der Gottesmutter, die er an einem Kettchen am Hals trug, buchstäblich aus dem Hemd und dem Unterhemd heraussprang, ohne daß das Kettchen und der Ring der Medaille aufgebrochen wären. Derselbe C. A., der selbst nicht Spiritist und dem Spiritismus gegenüber feindlich eingestellt ist, bat in intensivem Gebet verstorbene liebe Angehörige, sie sollten ihm ein Signal zukommen lassen. Tatsächlich zeigten sich heftige Klopflaute in jeder Richtung und mit unterschiedlicher Intensität sowie thermische Auswirkungen, wobei Gegenstände einige Minuten lang sehr heiß wurden.

In diesen Fällen erzeugte das Subjekt auf emotionalem Niveau einen Zustand, der eine Antwort an sich selbst provozierte; ich würde es als Nachricht der eigenen spirituellen Position bezeichnen.

Die auslösenden Gründe liegen vielleicht darin, daß bei dem betreffenden Mann eine tief verwurzelte Rationalität und ein fester Glaube mit einer dauernden leidvollen Existenz einhergehen.

Im Evangelium steht geschrieben: „... Wenn ihr so viel Glauben hättet wie ein Senfkorn, könntet ihr zu diesem Berg da sprechen: ‚Rücke von hier weg', und er würde sich bewegen" (Matthäus 17,20). Dies ist eine spirituelle Lehre. Sie bedeutet, daß der Glaube in seinen Manifestationen keine Grenzen hat, sofern der Glaube echt ist.

Ohne direktes Eingreifen Gottes und ohne die Erwartung einer Antwort von seiten der Verstorbenen sind die psychokinetischen Erscheinungen ein Beweis für den Glauben der betreffenden Person, denn ohne Glauben, der den existentiellen Auslöser dieses Phänomens darstellt, wäre es gar nicht soweit gekommen.

Die psychokinetische Erscheinung ist kein Beweis, daß die Gottesmutter (wie auf der Medaille abgebildet) interveniert hat! Sie ist auch kein Beweis dafür, daß die Verstorbenen geantwortet haben. Die tiefe Bedeutung dieser Geschehnisse besteht darin, daß sich das Subjekt selbst eine Antwort gegeben hat: „Ich glaube!" Sicher existiert zwischen der Psychokinese einer Medaille und dem Versetzen eines Bergs ein Glaubensunterschied, wenn denn die Qualität des Glaubens der Quantität der versetzten Materie entspricht!

In den mystischen, psychokinetischen Geschehnissen sehe ich deswegen Manifestationen der geistigen Kraft des Menschen. Der Glaube wird in die für Menschen wahrnehmbare Größe umgesetzt und ist damit ein Spiegel und ein verschwommenes Abbild des Göttlichen. Der Mensch, der sich und anderen diese Phänomene zeigen kann, ist dazu imstande, weil es sich um die kreative Frucht einer viel mächtigeren „Wissenschaft" handelt. Die göttliche Wissenschaft hat den Menschen die Möglichkeit gegeben, durch den Glauben ein Naturgesetz in Bewegung zu versetzen.

Der Glaube, der eigentlich keine Beweise braucht, liefert dennoch Beweise für eine spirituelle Dimension. Die unbewußte seelische Aktivität und unbekannte physikalische Gesetze gestatten uns einen Zugang zum Geistigen.

Die mystischen Geschehnisse umfassen auch „persönliche" Botschaften an Heilige und Mystiker, die nach dieser Erleuchtung die wahre Bedeutung des Lebens kennen und sie den anderen durch ihre geistige Einstellung, durch Verhaltensweisen und Werke mitteilen, damit die Erinnerung an die Vision ihr ganzes Leben erleuchte. Ich meine, daß es authentische spirituelle Erleuchtungen gibt, die weniger hermachen als psychokinetische Geschehnisse, die aber für den Menschen eine ganz andere Tiefe erreichen – ein dauerhaftes Zeugnis des Glaubens und tätiger Werke, das ein Leben lang Früchte trägt und selbst die Frucht einer spirituellen Annäherung ist, die das göttliche Geheimnis streift.

Ich kann und will über dieses Thema nicht mehr sagen. Statt dessen möchte ich bemerken, daß viele psychokinetische Erscheinungen, vielleicht alle vom spiritistischen Typ, als Stütze den Glauben haben. Es ist jedoch ein kleiner Glaube, weil es ein Glaube an Geister und nicht an Gott ist. Dieser Glaube führt zu ideologischen Banalitäten, die typisch sind für eine Religion, die der menschlichen Kreativität entsprungen ist.

Das Medium hat keine authentische geistliche Wahl getroffen, sondern hängt einem säkularisierten Spiritualismus an. Der wahre Mystiker hat seine Wahl in Gott, für Gott und mit Gott getroffen. Auch wenn viele Phänomene zwischen einem psychokinetischen Mystiker und einem spiritistischen Medium übereinstimmen (der heilige Joseph von Copertino hatte Leviationen wie das englische Medium Douglas Home), so besteht doch in der spirituellen Statur derselbe Unterschied wie zwischen dem Teil und dem Ganzen, wobei wir nicht vergessen dürfen, daß das Ganze auch den Teil umfaßt.

Pseudodiabolische Psychokinese

Der Pseudobesessene ist vor allem eine Person mit starken psychischen Schwierigkeiten und gestörter Persönlichkeit. Er zeigt eine gespaltene Persönlichkeit, und seine Manifestationen stellen die sogenannten Teufel dar.

Wenn es sich um junge Menschen handelt, so ist die „teuflische Besessenheit“ die kulturelle Alternative zum Poltergeist. In einer gläubigen Familie wächst eher ein Sohn heran, der zur diabolischen Besessenheit als zum Poltergeist neigt. Wenn eine Tochter in unbewußtem Konflikt zur Familie lebt und keine Möglichkeit zur realen oder psychischen Freiheit sieht, so kann sie vorzugsweise die von zehn Teufeln Besessene spielen, wenn die Umwelt und die religiöse Kultur diese Möglichkeit ausdrücklich schon vorsehen.

In anderen Fällen gibt es den selbsterzeugten Spuk als Alternative zur Besessenheit; wir werden ihn auf den folgenden Seiten beschreiben. Dieser selbstausgelöste Spuk zeigt sich, wenn beim Betroffenen ein „Schuldgefühl" vorherrscht. Es kommt dann zu psychokinetischen, „verinnerlichten" Phänomenen wie Apporten oder der spontanen Entstehung materieller Symbole, die den Kern des Problems darstellen.

Der diabolisch Besessene ist vom eigenen unbewußten, kreativen und pathologischen Ich besessen. Es bewirkt, daß der eigene Haß gegen Gott und die Menschen zum Ausbruch kommt und stellt theatralisch, wie es für das pathologische, aber hochkreative Ich typisch ist, den Teufel dar.

Die Grundlage für diese Art Leiden bildet die „mediumistische Persönlichkeit" mit der Tendenz zur Darstellung mehrerer Gestalten, d. h. Teufel. Betroffene Menschen leiden viel, und paranormale Erscheinungen sind bei ihnen fast unvermeidlich.

Im allgemeinen ist eine heftige Aversion gegenüber dem Heiligen vorhanden. Der Grund liegt in der Umwelt mit der ihr eigenen Form von Religiosität, die vom Subjekt als unterdrückend empfunden wird. Die Botschaft spricht vom Haß gegen Gott und gegen die Menschen, ist aber auch ein Hilferuf nach Freiheit.

Abt Sutter veröffentlichte den Fall der jungen Schwarzen Germana, die 1906 vom Teufel besessen war. Er berichtet: „Die junge Frau erhob sich in die Luft, bisweilen waagrecht und manchmal senkrecht. Germana wurde vom Bett, auf dem sie lag, ganz langsam bis in zwei Meter Höhe waagrecht hochgehoben. Dort blieb sie schweben, stets ganz horizontal, und blieb frei und ohne Stütze in der Luft. Dabei fielen ihre Kleider nicht an den Seiten herunter, sondern blieben in schicklicher Form am Körper und an den Beinen. Nach einiger Zeit senkte sie sich langsam wieder."[2]

Damit haben wir entdeckt, daß auch der Teufel Scham kennt! Wenn ich mich nicht täusche, ist die Sexualität die Spezialität des Teufels. Ich begreife nicht, warum er nicht die Gelegenheit genutzt hat, um mit ein paar nackten Schenkeln einen Skandal zu entfachen.

Viel eher verstehe ich, daß das junge Mädchen, das zu rigorosen christlichen Schambegriffen erzogen wurde, unbewußt eine

Hemmung verspürte, die eigene „Scham" zu zeigen. Angesichts der Tatsache, daß das Unbewußte der Motor dieses ganzen Verhaltens ist, wird verständlich, warum es gerade die öffentliche Darstellung einer Zensur unterwarf. Das Unbewußte wagte zwar einen Protest, der übrigens viel mehr von einem Poltergeist als von einer Besessenheit an sich hat, blockierte psychokinetisch aber die Lage der Röcke.

Abt Sutter fährt fort: „Bisweilen erhob sie sich senkrecht, auch in der Kirche vor allen Gläubigen. Oft stand sie eineinhalb Meter über dem Boden und blieb längere Zeit in dieser Stellung, und keine Kraft konnte sie dann auf die Erde zwingen. Auch mit vereinten Kräften gelang dies den Schwestern und einigen eingeborenen Frauen nicht. Nur wenn Germana mit Weihwasser besprengt wurde, kehrte sie auf die Erde zurück, doch geschah dies unter Schreien und Wutausbrüchen. Danach warf sie sich auf den Boden und weinte wie ein Kind."[3]

Die Levitation besteht darin, daß die Schwerkraft überwunden wird. Bisweilen tritt das Phänomen so verstärkt auf, daß es sogar entgegengesetzten Kräften wie dem Ziehen der Schwestern widersteht. Hier zeigen sich die Signale der Rebellion der jungen heranwachsenden Frau. Sie „fliegt" nicht nur, sondern widersetzt sich auch dem Willen der Erwachsenen und will nicht mehr auf den Boden zurückkehren. Sie verweigert sich aber nicht dem Willen der Religion, deren Symbol das Weihwasser darstellt, selbst wenn sie sich dann auf dem Boden wie ein Kind gebärdet, das im Spiel verloren hat.

Abt Sutter schließt folgendermaßen: „Sie wurde am 24. April 1907 durch die Exorzismen von Monsignore Delalle, dem Bischof von Natal, befreit. Bei dieser Sitzung schwebte sie zwei Meter hoch über dem Boden und forderte den Bischof heraus, indem sie ihn anschrie: ‚Bischof, schauen Sie mich nur blöd an, vorwärts, versuchen Sie, was ich kann!'"[4]

Deutlich wird hier noch einmal die Herausforderung, der unbewußte Konflikt der Heranwachsenden gegenüber den Erwachsenen (dem Bischof) und auch das Gefallen an dem, was sie tut und was die Erwachsenen eben nicht können.

Als gläubiger Mensch leugne ich nicht die Existenz des Teufels. Ich bin jedoch überzeugt, daß er sehr viel intelligenter ist, als die Menschen vermuten. Seit Jahrhunderten widmet er sich seinem Geschäft, während die Menschen Jagd auf paranormale Geschehnisse machen, die sie in ihrer Unwissenheit als Zeichen teuflischer Präsenz betrachten. Ich leugne nicht, daß auch bei paranormalen Erscheinungen das „Böse“ seine Hand im Spiel haben kann, aber das ist bei allen Tätigkeiten des Menschen so.

Auf das Problem der echten Besessenheit durch den Teufel will ich in einem der nächsten Kapitel eingehen.

Selbsterzeugter Spuk

Selbsterzeugter, von einer lebenden Person ausgehender Spuk[5] könnte auch eine Erklärung bieten für jene Symbole, mit denen die betreffende Person ihre eigenen Probleme materiell dokumentiert.[6]

Ein „Kind“, das die Etappen der eigenen seelischen Entwicklung auf disharmonische Weise erlebt, ein Heranwachsender, der im Übergang von der Kindheit zum Erwachsenenalter starke psychische Störungen erleidet, ein Erwachsener, der ausgeprägte Probleme hat, das eigene Sein der äußeren Realität anzupassen, sie alle können im Schlaf unbewußt die eigenen Probleme projizieren und dabei symbolisch und auf psychokinetische Weise in der Wolle und den Federn der Kissen oder Matratzen Figuren aufbauen. Diese Herzen, Särge, Nester, Zöpfe, Tierfiguren, Kronen usw. stellen symbolisch das eigene Problem dar. Bisweilen enthalten die Figuren auch Fremdmaterialien. Eine Krone aus Federn kann zum Beispiel eine Seele aus Schnur enthalten, oder eine Figur ist mit einem Band verknüpft.

Zunächst ist zu sagen, daß diese Funde auch „Freunde“ oder Verwandte in die Matratze oder das Kissen geschmuggelt haben könnten. Es kann auch sein, daß Matratzen, die auf dem Land hergestellt wurden, durch Zufall solche Figuren in ihren Füllmaterialien enthalten. Es soll auch erwähnt werden, daß Federn von Natur aus zu merkwürdigen Formen zusammengepreßt sind oder daß Wolle unter Druck solche Formen annimmt, so daß abergläubische Menschen auf völlig falsche Ideen kommen können. Ich habe auch selbst die Probe aufs Exempel gemacht und ein Kilo neue Wolle auf dem Markt gekauft. Bei sorgfältiger Prüfung zeigten sich merkwürdige Dinge: Holzstückchen, Reste von Ästen, Blättern, Exkrementen. Wenn wirnun von diesen Beobachtungen ausgehen und Matratzen betrachten, die mehrere Male mit wahrscheinlich noch bunter zusammengewürfeltem Material aufgefüllt wurden, so kommt man zum Schluß, daß man in der Beurteilung sehr vorsichtig sein muß.

Trotzdem bleiben konkrete Tatsachen, die geklärt werden müssen. Einen möglichen Grund für diese Phänomene oder mindestens einen Teil davon sehe ich in einer Art Spuk, die das Subjekt selbst erzeugt. Er äußert sich materiell in diesen Symbolen.

Wenn man die Kissen oder auch nur die gefundenen Gegenstände verbrennt, so wird die betroffene Person normalerweise von ihren Ängsten befreit. Das Feuer ist auf symbolischem Niveau ein reinigendes Element. Die „Botschaft", die der selbsterzeugte Spuk wahrscheinlich übermitteln will, verrät im Unbewußten entstandene und eingekapselte Schuldgefühle. Mit Worten könnte man es folgendermaßen formulieren: „Ich bin böse, ich bestrafe mich selbst."

Die Botschaft kann aber auch ganz anders lauten, wenn die Probleme anders gelagert sind, etwa im Fall einer Person, die in einer Situation psychischer Unterdrückung den eigenen Wunsch nach Befreiung nicht in Form eines Poltergeistes oder einer „teuflischen Besessenheit", sondern eben in solchen Gegenständen äußert.

Es kann auch sein, daß der selbsterzeugte Spuk ein nur unbewußt erfaßtes Problem, eine Todesbotschaft symbolisiert, die ins Bewußtsein zu heben sich der Betroffene weigert.

In den meisten Fällen wäre die Intervention eines Psychologen von Nutzen. In anderen Fällen kann das Problem einfach dadurch gelöst werden, daß man die Funde verbrennt und damit – durch unbekannte Mechanismen – auch die Probleme, welche die betreffende Person in diese Figuren hineingelegt hatte.

1979 kam eine junge ledige Frau in meine Praxis. Sie lebte mit ihren Eltern zusammen und erzählte mir die Geschichte ihres Lebens. Sie hatte schon viel seelisches Leid erfahren. Nach der Lektüre eines Buches über Fetische vermutete sie, daß eine Beziehung bestünde zwischen ihrem Leiden und Funden, die sie möglicherweise in Matratzen und Kissen machen werde. Sie öffnete folglich alle Kissen und Matratzen und fand ihrer Erzählung nach folgendes:

– In den Matratzen Bündel aus Maisstroh und Holzstäbchen;
– in einem Kissen „Federn in Form eines Brotes, gefüllt mit Papier";
– in einem großen Kissen „Federn, die künstliche Vogelnester bilde-

ten, ferner ein Bündel mit einem roten Band, einen Schwanz aus schwarzen Haaren und Holzstäbchen".

Die junge Frau bestätigte, daß das erste Kissen vor vier Jahren hergestellt wurde, während alle anderen 20 Jahre alt waren und von der Mutter stammten. Als Begleitung brachte die Frau ihren Vater mit, der die Wahrheit der Aussage bestätigte.

Auf den ersten Blick fällt auf, daß Funde wie Bündel aus Maisstroh und Holzstäbchen keinerlei Beweiswert haben, weil das Haus auf dem Land liegt und die Matratze wahrscheinlich auf dem Heuboden gefüllt wurde.

Zu denken geben uns hingegen der brotförmige Fund aus Federn mit Papier als Füllung und das Bündel mit dem roten Band. Am auffälligsten fand ich jedoch die Kunstnester – und dies aus einem Grund, der bald klar werden wird.

Die junge Frau übergab mir auch die Kopie eines langen Briefes, den sie an ihre Psychiater gesandt hatte. Ich drucke hier einen Ausschnitt davon ab. Natürlich mache ich keine Angaben über Ort noch Identität der Person, die ich Frau A. nennen will. Der Brief lautet:

„Oft fühle ich eine große Anziehung zum Tod hin, und ich betrachte ihn als das schönste Geschenk, das mir das Leben machen kann. Aber seien Sie beruhigt: Ich werde mir nicht das Leben nehmen, weil man leiden muß, um zu sterben, und ich habe auch nicht die Absicht dazu, weil ich meinen Eltern damit einen großen Schmerz bereiten würde, und das wäre nicht gerecht, denn Schmerzen haben sie schon genug gehabt. Ich habe bisher noch nicht viele Schmerzen leiden müssen, ich meine schwere körperliche Schmerzen und moralische Verletzungen durch den Verlust von Verwandten. Ich leide aber unter schlimmen, obsessiven Gedanken: Es reicht ein Wort aus, eine Vorstellung, ein Geschehnis, um in mir einen schlimmen Konflikt hervorzurufen, einen ewigen Kampf zwischen dem Wunsch, so denken zu können wie alle anderen Menschen, und der Obsession, die all diesem widersteht."

Als Frau A. zu mir kam, war sie 27 Jahre alt. Sie erzählte mir vom äußerst harten Leben ihrer Mutter in einer bäuerlichen, patriarchalischen Familie.

„In diesem Klima kam ich auf die Welt, und meine Mutter hielt mich im Schoß, weinte und litt. Ich wurde gestillt, doch dann lebte ich ununterbrochen in einer Wanne, bis ich fünf Jahre alt war. Die übrigen Familienmitglieder begaben sich zur Arbeit aufs Feld und fürchteten, ich könne mir weh tun, so wurde ich ‚dorthinein abgelegt'. Ich erinnere mich, daß ich mir auch außerhalb meiner Wanne dauernd den Kopf zerbrach und mich quälte. Ich wollte wissen, was jenseits der Häuser lag, die ich um mich herum sah (ich war dort noch nie gewesen). Ich quälte mich noch mit tausend anderen Gedanken,die ich nicht erklären kann. Die Grundlage für all diese Qual war die Einsamkeit meiner Wanne und ein schwerer affektiver Mangel, denn meine Mutter war ganz in ihrem Lebensdrama gefangen und konnte mir keinerlei menschliche Wärme mitteilen. Diese Qual, diesen kindlichen Gemütszustand empfinde ich heute noch. Ich kann Ihnen nicht sagen, was ich fühle. Ich fühle mich wie ein Mensch, der ein äußerst dringendes und schwieriges Problem lösen muß. Wenn dies nicht gelingt, ist es eine Katastrophe. Die betreffende Person zerbricht sich folglich den Kopf, leidet unter tausend Obsessionen und steht doch immer am selben Punkt. Dieser Zustand hält seit der Kindheit an und hat mich durch die ganze Jugend hindurch begleitet."

Die junge Frau erzählte noch von imaginären Freunden, vom Schulabgang, von ihrer Isolation, von Gedichten und Essays, die sie schrieb und für die sie schon kleine literarische Preise bekam, und immer wieder von ihren schrecklichen Obsessionen: „Ich verstehe zum Beispiel nicht, warum der Tod von 100 Menschen schlimmer sein soll als der von zehn. Ich verstehe das wirklich nicht, ich denke seit sechs Monaten darüber nach. Ich habe die vergangenen Jahre in unvorstellbarer Trägheit verbracht, laufe im Hof wie ein Tier herum oder schlage dauernd einen Ball gegen eine Mauer und hoffe naiv unter tausend seelischen Torturen, daß die Qual ein Ende nimmt. Wenn ich eine kleine praktische Arbeit zu erledigen habe, zum Beispiel Geschirrspülen oder Bettenmachen, dann ist das, als ob ich einen Berg erklimmen müßte. Auch die Realität, die mich umgibt, ist mir gegenüber feindlich eingestellt. Der seelisch Kranke stößt kaum auf Verständnis."

Frau A. erzählte mir noch, daß sie fünf Monate, bevor sie zu mir kam, alle Matratzen und Kissen verbrannt und ungefähr 20 Tage danach eine Besserung empfunden habe. „Heute geht es mir gut, und ich kann tun, was ich will“, schloß sie.

Mich interessiert hier nicht so sehr der klinische Aspekt als vielmehr die möglichen paranormalen Implikationen, die dem Psychiater sicher entgangen sind.

Die erste Beobachtung betrifft die wahrscheinlich psychokinetischen Figuren, die in Matratzen und Kissen gefunden wurden, wobei ich allerdings nicht verheimlichen will, daß viele Vorbehalte dagegen möglich sind. Zunächst habe ich diese Funde nicht gesehen und konnte somit nicht überprüfen, inwieweit eine phantasiereiche Interpretation der Fakten vorherrschte – doch gibt es da immerhin die Bestätigung des Vaters.

Ich möchte die Möglichkeit einer vollständigen Erfindung ausschließen, weil es kein Motiv dazu gibt. Frau A. kam auch zu mir mit dem aufrichtigen Wunsch zu verstehen, was geschehen war.

Neugierig gemacht hat mich – und ich bin noch weiteren Fällen begegnet – die symbolische Übereinstimmung zwischen der Wanne und dem Nest. Das Kind hatte darunter gelitten, daß es Jahre isoliert in jener Wanne gehalten wurde. Die Wanne war für das kleine Mädchen das Haus, das es vor der Außenwelt schützte. Doch das Kind wollte das Nest verlassen, um zu leben und die Welt zu entdecken. Es fühlte sich in jener Wanne gefangen, sie symbolisierte für das Kind einen Mangel an Gefühl und eine Schranke für die Kommunikation. Das Kind wünschte sich Kommunikation, doch es bekam sie nicht, weil die Familie ihm dazu nicht die Möglichkeit gab. Es blieb in seiner Einsamkeit, und anstatt mit anderen in Verbindung zu treten und in einem positiven Vergleich mit anderen Menschen heranzuwachsen, begann es obsessive Selbstgespräche zu führen.

So blieb ihm nur der psychokinetische Weg der Kommunikation. Die Frau prägte der Materie in den Kissen und Matratzen die Botschaft von der eigenen Isolation auf durch das Symbol des gefängnishaften Nestes.

Die zweite Beobachtung betrifft die verhältnismäßig schnelle Besserung nach dem Verbrennen der Kissen und Matratzen. Wie kann ein derart verwurzeltes Verhalten nach über fünfundzwanzigjährigem Leiden so schnell zurückgehen, daß die Frau sagen kann: „Heute geht es mir gut, und ich kann tun, was ich will.“

Die Verbrennung der Funde hatte ohne Zweifel eine stark reinigende Wirkung. Sie setzte in tiefen Schichten der Seele eine Autosuggestion in Gang, die zur Befreiung führte. Nach 20 Tagen begann die Besserung, nach fünf Monaten fühlte sich die Frau befreit. Das sind vernünftige Fristen für ein Unbewußtes, das so viel Knoten hat auflösen müssen.

Diese Betrachtungen wurden schließlich von anderen Fällen bestätigt, von denen ich einen hier zitieren will.

Nach dem Tod von Herrn N. im Jahr 1988 fand man im Kissen des Sohnes ein Herz aus Federn mit einem Durchmesser von 25 cm und einer Dicke von 5 cm. Darum herum befand sich wachsähnliches Material. Im Herzen, das aus weißen Federn bestand, lag eine schwarze Feder, und zwar genau an der Stelle, an der der tödliche Infarkt von Herrn N. stattfand. Diese Angabe machte mir der Sohn, der sich damals gerade auf seine Doktorprüfung in Medizin vorbereitete.

In diesem Fall wurden in allen Kissen der Familienmitglieder unterschiedliche Symbole gefunden (Schleifen und Kronen). Ich konnte nicht alle Querverbindungen dieses komplizierten Falles studieren, weil ich schließlich den Kontakt mit dem betreffenden Jungmediziner verlor. Wahrscheinlich hatte der Sohn jedoch unbewußt und psychokinetisch das Herz im eigenen Kissen gebildet, weil er durch psychische Integration vom nahenden Ende des Vaters erfuhr. Diese symbolische Darstellung diente vielleicht als Befreiung von einem angsterregenden Ereignis, das zwar wahrgenommen wurde, selbst aber nicht bis zur Klarheit des Bewußtseins gelangte.

Schlußbetrachtungen

Ich behaupte nicht, die genaue Bedeutung aller psychokinetischen „Botschaften“ erfaßt zu haben, mit denen der Mensch symbolisch etwas ausdrückt. Es reicht mir, wenn es mir gelungen ist, ein neues Fenster zum Unbewußten des Menschen aufzutun.

Es ist sinnvoll, sich die Frage zu stellen, warum es nicht mehr psychokinetische Erscheinungen gibt. Wenn es bestimmten existentiellen, emotionalen und pathologischen Zuständen vorbehalten ist, psychokinetische Erscheinungen zu produzieren, so könnte dies auch häufiger geschehen.

Die Antwort auf diese Frage läßt sich aus anderen menschlichen Situationen ableiten. Man kann zum Beispiel nicht sagen, daß ein Ehepaar, das in einer nicht ausgesprochenen, sondern schweigenden und ermüdenden Feindschaft lebt, notwendigerweise psychotische Kinder hervorbringt. Ebensowenig muß ein gefährdeter junger Mensch zwangsläufig zur Droge kommen. In ähnlicher Weise kann man nicht behaupten, daß alle „potentiell psychokinetischen" Zustände diese Phänomene auch wirklich hervorrufen.

Auf jeden Fall gelten die folgenden Regeln:

1. Psychokinetische Ereignisse geschehen in Wirklichkeit häufiger, als man gemeinhin denkt. Viele sprechen nicht darüber, aus Angst oder Zurückhaltung oder weil sie dem Geschehnis keine Bedeutung beimessen.
2. Ich glaube mit gutem Grund, daß es auch andere Arten gibt, unbewußte seelische Spannungen abzubauen und die betreffenden Probleme zu manifestieren.

Solche Alternativen liefert das Leben, zum Beispiel indem man Antwort bekommt auf die eigenen Fragen oder Hilfe in anderer Richtung findet. Eine Veränderung in der familiären Situation, ein Arbeitswechsel, eine neue Erfahrung, ein anderer Lebensstil, eine analytische Behandlung, das alles kann die Komponenten verändern, welche die Grundlagen möglicher psychokinetischer Erscheinungen bilden.

Die drei Momente psychokinetischer Erscheinungen

Vielleicht werden eines Tages Medizinstudenten in ihren psychiatrischen Handbüchern lesen, daß psychokinetische Erscheinungen Symptome für die Entwicklung pathologischer Zustände der Persönlichkeit sind oder daß diese Phänomene eine Form darstellen, um die Entwicklung einer neurotischen Pathologie in Bahnen zu lenken, damit die Störungen nicht völlig degenerieren.

Heute wird dem Konsum des Okkulten mehr Aufmerksamkeit zuteil als der wissenschaftlichen Erforschung dessen, was das Wesen paranormaler Erscheinungen bildet.

Wissenschaftlich gesehen, gibt es drei verschiedene Momente, mit denen psychokinetische Ereignisse sich in die existentielle Realität einordnen lassen:

1. Das erste Moment ist *mentaler Art*, weil es die Voraussetzungen für die Phänomene schafft.
– Beim Poltergeist reifen im Heranwachsenden die Voraussetzungen für die unbewußte Aggressivität und die Konfliktsituation in der Familie heran.
– Bei der Psychophonie ist es der Seelenzustand, der durch den Tod eines Familienmitglieds ausgelöst wurde. Die betreffende, tief getroffene Person will diesen Tod nicht wahrhaben und wünscht ein Zeichen des Überlebens nach dem Tod.
– Beim Spiritismus ist es das Moment einer verfehlten Realisierung und damit der eigenen Frustration. Sie macht Kontakt mit spiritistischen Erscheinungen möglich. In deren Umfeld fühlt sich das Medium als Protagonist und Star.
– Beim Spuk ist das kreative Moment das Drama oder der emotionale Augenblick, der seine Spuren im individuellen Unbewußten hinterläßt. Von dort wandert er in das Sediment und damit ins Archiv der Vergangenheit. Die dramatische Botschaft wird dann durch das Vorhandensein des empfänglichen Unbewußten eines lebenden Menschen aktiviert.
– Bei mystischen Geschehnissen ist es die begehrende Liebe, d. h. jene Form der Liebe, die unbewußt eine Antwort, eine Rückkopplung haben will und die sich als „Glauben“ äußert.
– Bei der pseudodiabolischen Besessenheit bilden die Religion und die entsprechende Umwelt das Moment, das die Vorbedingungen reifen läßt.
– Beim selbsterzeugten Spuk beginnt die betroffene Person das existentielle Problem zu leben und drückt es dann symbolisch aus.

2. Das zweite Moment ist die *psychokinetische Kommunikation,* d. h. die Symbolisierung der unbewußten Botschaft mit Hilfe der Psychokinese. Dabei integriert sich die Seele mit dem postulierten Faktor „Omega“. Es handelt sich hier um das Moment, das bewirkt, daß

Gegenstände die Schwerkraft überwinden, daß Aufzeichnungen auf dem Tonband entstehen, daß Klopfgeräusche zu hören, Levitationen zu sehen sind und daß symbolhafte Körper in Kissen entstehen.

3. Das dritte Moment betrifft die *Interpretation* des psychokinetischen Ereignisses. Nachdem es geäußert wurde, erfährt es je nach der kulturellen Situation eine andere Deutung. Möglich ist eine spiritistische, eine magische, eine dämonische oder eine wissenschaftliche Interpretation, wie ich sie zu geben versucht habe.

Der Kommunikationsfaktor vereinheitlicht die paranormalen Erscheinungen im Raum

Die Vielfalt der praktischen Fälle führt zu einer theoretischen Unterscheidung zwischen Telepathie, Hellsehen, Präkognition und Psychokinese. Zwischen diesen Phänomenen gibt es jedoch Verbindungen. Sie zeigen sich in der Tatsache, daß das Wesen eines paranormalen Ereignisses die unbewußte Übermittlung einer Botschaft ist. Diese steigt durch unterschiedliche Verfahren ins Licht des Bewußtseins auf, zum Beispiel durch geistige Wahrnehmung, Halluzinationen, Einwirkung auf die Materie.

In diesem Zusammenhang konnte ich einen einzigen Faktor ausmachen. Er dient als gemeinsamer Nenner aller Psi-Phänomene, soweit sie den Raum betreffen.

Es erscheint paradox, die Präkognition, die den Zeitfaktor betrifft, in diese Untersuchung über den Raumfaktor aufzunehmen. Darauf werde ich später zurückkommen. Fürs erste mag die Feststellung genügen, daß dieser „gemeinsame Faktor" die Grundlage auch für die Erklärung der Präkognition bildet. Dieser Kommunikationsfaktor ist ein originärer, unbewußter Impuls, der aus dem Psychomiletiker kommt und der die Kommunikation ermöglicht.

Der Kommunikationsfaktor kennt keine Schranken im Raum und ist die Grundlage aller parapsychologischen Erscheinungen, denn diese haben als innersten Grund die unbewußte Kommunikation. Betrachten wir die herkömmliche paranormale Kasuistik (Telepathie,

Psychokinese, Hellsehen) und versuchen wir festzustellen, ob es zutrifft, daß der Kommunikationsfaktor in der Dimension des Raumes wirklich diese Rolle spielt.

Telepathie

Es hat sich bei der praktischen Untersuchung spontaner oder experimenteller paranormaler Erscheinungen erwiesen, daß sich der Kommunikationsfaktor, der einen gleichzeitigen Bezug zwischen dem Vorgefallenen und dessen Wahrnehmung herstellt, nicht von Entfernungen blockieren läßt.

Die Erfolge der Telepathie beruhen auf dem Vorhandensein des unbewußten originären Impulses. Er stellt den Motor der Kommunikation dar. Im Gegensatz dazu sind alle negativ verlaufenen Fälle dem „Fehlen“ dieses Kommunikationsfaktors zuzuschreiben.

Ein kurzer Blick auf die experimentelle Kasuistik zeigt folgendes:

Rhine führte in den USA über Entfernungen zwischen 265 und 482 km erfolgreiche Experimente durch.

– Wassiliew hatte Erfolge bis 1700 km.

Auch spiritistische „Experimente“ erbringen sehr gute Beweise für die Fähigkeit des Kommunikationsfaktors, große Entfernungen zu überwinden. Diese „Experimente“ müssen allerdings unter wissenschaftlichen Gesichtspunkten bewertet werden. Im folgenden Fall, über den ich kurz berichten will, überstieg die Entfernung sogar 6000 km. Das Experiment fand an den beiden Orten Boston (USA) und Cambridge (Großbritannien) statt.

Am 10. Mai 1928 versuchte eine Gruppe von Experimentatoren in Boston mit Hilfe des Mediums Margery eine Botschaft zu senden. Wissenschaftlich gesehen, würden wir dies als Telepathie bezeichnen. Die Spiritisten jedoch glaubten, daß dabei ein Geist eine Rolle spiele, und zwar Walter, der Bruder des Mediums, der vor 15 Jahren gestorben war. Der Bostoner Gruppe stand eine spiritistische Gruppe in Cambridge gegenüber, die sich des Mediums Litzelmann bediente. Das Experiment zielte auf das Phänomen der sogenannten Kreuz-Korrespondenz. Dabei will man einen einzigen Text aus Stücken zusammensetzen, welche die beiden Medien getrennt voneinander erhalten. Die Teilstücke müssen dann genau zueinander passen und sich logisch ergänzen. Das wäre dann der Beweis, daß ein und derselbe Geist in beiden Sitzungen die Übermittlung vornimmt. Die Experimentatoren brachten Zeichnungen, und daraus wählte „Walter" im Dunkeln zwei aus. Diese Zeichnungen waren das Objekt dieser Kreuz-Korrespondenz.

Im Verlauf der Sitzungen kam es in der Bostoner Gruppe zu folgenden bedeutsamen Vorfällen.

– „Walter", d. h. das unbewußte kreative Ich des Mediums, sagte: „Die Litzelmann (das Cambridger Medium) hört gerade mit ihrer Arbeit auf. Ich versuche sie zum Zeichnen eines Schiffes zu bewegen.

– „Hardwick macht etwas für euch" (diese Aussage war den Experimentatoren unverständlich).

– Das Medium Margery teilte durch automatisches Schreiben mit: „Viele Gehirne" (dies in italienischer Sprache) und meinte dann in englischer Sprache: „Die Frau Litzelmann hat die andere Hälfte." Dann fügte sie „1492" hinzu und skizzierte zwei Zeichnungen, einen Halbmond mit Stern und einen kleinen Kreis mit einem Rechteck darin.

Die Cambridger Gruppe hielt folgendes fest:

– Das Medium Litzelmann hatte ein Schiff gezeichnet.

– Es hatte zwei italienische Wörter niedergeschrieben mit der Bedeutung „zwei Köpfe".

– Es hatte den folgenden Satz geschrieben: „Kolumbus ist auf dem blauen Ozean mit dem Schiff gefahren, ich kann keine modernen Schiffe zeichnen."

Deutlich lassen sich Übereinstimmungen ausmachen, zum Beispiel bei der Zeichnung des Schiffes, bei den beiden Begriffen „viele Gehirne" und „zwei Köpfe" und bei dem Datum der Entdeckung Amerikas und dem Kolumbus-Zitat. Der Bezug auf Hardwick blieb allerdings im dunkeln. Das Rätsel wurde gelöst, als Dr. Hardwick, der von der Existenz der Bostoner Gruppe wußte, ein Telegramm von den Niagarafällen schickte. Darin stand, daß eine weitere Gruppe von Experimentatoren, mit denen man keinerlei Abmachungen geschlossen hatte, auf einer Sitzung mit dem Medium Hardwick ebenfalls folgende Botschaften erhalten hatte:

– Das Medium hatte ein Schiff gezeichnet.

– Es hatte das Datum 12. Oktober 1492 notiert.

– Es hatte das Wort NENAPINTASANTAMARIA, also die Namen der drei Schiffe des Kolumbus niedergeschrieben.
– Es hatte überdies zwei Zeichnungen angefertigt, einen Halbmond mit einem Stern und einen Kreis mit einem Rechteck darin.

Der unbewußte Kommunikationsfaktor drang in diesem Fall in eine fremde Sitzung ein, die zur gleichen Zeit in einer Entfernung von 650 km von Boston an den Niagarafällen abgehalten wurde. Diese Tatsache läßt sich dadurch erklären, daß sich bei der mediumistischen Sitzung ein veränderter Bewußtseinszustand (Trance) herausbildet. Er entspricht der Öffnung eines Kanals zum Unbewußten, auf dem paranormale Botschaften empfangen werden können. Die Trance ist eine „potenzierte Empfänglichkeit", zu der der Kommunikationsfaktor, d. h. der „unbewußte originäre Impuls", Zugang hat.

In den achtziger Jahren drang ein Sterbender, der einen Autounfall erlitten hatte, in eine mediumistische Sitzung ein. In diesem Fall empfing das Medium die unbewußte Psyche des Unfallfahrers und nichts mehr. Es war eine synchrone und rein telepathische Information. Der menschliche Geist überlebt, aber nicht als Live-Sendung.

Hellsehen

Alle bedeutenden Parapsychologen, Theoretiker wie Experimentatoren, angefangen von Richet über Ostay, Rhine bis Quevedo, zweifelten angesichts positiv verlaufener, qualitativer wie quantitativer Experimente stets daran, daß die Erfolge der Telepathie und die des Hellsehens ein und dieselbe Sache seien.

Der Psychomiletiker nimmt den Gegenstand (Hellsehen) oder die Vorstellung von einem Gegenstand (Telepathie) wahr, der sich im Kopf des Experimentators, d. h. des Agenten, befindet.

Oscar Gonzales Quevedo meint, die Unterscheidung habe nur praktische Bedeutung, und schlägt vor, man solle dann von reiner Telepathie sprechen, wenn auf den ersten Blick „eine direkte Kenntnis der psychichen Aktivität einer anderen Person[7] vorhanden sei. Reines Hellsehen ist ihm zufolge „die direkte Kenntnis einer physischen Realität".[8]

Schon Richet schreibt: „Es erscheint gescheiter, nur jene Hypothese ... zu verwenden, daß man nämlich wissen kann, was existiert, sei es nun ein Gedanke oder ein Gegenstand.“ Das Wesentliche in den Aussagen der beiden Autoren hat wohl schon den Weg zum „Kommunikationsfaktor“ eröffnet, der die paranormalen Erscheinungen (mindestens im Bereich des Außersinnlichen) vereinheitlicht.

Ein kurzer Blick auf experimentelle Ergebnisse:
In den Jahren 1933 und 1934 führte Dr. Pratt mit Erfolg viele Experimente durch. Er wirkte als Agent und somit als Übermittler der Botschaft, während der psychomiletische Dr. Pearce die Rolle des Perzipienten oder Empfängers spielte. Bei einer Reihe von Experimenten legte der Kommunikationsfaktor 91 m, in einer anderen Reihe 228 m zurück. Die Experimente fanden in den Räumen der Duke University und unter Aufsicht von Professor Rhine statt, der in jener Universität das Labor für Parapsychologie leitete.

Professor Rhine traf jede denkbare Vorsichtsmaßnahme, um die Aussagekraft der Experimente nicht zu beeinträchtigen. Die Ergebnisse dieser Experimente gewannen in der Geschichte der Parapsychologie eine große Bedeutung.

Dr. Pratt ist einer der größten amerikanischen Parapsychologen und war Professor der psychiatrischen Fakultät an der Universität Virginia. Die Versuche wurden übrigens mit Zenerkarten durchgeführt. Diese wurden eigens für paranormale Experimente entwickelt und zeigen fünf Symbole: Quadrat, Kreis, Stern, Welle und Kreuz.

Werfen wir einen Blick auf die Methodik des Experiments:
– Die beiden Teilnehmer synchronisierten ihre Uhren. Dr. Pratt setzte sich an den Tisch seines Arbeitszimmers in der heutigen naturwissenschaftlichen Fakultät, und Dr. Pearce begab sich in ein Zimmer im obersten Stock der Bibliothek.
– Pratt wählte ein Spiel Zenerkarten aus. Es besteht aus 25 Karten, wobei sich die obengenannten Symbole fünfmal wiederholen. Er mischte die Karten und legte sie auf der rechten Seite mit der Rückseite nach oben hin. Dabei schaute er sie nicht an, um nicht den Inhalt der Karten telepathisch mitzuteilen. Das Experiment drehte sich ja um das Hellsehen, also um einen Kontakt zwischen Geist und Objekt.
– Zur vereinbarten Minute hob Pratt mit der rechten Hand die erste Karte des Spiels ab und legte sie, ohne sie anzusehen, mit dem Symbol auf der Unterseite auf ein Buch in der Mitte des Tisches. Er ließ eine Minute verstreichen und nahm dann die Karte mit der rechten Hand

und legte sie auf der linken Seite des Schreibtisches ab. Dann ging er für die restlichen 24 Karten genau gleich vor. Pro Tag wurden zwei solche Versuche mit einer fünfminütigen Pause dazwischen gemacht.
– Am Ende des Versuchs berichteten Pratt und Pearce über die Aufeinanderfolge der Symbole: Pratt ging die Karten von hinten her durch und brachte sie wieder in die anfängliche Ordnung. Pearce schrieb die Wahrnehmung nieder, die er während der einminütigen Wartezeit empfangen hatte. Beide Berichte wurden in zweifacher Kopie angefertigt, und eine davon erhielt sofort und direkt Professor Rhine.
– Die beiden Teilnehmer am Experiment begegneten sich so lange nicht, bis Rhine seine Kopien erhalten hatte.
– Das Experiment umfaßte 74 Kartenspiele zu je 25 Karten, insgesamt also 1850 Karten. Auf den Karten gab es fünf Symbole. Die Wahrscheinlichkeit, die richtige Karte durch Zufall zu benennen, betrug also 1 zu 5 oder 20 Prozent. Die Annahme erscheint logisch, daß 20 Prozent der Karten richtig erraten sind, d. h. 370. Es gab aber 558 Übereinstimmungen, was 30,16 Prozent entsprach. Die Anzahl der richtig benannten Karten war also höher, als nach den Gesetzen des Zufalls zu erwarten gewesen wäre.

Es gibt allerdings die Möglichkeit, daß dieses Ergebnis dem Zufall und nicht paranormalen Erscheinungen zuzuschreiben ist. Mit Hilfe statistischer Tests (Mittleres Verhältnis R) läßt sich diese Wahrscheinlichkeit wiederum quantifizieren. Die Mathematiker errechneten die Wahrscheinlichkeit, daß die Ergebnisse des Pearce-Pratt-Experiments dem Zufall zuzuschreiben seien, mit 1 zu 10 000 000 000 000 000 000 000. In cincm von all diesen astronomisch vielen Fällen ist also das Ergebnis dem Zufall und nicht paranormalen Erscheinungen zuzuschreiben.

Psychokinese

Der Kommunikationsfaktor hat bei der Psychokinese als Ausgangspunkt stets einen originären unbewußten Impuls, der den Prozeß der Kommunikation in Gang setzt. Der Kommunikationsfaktor leidet hier unter räumlichen Begrenzungen, die durch die „typischen Modalitäten“ der Phänomene und die Probleme gegeben sind, die aus der Interaktion des Kommunikationsfaktors mit physikalischer Energie (Faktor Omega) hervorgehen.

Diese typischen Modalitäten beziehen sich auf die Art, wie sich die Phänomene manifestieren.

Beim Poltergeist bleiben die psychokinetischen Erscheinungen auf ein Gebäude beschränkt und folgen den Ortsveränderungen der Person, die für diese Erscheinungen verantwortlich ist. Die Poltergeist-Phänomene finden also immer in umgrenzten Räumen statt. W. C. Rool und Artley, die zu den bekanntesten Erforschern des Poltergeists gehören, bestätigen, daß die Energie, die für die Erscheinungen verantwortlich ist, ähnlich wie physikalische Energien mit zunehmender Entfernung geringer wird. Diese Abnahme soll in einer noch stärkeren exponentiellen Funktion als bei physikalischen Energiefeldern erfolgen.

Bei der Psychophonie, beim Spiritismus, beim selbsterzeugten Spuk und bei anderen Spukerscheinungen zeigen sich die Erscheinungen normalerweise in einem umgrenzten Raum. Wir können folglich daraus nicht schließen, welche Entfernungen der Kommunikationsfaktor zurückzulegen imstande ist.

Der Kommunikationsfaktor ist jedenfalls keinen räumlichen Begrenzungen unterworfen. Die scheinbare Begrenzung des unbewußten originären Impulses hängt mit der Interaktion dieses Impulses mit der physischen Welt zusammen.

Der Kommunikationsfaktor scheint dann räumlich begrenzt zu sein, wenn das kreative Moment dieses Phänomens im Augenblick der Kommunikation zu einer Symbolisierung führt, die auf eine bestimmte Umwelt beschränkt bleibt.

Diese Schlüsse wurden vor allem bei der Beobachtung der psychokinetischen Erscheinung von Poltergeistern gezogen, diese waren bisher jedenfalls das am meisten studierte Objekt der modernen Parapsychologie.

Unter den spontanen Fällen einer Bilokation und bei Experimenten „spiritistischen“ Typs gibt es einige Episoden, die das Gegenteil beweisen könnten. Es sind allerdings Episoden, mit denen ein ernsthafter Parapsychologe seinen Ruf riskieren würde. Sie geschahen schon vor längerer Zeit, wobei kein Parapsychologe anwesend war. Die Fälle wurden nur im nachhinein gewertet. Sie sind bisweilen allerdings so unglaublich, daß jede Forschergeneration die Nachprüfungen der vorhergehenden Generation in Zweifel zieht. Dies geschieht auch, wenn die vorhergehende Generation alles Menschenmögliche getan hat, um korrekt zu urteilen. Diese Generation sah sich allerdings unüberwindbaren Wissensgrenzen gegenüber und besaß auch nicht das richtige methodische Handwerkszeug.

Im Hinblick auf die Bilokation dachte ich an die Hypothese einer Materialisation. Sie äußert sich in einer Organisation der physikalischen Energie, die vom Kommunikationsfaktor und nicht von Erfahrungen außerhalb des Körpers (OOBE) ausgelöst wird. Damit erscheint die Materialisation überwiegend als subjektives außersinnliches Phänomen und damit als eine Form der Telepathie und des Hellsehens.

Auch die „Psychokinese spiritistischen Typs" scheint in einigen Fällen die engen Grenzen des Ambientes zu überschreiten, in dem die Sitzung stattfindet. Der folgende Fall bestätigt dies, hat aber nur anekdotische Bedeutung. Das Ereignis fand in den fünfziger Jahren in Alessandria statt.

Meine Familie war mit einer sardischen Familie freundschaftlich verbunden, die aus drei verheirateten Schwestern bestand. Zwischen den beiden Schwestern T. und V. war ein unheilbarer Bruch entstanden, und der Haß, der sich auch im Bewußtsein manifestierte, brach sich Bahn zu einem paranormalen Ausdruck.

Eines Abends – ich war 15 Jahre alt – gingen meine Eltern in das Haus der Schwester T., um an einer mediumistischen Sitzung teilzunehmen. Dabei diente Frau T. als Medium. An der Sitzung nahmen neben Frau T. und ihrem Mann auch weitere in der Stadt ansässige Personen teil. Ich war als Heranwachsender nicht dabei und klugerweise von diesen Experimenten ausgeschlossen. Meine Eltern berichteten mir schließlich über das, was vorgefallen war.

Während der Sitzung bat das Medium T., das sich offensichtlich nicht in tiefer Trance befand, den angeblichen Geist, er solle die Schwester V. erschrecken, mit der es in Streit lag. Der „Geist" antwortete positiv auf dieses Ansinnen.

Tags darauf begegnete V. der Schwester A., die in diesem Streit vermitteln wollte und die unsere Nachbarin war. V. erzählte dabei, sie sei am Abend zuvor in der Stunde, in der die mediumistische Sitzung stattfand, sehr erschrocken, weil sie von der Ecke her, wo die Kohle aufbewahrt wurde, laute Geräusche gehört habe. Sie habe gesehen, wie sich der entsprechende Eimer, der mindestens zehn Kilogramm wog, wiederholt auf dem Boden bewegt habe.

Die beiden Schwestern wohnten in Luftlinie ungefähr 150 bis 200 Meter voneinander entfernt.

Diese bemerkenswerte Entfernung weist darauf hin, daß der Kommunikationsfaktor ein psychokinetisches Phänomen auch außerhalb der engen Grenzen einer Wohnung auslösen kann.

Wir können allerdings bei genauer Analyse nicht ausschließen, daß es sich nur um eine telepathische Halluzination gehandelt hat. Dabei hätte das Medium T. die Seele der Schwester V. beeinflußt. Dieser Hypothese zufolge hätte es so auf V. eingewirkt, daß diese etwas sah und hörte, was es in Wirklichkeit nicht gab. Damit fiele das Ereignis in die Kategorie der reinen Telepathie mit spukhaftem Charakter.

Bei der psychokinetischen Hypothese verschlüsselte sich der bewußte Wunsch des Mediums, die Schwester zu erschrecken, d. h. der existentielle Auslöser, zum originären unbewußten Impuls, der mit den Systemen der physikalischen Energie in Interaktion trat. Diese physikalische Energie wurde vom Kohlekasten dargestellt, der auch die Natur der psychokinetischen Erscheinung bestimmte. Die Botschaft lautete in diesem Fall: „Ich verabscheue dich, ich will, daß du leidest."

Klassische spiritistische Fälle äußern sich immer mit idealistischem Schein, mit einer falschen Liebe, obwohl die eigentliche Botschaft auf den Machtwillen des Mediums hinzielt („Glaube an mich!"). Dieser Fall jedoch gehört zu den Spukerscheinungen und macht deutlich, daß mächtige unbewußte Impulse entstehen können; vom moralischen Gesichtspunkt aus sind diese natürlich negativ zu bewerten.

Hier endet die wissenschaftliche Behandlung des Falls. Wer einen Schritt weitergehen und in der Botschaft „Ich verabscheue dich" eine negative spirituelle Intervention sehen will, kann das tun. Er muß aber daran denken, daß die Intervention des Teufels nicht magischer Natur ist in dem Sinne, daß es ausreicht, einen bösen Wunsch zu hegen, und schon geht er in Erfüllung. Ebensowenig gibt es einen magischen Gott in dem Sinn, daß wir nur bitten und beten müssen, und schon geht alles gut im Leben.

Über allem steht die spirituelle Reife des Menschen, der seine Wahl zwischen Gut und Böse trifft. Aufgrund dieser Wahl wertet er die Tatsachen des Lebens und trifft praktische Entscheidungen, für die er selbst verantwortlich ist. Nur im Bereich dieser grundlegenden Wahl kann sich das Böse einen Weg bahnen.

Quantitativ ausgerichtete Versuche auf statistischer Grundlage haben uns keine Daten über psychokinetische Auswirkungen auf Entfernung hin geliefert, sondern sie „bewiesen" die Existenz der Psychokinese.

Rhine veröffentlichte 1943 die Ergebnisse seiner Versuche. Wir können sie so zusammenfassen:

– Die Versuche bestanden darin, daß zwei Spielwürfel geworfen wurden. Damit wollte man feststellen, ob die menschliche Seele das Ergebnis verfälschen kann, indem sie bewirkt, daß gewisse Punktzahlen häufiger erscheinen, als dies die Wahrscheinlichkeit zuläßt.
– Es wurden zwei Würfel geworfen, auch mit Hilfe mechanischer Apparaturen, um zu verhindern, daß die Art des Werfens durch den Menschen das Ergebnis auf irgendeine unbewußte Art verfälschen kann. Der Psychokinetiker intervenierte nur insofern, als er veranlassen sollte, daß sich bestimmte Punktzahlen öfter zeigen.
– Es wurde die Aufgabe gestellt, Punktzahlen gleich oder größer als 8 erscheinen zu lassen. Gesucht waren somit die Punktsummen 8, 9, 10, 11, 12.
– Jeder Versuch bestand aus zwölf Würfen. Die Wahrscheinlichkeit, daß sich Punktzahlen gleich oder größer als 8 ergaben, lag also bei 15 zu 36 oder 5 zu 12.
– Es gab 901 Versuche. Zu erwarten waren also 901 x 5 = 4505 Erfolge. Es gab aber 4951 Erfolge und mithin 446 mehr als errechnet.

Die Wahrscheinlichkeit, daß dieses Ergebnis dem Zufall zuzuschreiben ist, beträgt 1 zu 1 000 000 000 Milliarden.

Schlußfolgerungen

Aus der Untersuchung aller paranormalen Erscheinungen ergibt sich, daß die Kommunikation das Wesen der Psi-Erscheinungen darstellt und daß der Kommunikationsfaktor keine Hindernisse räumlicher Art kennt – es sei denn jene, die bei der Psychokinese von der Modalität der Erscheinungen und der Interaktion mit der physischen Welt gegeben sind.

Der existentielle Auslöser und das Kommunikationsmuster

Wir haben den Kommunikationsfaktor definiert als originären Impuls, der vom psychomiletischen Subjekt ausgeht und den Anfangspunkt der Kommunikation darstellt.

Doch aus welcher Quelle stammt der unbewußte originäre Impuls. Die Antwort darauf wurde eigentlich schon im vorhergehenden Kapitel gegeben: Der Ursprung ist der existentielle Auslöser oder Stimulus. Jedes paranormale Ereignis hat einen Grund, und der liegt fest in unserem Leben verankert. In der Ökonomie der Natur setzt jedes Ding ein anderes voraus.

Zu diesem Stimulus oder Auslöser zählen persönliche Interessen, Überzeugungen, Emotionen, Gefahren, auch Todesgefahren, die Summe des Erlebten, affektive Bindungen, mystische Zustände.

Der existentielle Stimulus ist ein Ereignis des konkreten Lebens, das den originären unbewußten Impuls auslöst. Die unbewußte Natur des Impulses hat gelegentlich zur Folge, daß das Subjekt die Phänomene überhaupt nicht erwartet, sondern von ihnen überrascht wird. Das kann zu Hilflosigkeit, Furcht und bisweilen echter Angst führen.

Das Kommunikationsmuster

Bei spontanen und experimentellen paranormalen Geschehnissen steht der Psychomiletiker im Zentrum. Er kommuniziert mit Hilfe seiner Psyche. Aufgrund eines existentiellen Auslösers erzeugt er den Kommunikationsfaktor. Dieser unbewußte originäre Impuls zapft über den allgemeinen unbewußten Psychismus die unbewußte Informationsquelle an.

Wir haben im Abschnitt über das Unbewußte gesehen, daß der allgemeine unbewußte Psychismus nicht „kollektiver" Natur ist und damit nicht die Einzigartigkeit des individuellen Unbewußten aufhebt. Das Unbewußte verschiedener Individuen wird durch diesen Psychismus getrennt, bei Bedarf aber auch untereinander verbunden. Der allgemeine unbewußte Psychismus ist auch nicht „dynamisch", was unbewußte gegenseitige Interferenzen verhindert. Die „Informationsquelle", die vom unbewußten originären Impuls (Kommunikationsfaktor) angezapft wird, ist im allgemeinen Psychismus enthalten, d. h.:

– das individuelle Unbewußte und all das, was der Mensch sinnlich wahrnehmen kann und was eine Spur in seiner Seele hinterläßt, zum Beispiel Pflanzen, Tiere, Gegenstände;

– das Archiv der Vergangenheit (Sediment), d. h. das Relikt der unbewußten Seele der vergangenen Generationen.

Die existentiellen Stimuli führen zu zwei „Idealfiguren", in denen sich der Psychomiletiker verkörpert: dem Agenten und dem Perzipienten. Der Agent übermittelt definitionsgemäß den Kommunikationsfaktor, der Perzipient empfängt ihn und transportiert die empfangene Botschaft ins Licht des Bewußtseins.

Wir können zwei Grundmuster der Kommunikation unterscheiden:

1. Der Kommunikationsfaktor, d. h. der unbewußte originäre, von einem existentiellen Stimulus erzeugte Impuls, der vom Subjekt stammt, tritt mit der Informationsquelle in Kontakt und kehrt mit den gewonnenen Daten zurück. In diesem Fall ist der Psychomiletiker gleichzeitig Agent und Perzipient.

2. Der Kommunikationsfaktor wird vom rezeptiven Psychomiletiker empfangen, ohne daß das Subjekt selbst aktiv etwas unternommen hätte, um diese Botschaft zu empfangen. In diesem Fall ist der Psychomiletiker Perzipient. Ich erinnere hier an das Beispiel des Mediums Hardwick, das bei den Niagarafällen die Botschaft empfing, welche die Bostoner Gruppe nach Cambridge übermittelt hatte.

Die Kommunikation geschieht gemäß einer Konstante, die einen wiederholten Austausch zwischen bewußtem und unbewußtem Anteil der Seele voraussetzt.

Der Vorgang der unbewußten, d. h. paranormalen Kommunikation sieht folgendermaßen aus:

PSYCHOMILETIKER

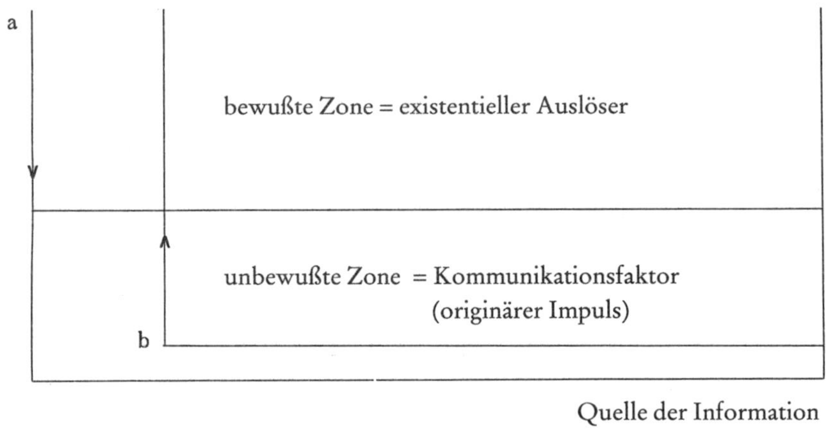

In der schematischen Zeichnung stellt die zentrale waagrechte Linie die Grenze zwischen dem bewußten und dem unbewußten Bereich dar. Hier ist das erste Kommunikationsmuster abgebildet, dessen Phasen ich mit den Buchstaben „a“ und „b“ gekennzeichnet.

a) Infolge eines existentiellen Auslösers, der sich im Bereich des Bewußten abspielt, entsteht im unbewußten Teil ein „originärer Impuls“. Dieser Kommunikationsfaktor hat Zugang zu den unbewußten Informationsquellen.

b) Die mit „b“ bezeichnete Linie gibt den Weg an, den der Kommunikationsfaktor in umgekehrter Richtung, ausgehend von den Quellen, zurücklegt. Vom unbewußten Bereich tritt die Botschaft an das Licht des Bewußtseins und wird somit zu einer Information, die je nach dem kulturellen Umfeld unterschiedliche Aspekte annehmen kann:

– Wenn ein quantitatives oder qualitatives Experiment im wissenschaftlichen Rahmen läuft und der existentielle Stimulus durch Interesse, Ehrgeiz oder Ruhm gegeben war, so bedeutet die Information einen „Treffer“.

– Wenn der Stimulus während eines spiritistischen Experiments der Glaube an Geister mit allen entsprechenden emotionalen Verwicklungen ist, so zeigt sich die Information als spiritistische Enthüllung.

Bei den ersten Fällen wird der existentielle Stimulus freiwillig ausgelöst. Der originäre Impuls entwickelt sich dann aber wie bei allen paranormalen Geschehnissen von selbst.

– Wenn der existentielle Stimulus den Kommunikationsfaktor ohne Wissen des Subjekts in Gang gesetzt hat, weil dies zum Beispiel aufgrund eines besonderen emotionalen Zustands geschah, so kann die Information in unterschiedlicher Form ins Bewußtsein dringen, zum Beispiel als Empfindung, als Gewißheit, als Halluzination usw. Sie wird dann unter magischen Vorzeichen oder als irrationale Angst gesehen, sofern das Subjekt nicht über eine wissenschaftliche Ausbildung im Hinblick auf das Paranormale verfügt. Dieser zuletzt aufgeführte Fall tritt bei spontanen Erscheinungen auf und ist weitaus am häufigsten.

Die Zeit und das Paranormale

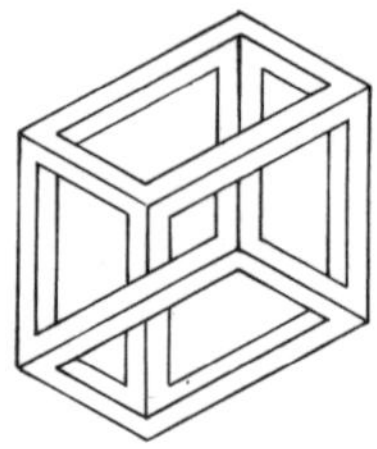

Natur und Grenzen des Kommunikationsfaktors in der Zeit: Auf die Vergangenheit gerichtetes Hellsehen

Der Kommunikationsfaktor stellt die Essenz der unbewußten Kommunikation dar. Er operiert im Wesen der Ereignisse, damit im Raum und verbindet

- die Psyche zweier lebender Menschen (Telepathie);
- die Psyche eines lebenden Menschen und einen Gegenstand (Hellsehen);
- die Psyche eines lebenden Menschen und die korpuskuläre, physikalische Energie mit Hilfe einer Interaktion (Psychokinese).

Die bekanntgewordenen, experimentellen und vor allem spontanen Fälle zeigen die Existenz des Paranormalen beim Werden der Geschehnisse. Die Präkognition tritt jedoch nur sehr beschränkt auf, in festumschriebenen Fällen, und zeigt nicht die Merkmale des Kommunikationsfaktors, der naturgemäß keine Grenzen kennt. Zunächst möchte ich vor allem klarmachen, daß der originäre Impuls (Kommunikationsfaktor) sich nicht in der Zeitdimension bewegen kann.

Der Kommunikationsfaktor bleibt jedoch die Grundlage der Zukunft oder der Vergangenheit der Ereignisse. Das bedeutet, daß der Kommunikationsfaktor die Phänomene der *Retrokognition* ermöglicht, ohne sich in der Zeitdimension zu bewegen. Wir werden später sehen, wie dies realisiert werden kann. Unter Retrokognition verstehen wir das paranormale Wissen um Geschehnisse, die schon vorgefallen sind. Mit dem Begriff „paranormal“ schließen wir hier aus, daß das Wissen mit Hilfe der Sinne erfahren wurde, selbst wenn dies im Unbewußten gelang. Man kann die Retrokognition auch als auf die Vergangenheit gerichtetes Hellsehen definieren. Präkognition bedeutet das Wissen um Dinge, die erst noch geschehen.

Evaneszenz

Aus der Untersuchung paranormaler Psi-Fälle geht hervor, daß die nächste Zukunft ziemlich genau vorausgesagt werden kann und daß vereinzelte Exkursionen in die Vergangenheit gelegentlich außergewöhnlich präzise Daten liefern. Je größer aber der Zeitabstand zwischen der Gegenwart und der Vergangenheit und der Gegenwart und der Zukunft ist, um so eher verlieren die Aussagen an Genauigkeit und an klaren Konturen. Dabei zeigt sich ein Merkmal paranormaler Erscheinungen in der Zeitdimension, das ich Evaneszenz nennen möchte.

Je tiefer wir in die Vergangenheit zurück- oder voraussehen, um so mehr nimmt der Reichtum an Einzelheiten ab. Und auch wenn eine Einzelheit genau beschrieben ist, so fehlen doch andere, die das Bild stärker hervortreten lassen könnten. Die Evaneszenz ist jedoch kein Merkmal des Kommunikationsfaktors, denn dieser operiert im Raum und kennt deswegen keine Grenzen.

Retrokognition

Die Retrokognition setzt zunächst voraus, daß der Vergangenheit, d. h. dem Sediment oder dem unbewußten Archiv, Informationen entnommen werden können. Das wäre dem RAM-Speicher (Direktzugriffsspeicher) eines Computers vergleichbar. In diesem RAM-Speicher werden Informationen mit Hilfe magnetischer Bänder und Disketten aufbewahrt. Um eine Reihe von Informationen speichern zu können, müssen wir eine „File“ oder Datei schaffen und diese mit einem Namen oder einem sonstigen Sigel kennzeichnen. Nach der

Archivierung schaltet man die Maschine ab, wobei die Information aus dem Direktzugriffsspeicher des Computers verschwindet. Auf der Diskette bleibt sie allerdings erhalten und kann auch wieder auf dem Bildschirm sichtbar gemacht werden. Man muß in den RAM-Speicher nur einen Stimulus oder Reiz einführen. d. h. den Namen oder das Sigel angeben, unter dem die Information verschlüsselt ist.

Die magnetische Diskette entspricht dem unbewußten Archiv, in dem alle Daten über das Leben der vergangenen Generationen aufbewahrt werden. Der Name oder das Sigel, welche die Datei kennzeichnen und als Schlüssel zur Information dienen, entsprechen dem existentiellen Auslöser, der die Kommunikation in Gang setzt.

Der Vergleich zwischen dem RAM-Speicher und dem Archiv der Vergangenheit soll eigentlich nur dieses Konzept besser erläutern. Natürlich sind wir uns im klaren darüber, daß der RAM-Speicher magnetischer Natur ist und damit zur physikalischen Welt zählt, während das Archiv der Vergangenheit eine durch Beweise untermauerte Spekulation darstellt und psychischer Natur ist.

Für die Vergangenheit gibt es nur zwei Möglichkeiten: Sie verschwindet entweder ganz, und es bleiben von ihr nur mündliche, geschriebene oder anderswie technisch gespeicherte Informationen, oder sie bleibt in irgendeiner Weise erhalten. Die Existenz paranormaler retrokognitiver Erscheinungen führt uns nach einer ersten oberflächlichen Prüfung zur Schlußfolgerung, daß es ein Sediment oder ein solches unbewußtes Archiv der Vergangenheit gibt.

Wenn wir diese Hypothese akzeptieren, müssen wir gewisse Folgerungen ziehen: Wenn das Archiv der Vergangenheit aus Informationen besteht, dann reduziert sich die Retrokognition auf eine unbewußte Kommunikation zwischen der Psyche eines lebenden Menschen und dem Sediment. Diese Kommunikation findet also nicht in der Zeitdimension, sondern nur in der Jetztzeit statt. Man kann nicht wirklich in der Zeit zurückgehen, denn dieses hypothetische Sediment existiert in unserer Zeit. Aus diesen Betrachtungen geht hervor, daß die angeblichen Fälle von Retrokognition überprüfbar sind, allerdings nur auf der Grundlage von Dokumenten, die in unserer Zeit existieren.

Nach dieser Hypothese müßten wir folgern, daß die paranormalen Geschehnisse in der Dynamik des Kommunikationsfaktors Platz finden, weil die Information im Wesen des Jetzt enthalten ist. In diesem

Fall ist die Hypothese des Sediments hinfällig. Der Kommunikationsfaktor jedoch bleibt dabei erhalten. Er „erklärt" die Retrokognition, mag nun das Archiv der Vergangenheit existieren oder nicht. In beiden Fällen ist bewiesen, daß die Retrokognition nicht den Zeitfaktor betrifft, sondern aus dem Kommunikationsfaktor hervorgeht. Und dieser operiert nur in der Dimension des Raumes.

Zusammenfassend können wir sagen, daß der Kommunikationsfaktor Informationen überträgt; er gewinnt sie

- aus dem Sediment (sofern es existiert), das sich aber im Jetzt befindet und nicht kontrolliert werden kann,
- oder aus unserer Zeit, wenn dieses Archiv nicht existiert.

Ich habe bereits gesagt, daß das Konzept des Sediments trotz seiner Plausibilität und Schlüssigkeit nicht notwendig ist zur Erklärung retrokognitiver Erscheinungen (wie sie etwa der Spiritismus erzeugt). Seit jeher faszinierte die Menschen eher die Präkognition. Wenn es sie wirklich gäbe, würde dies bedeuten, daß über unsere Zukunft schon entschieden ist. Der „Hellsehende" könnte dann Informationen aus dieser bereits festgelegten Zukunft gewinnen. Die Freiheit des Menschen wäre damit nur eine Chimäre.

Wir gehen von der Tatsache aus, daß die heutige Parapsychologie der Präkognition wohlwollend gegenübersteht, und wollen somit das Problem ihrer Natur und ihre Grenzen behandeln.

Die Evaneszenz der Präkognition

Spontane Fälle

Im Jahr 1898 schrieb der Nordamerikaner Morgan Robertson einen Roman. Er handelte vom Untergang eines Schiffes. Dabei erfand Robertson die Namen, Daten und Umstände. Am 15. April 1912 versank das englische Schiff Titanic auf seiner Jungfernfahrt von Southampton nach New York, nachdem es mit einem Eisberg zusammengestoßen war. Die Titanic war damals eines der größten Passagierschiffe der Welt und galt aufgrund ihres doppelten Rumpfes und der 15 fest verschließbaren Schotten als unsinkbar. Merkwürdigerweise stimmten die vom Romanschriftsteller erfundenen Daten mit der Realität überein, denn der fiktive Name des Schiffes lautete Titan; es galt im Roman wegen seiner Schotten als unsinkbar; der Unglücksmonat war der April, der Grund ein Zusammenprall mit einem Eisberg; das Schiff führte eine ungenügende Zahl von Rettungsbooten mit sich; die Reisegeschwindigkeit war ähnlich, die Länge des Schiffes fast wie in Wirklichkeit.

Wenn ein Künstler ein Werk schafft, taucht er in die Welt des Unbewußten ein und kann unvorhergesehene Informationen daraus gewinnen. Es ist nicht ausgeschlossen, daß dies dem Autor Robertson passiert ist. Man kann aber auch durchaus annehmen, daß es sich um einen reinen Zufall handelt.

Ein Zufall war es allerdings nicht mehr, als einige Menschen kurze Zeit vor der Abreise die Tragödie der Titanic voraussahen.

J. O'Connor hatte für sich und seine Familie eine Überfahrt auf der Titanic gebucht. Zehn Tage vor der Abreise „sah er im Traum das Schiff kieloben treibend, die Passagiere und die Mannschaft um das Schiff herum im Wasser". Der Mann sagte den Familienmitgliedern nichts davon. Der Traum wiederholte sich in der folgenden Nacht, doch O'Connor schwieg immer noch. Schließlich erhielt er die Nachricht, daß er nicht mehr so dringend in New York gebraucht werde, und entschied, dem Traum recht zu geben und die Buchung zu widerrufen. Erst zu diesem Zeitpunkt erzählte er alles seinen Freunden.

Diese Geschichte erzählte O'Connor dann der Londoner Society for Psychical Research und brachte auch einen Brief mit, in dem die Freunde bestätigten, O'Connor habe ihnen eine Woche vor der Abfahrt von seinem Traum erzählt. Als Beweis wies O'Connor seinen Paß und die Buchungsbestätigung vor.

Als die Titanic am 10. April ablegte, befand sich eine Frau Marshall mit ihrem Mann und Freunden auf einer Terrasse über dem Meer und sah die Titanic vorbeifahren. Die Frau ergriff den Arm ihres Mannes und schrie: „Dieses Schiff wird untergehen, bevor es Amerika erreicht!" Sie bestätigte, Hunderte von Schiffbrüchigen zu sehen, die im eiskalten Wasser um ihr Überleben kämpften.

Die Titanic ging in der Nacht zwischen dem 14. und 15. April 1912 1100 Seemeilen von New York entfernt unter. Von 2201 Passagieren konnten nur 711 gerettet werden. Anscheinend befuhr das Schiff die kürzeste Route, um den Geschwindigkeitsrekord für die Überfahrt zu brechen, obwohl man wußte, daß es in diesem Gebiet Eisberge gab.

Es gibt viele dicke Bücher, in denen Tausende solcher Fälle von der parapsychologischen Forschung aufgezeichnet wurden. Aus meiner eigenen Sammlung paranormaler Geschehnisse möchte ich einen unzweifelhaft präkognitiven Fall schildern.

Frau P. träumte in der Nacht zwischen einem Freitag und einem Samstag im September 1987, sie befände sich auf der Straße vor dem Haus ihrer Mutter in der italienischen Stadt Alessandria. Es war fast Abend und wahrscheinlich 18.00 Uhr.

Frau P. überquerte gerade die Straße und hielt den vierjährigen Enkel an der Hand. Plötzlich lief der Enkel davon und wurde von einem weißen Fiat 500 angefahren.

Am Tag darauf (Samstag) befand sich Frau P. in ihrem Auto; ihre Mutter saß auf dem Beifahrersitz und der kleine Enkel hinten. Es war gegen Abend, ungefähr um 18.00 Uhr. Sie befanden sich nahe am Ort des Traumes, als Frau P. ein Hupen hörte. Ein anderer Autofahrer machte sie darauf aufmerksam, daß der Enkel die Tür aufgemacht hatte und sich hinauslehnen wollte. Ein weißer Fiat 500 hätte den Enkel sicher überfahren, wenn er herausgefallen oder sich noch weiter hinausgelehnt hätte.

Frau P. präzisierte auf meine Fragen hin, es sei eine Ausnahme gewesen, daß sie das Kind bei sich gehabt habe, weil es in einer anderen Stadt wohne. Ich fragte auch, ob das Kind am Abend zuvor gesund gewesen sei, um die Projektion einer offenkundigen Angst auszuschließen.

Es handelt sich hier um einen Fall einer teilweisen Präkognition. Sie ist in vielen Einzelheiten zu genau, um nur auf einem Zufall zu beruhen. Die gemeinsamen Elemente zwischen Traum und Wirklichkeit sind:

Ort, Zeit, Personen (Frau P., die Mutter, der Enkel) und der weiße Fiat 500. Dazu muß man wissen, daß 1987 die Fiat 500 in Italien schon selten waren; um so qualifizierter ist die Aussage.

Ein gemeinsames Element zwischen Traum und Realität ist auch die Gefahr, die das Kind lief. Unterschiedlich sind hingegen:

die Tatsache, daß die handelnden Personen im Traum zu Fuß und nicht mit dem Auto unterwegs waren, obwohl sie sich in beiden Situationen mitten auf der Straße befanden, und schließlich der glückliche Ausgang des Ganzen in der Realität.

Frau P. ist vertrauenswürdig, verstandesbestimmt und steht solchen Dingen ausgeprägt skeptisch gegenüber. Gerade aus diesem Grund wurde sie in Angst versetzt und fürchtete, es würden weitere solche Episoden folgen.

Die Präkognition gilt in der Tat überwiegend tragischen Fällen. Vielleicht bestand ihre Aufgabe in früheren Zeiten tatsächlich darin, den Menschen vor möglichen Gefahren zu warnen.

Die beiden Episoden (Titanic und Frau P.) sind repräsentativ für Tausende weiterer Fälle. Sie zeigen uns aber eine begrenzte Zeittiefe in der Präkognition. Im Fall der Titanic betrug diese Tiefe für Herrn O'Connor 14 Tage und für Frau Marshall vier, während Frau P. ihren Traum ungefähr 14 Stunden vor dem Ereignis hatte. Im Hinblick auf die Zeittiefe der Präkognition bestätigt René Sudre, einer der kompetentesten französischen Parapsychologen, daß sie bei den ihm persönlich bekannt gewordenen Fällen zwischen zwei Monaten und über zwei Jahren beträgt.[1]

U. Dettore spricht in seinem Werk „L'uomo e l'ignoto" von einer Zeitspanne zwischen einem Tag und sechs Jahren. Und der bereits genannte Oscar Quevedo meint: „Ich habe Tausende von Präkognitionen von Berufshellsehern und viele weitere spontane Fälle untersucht." Er zitiert auch die Sammlungen der Society for Psychical Research in London, die von deren amerikanischer Tochtergesellschaft sowie viele weitere Autoren. Doch am Schluß behauptet er: „Ich habe keinen einzigen Fall gefunden, der auf eine langfristige parapsychologische Präkognition hindeutet."[2]

Qualitative Versuche

Mit qualitativen Versuchen versucht man das Phänomen zu beweisen, seine Merkmale zu studieren und auch die Wiederholbarkeit zu überprüfen. Qualitative Versuche sind die Antwort auf Kritiken, die behaupten, spontane Fälle seien bedeutungslos, da sie auf dem Zufall beruhen. Die Menge von Daten über alle möglichen paranormalen Erscheinungen beweist aber heute überdeutlich, daß außersinnliche Wahrnehmungen eine Realität sind.

Der Pionier der qualitativen experimentellen Forschung war Hendrik Tenhaeff, ordentlicher Professor für Parapsychologie an der Universität Utrecht. Tenhaeff führte viele Platz-Experimente mit dem bekannten Psychomiletiker Gérard Croiset durch. Eines will ich hier in seinen wesentlichen Zügen darstellen.

Am 20. Januar 1952 sollte in einem Saal in Rotterdam ein Treffen stattfinden. Drei Tage zuvor wurde Croiset gebeten, jene Person zu beschreiben, die den Stuhl Nr. 18 (es gab insgesamt 30) einnehmen würde.

Nach einigen Minuten erklärte Croiset, er könne nichts wahrnehmen. So nannte man einen anderen Stuhl, und Croiset sagte, es würde eine Frau mit Narben im Gesicht Platz nehmen, die sie bei einem Unfall in Italien davongetragen hätte. Er brachte die Frau auch mit der Sonate „Claire de lune" in Verbindung.

Am 20. Januar um 20.45 Uhr waren von den 28 Eingeladenen nur 27 da. Der Sitz Nr. 18 blieb leer. Auf den anderen Stuhl setzte sich die Frau eines Arztes, die Narben infolge eines Unfalls in Italien im Gesicht trug. Ihr Mann erklärte, die Sonate „Claire de lune" würde seine Frau stören, weil sie damit eine intime Erinnerung verbinde.

Tenhaeff führte mit Croiset 150 Platz-Experimente durch. Alle verliefen positiv. Auch Hans Bender von der Universität Freiburg veranstaltete mit Croiset ähnliche Experimente und kam auf 450 positive Fälle. An diesem Punkt kann man nicht mehr behaupten, Quantität habe keine qualitative Beweiskraft!

Die großen Prophezeiungen

Unter den großen Prophezeiungen aus weit zurückliegenden Zeiten sind am berühmtesten die des heiligen Malachias und die des Nostradamus.

Die dem heiligen Malachias, einem irischen Bischof, zugeschriebene Prophezeiung sagte die Wahl von 111 Päpsten voraus, angefangen von Cölestin II., der seit 1143 regierte. Die Päpste werden in der Prophezeiung durch kurze Sprüche charakterisiert, die für jeden einzelnen Papst typisch sind.

Zum erstenmal wurden diese angeblichen Prophezeiungen vom Benediktinermönch Arnold Wion 1595 veröffentlicht, d. h. 452 Jahre nach der Verkündung der Weissagungen. Wion kommentiert die Veröffentlichung sinngemäß folgendermaßen: „Weil es kurz ist und noch nicht gedruckt wurde, lasse ich es abdrucken, um den Wunsch vieler Menschen zu erfüllen.“ Er sagt nicht, wo er die Weissagungen gefunden hat, wo sich die Originale befinden und über welche Beweise er verfügte, daß sie wirklich auf den irischen Heiligen Malachias zurückgehen.

Da die Prophezeiungen im nachhinein veröffentlicht wurden, steht außer Zweifel, daß der Verfasser Zugang zu historischen Schriften hatte. Tatsächlich passen die Weissagungen für jene Jahrhunderte auch sehr gut.

Als Beweis dafür will ich einige Fälle zitieren. Papst Honorius IV., der in den Weissagungen den Spruch „ex rosa leonina“ bekam, hatte in seinem Wappen tatsächlich eine Rose, die von zwei Löwen gehalten wurde. Papst Bonifatius VIII. wurde das Motto „ex undarum benedictione“ zugeeignet; sein Taufname war Benedikt, und in seinem Wappen waren Wellen zu sehen.

Bei seinerAuflistung kopierte der Verfasser der Weissagungen aber auch die Irrtümer eines Historikers seiner Zeit. In den Weissagungen des Malachias treten nämlich nur zwei Gegenpäpste auf. Denselben Fehler machte der Historiker Panviniri. Papst Eugenius IV. wurde durch den Spruch „lupa celestina“ gekennzeichnet. Denselben Fehler machte auch der genannte Historiker, wenn er behauptet, der Papst habe dem Orden der Zölestiner angehört, während er doch Augustinermönch war.

Von 1595 an sind die Weissagungen mit Ausnahme von ein paar glücklichen Fällen falsch. Die Anhänger dieser Weissagungen unternehmen richtige Balanceakte, um deren Gültigkeit zu beweisen. Leo XI. hat zum Beispiel weder einen Namen noch ein Wappen, die mit dem Motto „undosus vir“ („wäßriger Mann“ oder „Mann mit Wellen“) übereinstimmten. Ein Anhänger der Weissagungen interpretierte den Spruch dann so: An einem sehr heißen Tag begab sich der Papst in die Kirche San Giovanni in Laterano, schwitzte dabei viel, wurde krank und starb kurze Zeit danach.

Pater Oscar Quevedo schreibt, er habe alle Sprüche für die Päpste der zweiten Periode untereinander vertauscht und auch alle Sprüche auf einen einzigen Papst angewandt und sei immer zu guten Interpretationsergebnissen gelangt.

Alle großen Weissagungen sind in der Tat sibyllinisch abgefaßt, so daß die Worte auf alle und alles passen. Die Weissagungen des Malachias sind somit falsch.

Nostradamus ist der bekannteste Astrologe aller Zeiten. Er lebte im 16. Jahrhundert und wurde königlicher Arzt und Ratgeber, doch waren dies nur Ehrentitel. Die Prophezeiungen von Nostradamus haben den großen Vorteil – einen Vorteil für Nostradamus –, daß sie nicht datiert sind. So kann sie jeder einer bestimmten Zeit zuschreiben.

Einem Kommentator zufolge, der seine Interpretationen 1947 veröffentlichte, sollte auf Papst Pius XII. ein junger Papst folgen (Johannes XXIII. bestieg den Thron mit 77 Jahren). Der junge Papst würde aus Rom flüchten und in Avignon Unterschlupf suchen müssen. Revolutionäre würden dann einen anderen Papst aufstellen. Dann jedoch würde der junge Papst im Schutz eines französischen Heeres nach Rom zurückkehren …

Natur und Grenzen der Präkognition

Aus den geschilderten Fällen können wir einige Schlußfolgerungen ziehen:

1. Es gibt eine Präkognition, aber nur für eine kurze Zeitspanne.
2. Je länger die Zeitspanne, für die die Präkognition gilt, um so mehr verliert sie an Einzelheiten, Klarheit und Konturen.

Wie können wir diese geringe Zeittiefe oder die Evaneszenz der Präkognition erklären?

Die Antwort hängt eng mit den Betrachtungen zu Beginn dieses Kapitels zusammen. Tatsächlich basiert die Präkognition auf dem Kommunikationsfaktor. Er liefert die Informationen. Das Unbewußte arbeitet eine – ich möchte sagen – statistische Voraussage aus und gelangt so zur „wahrscheinlichsten Möglichkeit". Es gibt mehrere Fälle, die beweisen, daß das Unbewußte des Menschen komplizierte Berechnungen durchführen kann.

Der Deutsche Johann Dase, der 1824 geboren wurde, war nicht intelligent und begriff auch die einfachsten mathematischen Lehrsätze nicht. Dennoch konnte er im Kopf sechzigstellige Ziffern miteinander multiplizieren und die Quadratwurzel aus einer hundertstelligen Zahl ziehen. Er brauchte dafür jedoch eine gewisse Zeit.

In unserem Jahrhundert wurde Louis Fleury, geboren 1893, bekannt. Er war geistig beschränkt, blind und konnte sich im Alter von 15 Jahren gerade ankleiden. In der Folge eines tiefen Schreckens begann er mit unglaublicher Geschwindigkeit zu rechnen. Er konnte die Zahl der Sekunden angeben, die in 39 Jahren, drei Monaten und zwölf Stunden vergehen, ohne die Schaltjahre zu vergessen.

Der zwölfjährige Maurice Dagbert, geboren 1948 in Lausanne, antwortete bei einem Kongreß innerhalb weniger Sekunden richtig auf eine Frage des Astronomen Eslangon. Dieser wollte wissen, auf welchen Tag das Ostern des Jahres 5 702 285 fallen würde: Es ist der 22. März.

Die kleine Inderin Kumari Shakuntala Devi kann augenblicklich die quadratische und die sechste Wurzel zwölfstelliger Zahlen angeben. Sie schlug bei einem Test auch einen Elektronenrechner um sechs Sekunden!

Ich möchte hier auch noch an die mathematischen Fähigkeiten eines angeblichen Geistes erinnern, der sich in Brüssel im Haus des Ingenieurs Henry Poutet manifestierte. Ich lege eines der Experimente dar.

Der Ingenieur zog aus einem Kartenspiel zufällig eine Karte und legte sie in eine Schublade. Stasia (so hieß der angebliche Geist) teilte durch automatisches Schreiben mit, Poutet solle eine Zahl niederschreiben. Er solle sie vom Namen eines der Anwesenden ableiten, indem jeder Buchstabe nach seiner Stellung im Alphabet numerisch gekennzeichnet werden solle.

Es ergab sich die Zahl 8514189. Diese sollte mit einer vierzehnstelligen Zahl multipliziert werden, die Stasia diktierte. Die letzten 16 Ziffern sollten nun wieder in Buchstaben umgewandelt werden. Die Antwort war „neuf cœurs". Tatsächlich lag die Herz-Neun in der Schublade.

Dies alles macht deutlich, daß das Unbewußte komplizierte Rechnungen durchführen kann, wie sie auch für die Wahrscheinlichkeitstheorie typisch sind.

Das Wesen der Präkognition

Die Präkognition beruht auf zwei Elementen, die zur Gestaltung der Ereignisse beitragen.
1. Menschliche Elemente, zum Beispiel zu Ende geführte Handlungen, Entscheidungen, Fehler, Erfolge, Ängste und Hoffnungen.
2. Elemente der Natur, zum Beispiel Erdbeben, Wirbelstürme usw.

Die Präkognition ist die „Folge" einer Verflechtung menschlicher Elemente und von Elementen der Natur, veranlaßt durch den Menschen. Der Kommunikationsfaktor dringt in dieses Geflecht ein, und das menschliche Unbewußte wählt die wahrscheinlichste Möglichkeit aus.

Ein praktisches Beispiel mag dieses Konzept besser erläutern. Das Konzept beruht darauf, daß menschliche Ereignisse aus der Begegnung „unseres Willens" mit dem „Willen anderer" (menschliche Elemente) und der Intervention von Faktoren hervorgehen, die den Ereignissen eigen sind (Elemente der Natur).

– Eine Person am Meeresstrand wirft einen Stein, und eine andere Person beginnt zu laufen. Hier sind zwei verschiedene Willensäußerungen aktiv. Eine Rolle spielen hier auch die Faktoren des Werfens, zum Beispiel das Gewicht des Steins, dessen mehr oder minder aerodynamische Form, die aufgewendete Muskelkraft, die Sichtverhältnisse usw.

– Wer diese Szene aus geeigneter Entfernung beobachtet, könnte die Möglichkeit in Betracht ziehen, daß die Person, die wegläuft, von dem Stein getroffen werden soll: eine Art „Vorahnung".

– Während sich die Szene entwickelt, wird die Vorahnung immer deutlicher: Der Werfer geht vom Aufnehmen des Steins (in der Zwischenzeit beginnt die andere Person zu laufen) zum Werfen über (die andere Person hat schon eine höhere Geschwindigkeit erreicht), dann fliegt der Stein in der Luft immer näher auf die laufende Person zu.

Je mehr Daten und visuelle Informationen der Beobachter zur Verfügung hat, um so mehr wird seine anfängliche Vorahnung zu einer überprüften Wahrscheinlichkeit, einer ziemlich sicheren Aussage, einer Präkognition.

Wenn man alle Daten berücksichtigt, die der Beobachter zur Verfügung hat, kann man an diesem Punkt von der Wahrscheinlichkeit des Ereignisses sprechen. Sie nähert sich immer mehr der Gewißheit, je mehr Elemente sich konkretisieren. Es ist eine Wahrscheinlichkeit, die sich in das Kleid der Präkognition hüllt.

Meiner Meinung nach kommt es auf ähnliche Weise zu jener paranormalen Erscheinung, die wir Präkognition nennen. Die Informationen, über die der Psychomiletiker verfügt, stammen nicht von der visuellen Wahrnehmung, sondern vom Kommunikationsfaktor, d. h. dem unbewußten originären Impuls. Die Informationen, die der Kommunikationsfaktor liefert, bilden die Grundlage der Präkognition. Diese stellt folglich eine Auswirkung menschlicher Handlungen dar.

Beim unbewußten allgemeinen Psychismus sind alle unsere Erfahrungen, Gedanken, Pläne, Entscheidungen, Hoffnungen und Ängste vorhanden. Es existieren dort in Wirklichkeit die „Keime der Zukunft". Sie sind frei verfügbar und können beliebig miteinander kombiniert werden. Das individuelle Unbewußte bringt diese Elemente zur Synthese, indem es die wahrscheinlichsten Möglichkeiten aufspürt.

Es mag uns schwindlig werden, wenn wir an die ungeheuren Fähigkeiten unseres Unbewußten denken. Es erscheint logisch, daß unsere Freiheit im unbewußten allgemeinen Psychismus von all den anderen unbewußten Psychen eingeschränkt wird. Das ist zumindest für unser normales tägliches Leben schon längst bekannt, weil wir als Menschen unzähligen Einschränkungen unterliegen, zuallererst dem Willen anderer. Wir haben nur die Freiheit der Wahl zwischen Gut und Böse. Der Rest bleibt eine Konsequenz unserer Wahl zwischen diesen beiden Polen.

Unser jetziges Leben ist eine Art pulsierende Energie, die Brücken oder Synapsen mit der Außenwelt aufbaut. Damit verbunden ist eine Art unendlich verzweigter Kette. Die unbegrenzte Zahl von Wegen, die sich dadurch ergeben, sind unsere Möglichkeiten.

Die Psyche des Psychomiletikers läuft schnell alle diese Wege ab. Viele verlieren sich im Nichts, einige sind schlecht geführt und bringen ihn aber dann doch zu einem Ziel. Das sind die wahrscheinlichsten Realisierungen des Lebens in der Zukunft. Bisweilen sind die verschiedenen Wege so ähnlich in ihrer Realisierung, daß die wahrscheinlichste Möglichkeit zur Sicherheit wird (der Psychomiletiker nimmt dann beispielsweise wahr, daß Herr X. sicher bestohlen wird).

Bisweilen gehen die Wege stark auseinander, und es kristallisieren sich zwei wahrscheinlichste Möglichkeiten heraus (der Psychomiletiker nimmt dann wahr, daß Herr X. sich eine Diebstahlsicherung einbauen wird, so daß der versuchte Diebstahl mißlingt). Dies geschieht, weil die Ansammlung von Daten, die günstig sind für jenes gegebene Ereignis, gering ist.

Dieses geistige Modell möchte ich so darstellen:

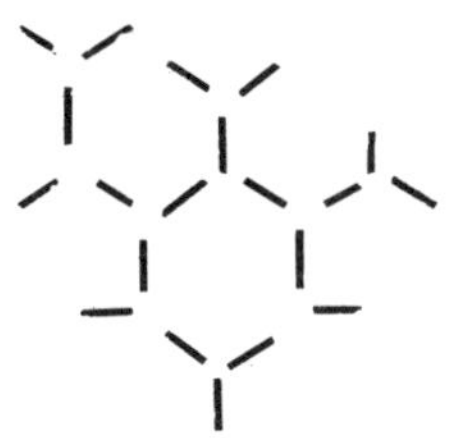

Es kommt zu einer wiederholten Verzweigung, ähnlich wie sie auch in der Natur anzutreffen ist, zum Beispiel bei den Bäumen oder bei den Blutgefäßen unseres Körpers.

Unter den unendlich vielen Wegen, welche die Möglichkeiten des Lebens darstellen, gibt es auch einige, die wahrscheinlicher sind als andere. In unserem Schema gibt es auch unendlich viele Punkte, wo Verzweigungen wieder aufeinandertreffen. Jeder Punkt stellt eine Möglichkeit mit unterschiedlichem Wahrscheinlichkeitsgrad dar. Wir können dieseWahrscheinlichkeit bezeichnen als

n, n–1, n–2 ... n–m.

Es gibt somit einen Punkt, an dem das Zusammentreffen den Grad der Wahrscheinlichkeit „n" aufweist. Dann gibt es einen Punkt, an dem die wahrscheinlichste Möglichkeit einen geringeren Grad der Wahrscheinlichkeit hat, den wir als „n–1" bezeichnen, usw. Wenn neue bedeutsame Daten auftauchen, dann kann auch der Wahrscheinlichkeitsgrad verändert werden: Wenn Herr X. zum Beispiel die Diebstahlsicherung verspätet anbringt, kann ein Diebstahl bereits vorgekommen sein, aber das ist nicht sicher.

Es gibt Fälle, bei denen die „Keime der Zukunft" schon so gut umschrieben sind, daß neue Daten die Zukunft offensichtlich nicht mehr verändern. Es gibt zum Beispiel spontane Fälle der Präkognition ohne deutliche Alternativen. Ich bin hingegen überzeugt, daß sich auch die wahrscheinlichsten Dinge ändern können, wenn der

Betreffende sein eigenes Leben revolutioniert und seine Ziele und Aussichten radikal ändert. Es gibt in jedem Augenblick die Möglichkeit, unsere Zukunft zu ändern, wenn wir dem Magmafluß unseres Lebens neue bedeutsame Daten zuführen.

Es gibt spontane Fälle alternativer Präkognition. Der Psychomiletiker nimmt dann wahr, daß die Ereignisse nur dann anders ablaufen werden, wenn der Empfänger der Präkognition sein Verhalten ändert.

Ich bringe hier einen klassischen Fall der Psychomiletikerin Montague. Sie berichtet über den Vorfall in einem ihrer Bücher aus dem Jahr 1926. Im Verlauf einer Konsultation durch den Obersten Powney hatte sie drei Visionen.

In der ersten trug ein Mann nachts auf der Schulter eine Statue aus Metall. In der zweiten fuhr ein Mann mit einem Auto. In der dritten lag der Mann tot auf dem Boden neben seinem umgestürzten Fahrzeug.

Aus der Beschreibung der Person folgerte der Oberst, daß es sich um einen befreundeten General handeln müsse, der sich am folgenden Tag zu einer politischen Versammlung begeben wollte. Die Psychomiletikerin fügte hinzu, daß der Oberst sterben würde, wenn er mit seinem Freund im Auto fahren würde. Verzichtete er jedoch auf die Reise, so würde er überleben und dazu noch in kurzer Zeit einen Orden bekommen.

Der Oberst entschloß sich, dennoch zu fahren. In der Nacht vorher wurde ihm jedoch eine Bronzestatue mit der Darstellung des Cupido gestohlen. Er verlor allerdings viel Zeit mit der Anzeige, was ihn zwang, auf die Reise zu verzichten.

Tags darauf wurde sein Freund tot neben dem umgestürzten Wagen gefunden. Nur wenige Wochen später erhielt der Oberst einen Orden.

Wahrscheinlich wäre nicht einmal der General gestorben, wenn er nicht jene Reise unternommen hätte. Mit Sicherheit stand der Oberst an einer Verzweigung seines Lebenswegs. Auf der einen Seite befand sich die Möglichkeit des Todes (vielleicht verbunden mit einem Unwohlsein seines Freundes; einem Unwohlsein, das im Kern schon vorhanden und damit durch den Kommunikationsfaktor aufzuspüren war). Auf der anderen Seite stand ein normales Leben mit dem Empfang eines Ordens (diese Ehrung wurde bereits vorbereitet, oder

der Oberst erwartete sie). Viele Präkognitionen sind nicht alternativ, weil es vorkommen kann, daß der Psychomiletiker (durch Verzerrungen des Kommunikationsfaktors oder andere Gründe) die Wahrscheinlichkeit „n" überspringt und direkt zur Wahrscheinlichkeit „n–m" übergeht. Das könnte der Grund sein, warum quantitative und qualitative Versuche sich als Mißerfolg erwiesen.

Es liegt auf der Hand, daß bei geringer Zeittiefe der Präkognition die verschiedenen Möglichkeiten sich noch leicht sondieren lassen. Nimmt die Zeitspanne, für die die Präkognition gilt, jedoch zu, so sind unendlich viele Informationen zu berücksichtigen, die das Problem viel komplexer erscheinen lassen.

Alle Psychomiletiker, die ich untersucht habe und die sich unterschiedlicher Mittel wie des Kartenlegens oder der Handlesekunst bedienten, begrenzten ihre Voraussagen immer auf drei Monate. Jenseits dieser Zeitspanne zeigte sich bei ihren Präkognitionen eine starke Evaneszenz. Über ein Jahr hinaus sind nur noch wenige Elemente erkennbar. Diese Evaneszenz beruht auf der sprunghaften Zunahme der Möglichkeiten und auf dem Unvermögen des Unbewußten, alles zu erfassen.

Der Mensch ist also nicht Gefangener eines unentrinnbaren Schicksals, sondern sein Leben resultiert aus seinen eigenen Handlungen, wobei das natürlich immer im Zusammenhang mit den Handlungen anderer Menschen und Geschehnissen in der Natur zu sehen ist.

Der Fall der Titanic mit den Präkognitionen des Herrn O'Connor und der Frau Marshall steht plötzlich in einem anderen Licht, wenn man berücksichtigt, daß die Präkognition in engem Zusammenhang mit der unbewußten Information steht, daß der Kapitän eine gefährlichere, nicht von Eisbergen freie Route einschlagen wollte, um die Überfahrt in Rekordzeit zu bewältigen.

Die Untersuchung spontaner Fälle führt mich deswegen zum Schluß, daß die Präkognition nicht zu einer „magischen" Kenntnis zukünftiger Erscheinungen führt. Sie ist vielmehr eine Schlußfolgerung aus menschlichen Handlungen, die durch den Kommunikationsfaktor sondiert werden.

Quantitative Versuche über die Präkognition

Die quantitativen Versuche über die Präkognition sind sehr der Kritik ausgesetzt und liefern letztlich einen weiteren Beweis für die Existenz einer Kommunikation zwischen Psyche und Psyche.

Von 1930 an untersuchte Rhine die Präkognition experimentell mit Zenerkarten. Der Psychomiletiker mußte die Ordnung „voraussagen", in der die Karten nach zweimaligem Mischen liegen würden. Das Experiment gliedert sich in 4500 Durchgänge zu je 25 Karten. Das Ergebnis fiel gemäßigt positiv aus in dem Sinn, daß die Wahrscheinlichkeit, daß das Ereignis dem reinen Zufall zuzuschreiben war, 1 zu 400 000 betrug.

Es blieben jedoch Zweifel am Mischen der Karten. Tatsächlich mußte man Rhine zufolge sichergehen, daß außersinnliche Kräfte beim Mischen die Karten nicht in der bereits vorausgesagten Reihenfolge anordnen konnten, selbst wenn diese Aufgabe dem Experimentator vorbehalten blieb.[3] Es wurde deswegen ein mechanisches Mischverfahren verwendet. Dadurch schloß man die Möglichkeit aus, daß sich der Experimentator unbewußt den Voraussagen des Psychomiletikers anpaßte.

Aber auch diesmal stiegen Zweifel auf: „Konnte das Subjekt oder der Experimentator mit seinem Geist direkt diese Maschinen beeinflussen? Das hätte die Frage mit sich gebracht, ob man möglicherweise eine Art psychokinetische Einwirkung annehmen müsse, welche die Anordnung der Karten nach einem bestimmten Muster in der Mischmaschine bewirken könne."[4]

Man griff also auf ein kompliziertes System zurück und verband das Mischen der Karten mit gewissen Parametern. Diese stellten die Maximal- und Minimaltemperaturen dar, die in einem meteorologischen Bulletin eines im voraus bestimmten Tages genannt wurden. Rhine meinte dazu, man habe damit eine praktische Methode gewählt, welche die Möglichkeit eines menschlichen Einflusses ausschließe, sofern der Mensch nicht imstande sei, auch die Temperatur oder die Apparaturen zur Temperaturmessung zu beeinflussen.[5]

Hier sind zwei Kritikpunkte anzubringen:

– Wenn man die „reale" Möglichkeit einer psychokinetischen Einwirkung auf eine Maschine in Betracht zieht, warum sollte man sie dann für ein Thermometer ausschließen?

– Der Psychomiletiker konnte sehr wohl im Gleichklang mit der Natur die meteorologischen Faktoren ableiten, die zu den später gemessenen Temperaturen führten. Nicht umsonst spüren manche Sensitive ein Erdbeben voraus.

Das ist keine Präkognition. Vielmehr nehmen gewisse Personen – ähnlich manchen Tieren – gewisse Naturerscheinungen wahr.

Als Höhepunkt quantitativer paranormaler Versuche über die Präkognition gelten die Experimente von Samuel Soal (1889–1966), der an der Universität London Dozent für reine Mathematik war. Soal führte 1941 seine Versuche mit dem Psychomiletiker Shackleton durch und bediente sich dabei verschiedener Karten, auf denen fünf Tiere abgebildet waren.

Die Ergebnisse waren umwerfend und statistisch unangreifbar, da die Wahrscheinlichkeit, daß sie auf puren Zufall zurückgingen, 1 zu 1 000 000 000 000 000 000 000 000 000 000 000 000 betrug.

Das Experiment von Soal ist aber nicht mehr unangreifbar, wenn man paranormale und nicht mathematische Argumente verwendet. Bei einer rigoroseren Interpretation kommt man zum Schluß, daß Soal ein Experiment zur Telepathie und nicht zur Präkognition durchführte.

Das Experiment war folgendermaßen geplant:

Soal schrieb eine Liste mit 50 Ziffern nieder, die nur aus den Zahlen 1, 2, 3, 4 und 5 bestanden. Deren Abfolge blieb dem reinen Zufall überlassen, wobei sie zum Beispiel ausgewürfelt werden konnten. Die Zahlen reichten nur von 1 bis 5, weil man sie später mit den fünf Tiersymbolen in Zusammenhang bringen wollte. Die Liste wurde dann der Experimentatorin Goldney übergeben, die auch die fünf kleinen Karten beaufsichtigte, die von 1 bis 5 numeriert waren.

An den entgegengesetzten Seiten eines Schreibtisches setzten sich Frau Goldney und eine andere Person, die als „Agentin“ wirkte: Sie schaute die Karte an und übertrug das darauf abgebildete Symbol. Die beiden Personen waren durch einen undurchsichtigen Schirm auf dem Tisch voneinander getrennt und konnten sich also nicht sehen. Vor der „Agentin“ befanden sich fünf Fächer, die von 1 bis 5 numeriert waren. Darin lagen in zufälliger Reihenfolge die Karten. Niemand kannte also deren Anordnung.

Frau Goldney zeigte der Agentin in einer kleinen Öffnung im sonst opaken Schirm eine der numerierten Karten, die in zunehmender

Ordnung den 50 Ziffern entsprach, die Soal auf eine Liste geschrieben hatte.

Die Agentin schrieb die auf der Karte aufgeführte Nummer ab und zog eine weitere Karte aus dem Fächer, der der entsprechenden Zahl entsprach. Sie betrachtete die Karte einige Augenblicke lang und legte sie ins Fach zurück. Der Psychomiletiker Shackleton befand sich in einem anderen Zimmer unter der Kontrolle von Soal. Shackleton sollte die Karte „vorhersagen", die im darauffolgenden Augenblick gezogen würde. Die Karte, welche die Agentin in diesem Augenblick betrachtete, spielte dabei keine Rolle.

Offensichtlich war alles richtig ausgedacht, um die Präkognition statistisch beweisen zu können. Bei genauerem Hinsehen zeigte sich jedoch, daß die angebliche Präkognition ursächlich von den Handlungen der Experimentatoren bestimmt war. Das heißt, daß der Psychomiletiker Shackleton alle für das Experiment wichtigen Daten über den Kommunikationsfaktor wahrnehmen konnte. Tatsächlich sah das so aus:

1. Shackleton nahm die Aufeinanderfolge der 50 Ziffern wahr und gewann sie über den Kommunikationsfaktor von der Psyche von Soal (der die Liste niedergeschrieben hatte). Er konnte sie auch von Frau Goldney wahrnehmen, die beim Betrachten der Liste unbewußt in ihrem Gesichtsfeld auch die darauffolgende Ziffer wahrnahm (und nicht nur die). In gleichem Maße nahm er über die Psyche von Frau Goldney die Existenz der fünf Karten und ihre Verteilung in den fünf Fächern wahr. Ebenfalls erkannte er aus der Psyche der Agentin das Symbol der gezogenen Karte.

Da die Karten nicht bei jedem Spiel gewechselt wurden, registrierte das Unbewußte der Agentin auch die winzigsten charakteristischen Zeichen und Druckfehler. Deswegen wurde nach dem ersten Spiel jede Karte automatisch durch Hyperästhesie wahrgenommen.

2. An diesem Punkt nahm der Psychomiletiker telepathisch von der Psyche von Soal und von Frau Goldney die nächste Ziffer der Liste wahr und konnte damit wissen, aus welchem Fächer die folgende Karte gezogen würde und welche Karten sich in welchem Fächer befanden.

3. Das Experiment von Soal reduziert sich somit auf die Intervention des Kommunikationsfaktors, d. h. auf das, was wir Telepathie nennen. Es lieferte also nur einen Existenzbeweis für die Erscheinung.

Das Ergebnis ist vom statistischen Gesichtspunkt aus über jeden Zweifel erhaben. Damit dieses Ergebnis einmal durch Zufall eintritt, müßte man die Versuchsfolge so lange weiterführen, wie die Welt alt ist. An diesem Punkt kann man bestätigen, daß die einzige Gewißheit in der Parapsychologie die Existenz des Kommunikationsfaktors mit seinen Manifestationen Telepathie, Hellsehen und Psychokinese ist. Die Präkognition existiert nur innerhalb der bereits beschriebenen engen Grenzen.

Auch die Experimente des amerikanischen Physikers Schmidt beweisen nicht die Präkognition, sondern eher die Psychokinese.

Schmidt erfand einen Apparat, der auf dem radioaktiven Zerfall von Strontium 90 beruht. Dieser Zerfall geschieht auf unvorhersehbare und damit rein zufällige Weise. Der Psychomiletiker saß vor vier farbigen Lampen, die auf zufällige Weise von der radioaktiven Quelle aktiviert wurden.

Die Versuchspersonen sollten „voraussagen", welche der vier Lampen angehen würde, und einen entsprechenden Knopf drücken. Die Registration erfolgte automatisch.

Es wurden 74 000 Versuche durchgeführt, und die Ergebnisse waren hoch signifikant.

Die Wahrscheinlichkeit, diese Versuchsergebnisse durch reinen Zufall zu erhalten, betrug 1 zu 10 000 000 000. Als spontaner Einwand kann gebracht werden, daß das Ergebnis durch psychokinetische Einwirkung der Psyche des Psychomiletikers entstand. Das einzig Gewisse dabei ist wiederum die Existenz des Kommunikationsfaktors. Abschließend können wir festhalten, daß die Präkognition im klassischen Sinn, bei der die Auswirkung dem Grund vorausgeht, nicht bewiesen ist. Es handelt sich vielmehr um einen Effekt natürlicher oder menschlicher Vorgänge, die über den Kommunikationsfaktor wahrgenommen werden.

Ist die Paranormalität krankhafter Natur?

Alle bisher gemachten Betrachtungen deuten auf eine funktionelle Korrelation zwischen Psyche und Psyche und auf eine Interaktion zwischen Psyche und physikalischer Energie. Es stellt sich aber auch die Frage, ob paranormale Erscheinungen ein Hinweis auf ein zeitweiliges pathologisches oder präpathologisches Geschehen sind.

Allein die Tatsache, daß außersinnliche Wahrnehmungen vorwiegend unter unnormalen Umständen wie bei Krankheiten, Unfällen, Angstzuständen vorkommen, ist schon ein bedeutsamer Hinweis. Der Spiritismus, in dessen Rahmen es auch zu geistigen Psi-Erscheinungen kommt, hat oft pathologische Grundlagen (Spaltung der Persönlichkeit, mediumistische Psychose).

Sigmund Freud entdeckte 1925 die wahrscheinliche Existenz unbewußter emotionaler Faktoren bei der telepathischen Kommunikation. Emilio Servadio und Istvan Hollos entdeckten, daß außersinnliche Erscheinungen, die sich oft bei analytischen Sitzungen zeigen, ihren Auslöser in psychoaffektiven Situationen hatten. Sie bezogen sich sowohl auf den Analytiker wie auf den Patienten, so daß man von einer Komplementarität sprechen könnte.

Die wahre Bedeutung der Präkognition besteht in einer „Kommunikation" des Menschen mit sich selbst, um sich über eine Gefahr klarzuwerden. Damit ist die Angst vor der Zukunft verbunden. Telepathische oder hellseherische Phänomene sind fast immer mit tragischen, schmerzhaften oder katastrophalen Ereignissen verbunden. Das ist ein unbezweifelbares Signal dafür, daß paranormale Kommunikation aus einem Stimulus hervorgeht, der seine Ursache in Angst und Schrecken hat. Diese Gefühle gehen über das Physiologische hinaus.

Der psychopathologische Ursprung paranormaler Phänomene zeigt sich deutlich bei psychokinetischen Erscheinungen, wie wir schon gesehen haben:

– Beim Poltergeist ist es ein Heranwachsender oder eine andere neurotische Person, die unter den Einschränkungen der Umwelt leidet. Sie lädt die unterdrückte Energie in diesen Phänomenen ab. Die Situation ist eindeutig krankhaft.

– Beim Spiritismus ist stets eine pathologische Situation vorgegeben.

Durch Selbsthypnose und durch Automatismen werden vorgetäuschte Persönlichkeiten geschaffen. Wenn diese Situation fanatisch gelebt wird, führt dies zu einer richtigen „mediumistischen Psychose".

– Bei der Psychophonie als andauernder fanatischer, spiritistischer Praxis besteht die Möglichkeit, daß die Psyche außer Gleichgewicht gerät, wie ich selbst aus mehreren Fällen weiß. Die Erscheinungen können auch spontan bei Personen auftreten, die über ein künstlerisches Temperament und eine starke Kreativität verfügen und zugleich unter einer Neurose leiden.

– Beim Spuk ist die Kommunikation stets dramatischen Inhalts und findet an einem Ort voller Pathos statt – einmal abgesehen von der Persönlichkeit der Personen, die den Spuk auslösen.

– Beim selbsterzeugten Spuk baut sich die Person, die von Ängsten und Schuldgefühlen geplagt ist, ihren eigenen paranormalen Käfig in Kissen und Matratzen.

Pathologie der psychokinetischen, mystischen und diabolischen Erscheinungen

Psychokinetische mystische Erscheinungen: Die Mühsal der Heiligkeit

Bei den mystischen Erscheinungen ist die Psychokinese nicht so sehr der religiösen Struktur dieser Erscheinungen als vielmehr der Person zuzuschreiben, die ihren Glauben in einem neurotischen Bruch zwischen Innen- und Außenwelt lebt.

In diesem Zusammenhang half mir Pater Girolamo Moretti vom Orden der Minderen Brüder sehr viel. Er ist der Begründer der italienischen Graphologie, ein zutiefst ehrlicher Wissenschaftler. Die Graphologie versucht vom Schriftbild auf mögliche Verhaltensweisen in verschiedenen existentiellen Situationen zu schließen.

Pater Giovanni Luisetto legte dem Pater Moretti die Schriftbilder von 64 Heiligen vor, ohne ihm die Namen dieser Heiligen zu verraten. Die Ergebnisse, auf die Pater Moretti kam, sind deshalb nicht einer Suggestion zuzuschreiben, die aus Kenntnissen vom Leben des betreffenden Heiligen hervorgehen könnten.

Die Analysen von Pater Moretti im Hinblick auf mystische Heilige, die in größerem Umfang psychokinetische Erlebnisse hatten, zeigen Möglichkeiten und Tendenzen auf, die meiner Einschätzung entsprechen, die in den früheren Kapiteln im Hinblick auf psychokinetische Geschehnisse gegeben wurde.

Diese Einschätzung meinerseits geschah, ohne daß ich von der Arbeit von Pater Moretti wußte. Sie beruhte auf der Analyse der innersten Motivationen für diese Erscheinungen und auf meiner persönlichen Erfahrung.

Tatsächlich habe ich die psychokinetischen Erscheinungen als die neurotischen, diabolischen und mystischen Kinder der Seele bezeichnet. Ich habe ein pathologisches Bild gezeichnet, dem gegenüber auch Mystiker und Heilige nicht immun sind. Diese legen es nicht bewußt darauf an, paranormale Erscheinungen hervorzurufen. Sondern diese sind eine natürliche Folge ihres Soseins, eine Folge des inneren Kampfes zwischen Trieben und der Ebene ausgeprägter Spiritualität, in der sie leben. Dieser Kampf äußert sich in einer Situation, die ganz anders ist als die des normalen Menschen.

Es ist ein Leben unter idealistischen Parametern, ein Leben des Zeugnisses, der Abtötung, der Vereinigung mit der Ewigkeit, dem Unerkennbaren; es erzeugt authentische, erhabene Momente, die aber nach menschlichem Ermessen viel kosten und die unbewußt das Verlangen nach einer Antwort konkreter Natur wecken.

Die inneren Erleuchtungen, die spirituellen Visionen sind niemals ein magischer Akt, der nun alles erleichtert, sondern nur Hinweise auf das Ziel, das der Mensch selbst erreichen muß. Wenn die Heiligen und Mystiker ihre Ziele auf geistiger Ebene erreichen, zahlen sie dafür auch mit seelischem Leiden.

Ich gebe hier eine graphologische Analyse von Pater Moretti auszugsweise wieder:

„Intelligenz: Im Hinblick auf die Quantität handelt es sich um eine normale Intelligenz; in qualitativer Hinsicht ist sie auf praktische Dinge ausgerichtet ... Neigt zu mystischen Gefühlen, einem Mystizismus der Selbstaufgabe ...

Charakter: Es handelt sich um einen Charakter, dem eigentlich ein Sinn für Moral abgeht, also ein etwas amoralischer Charakter. Gibt sich leicht dem Schicksal hin und läßt sich dann auch leicht sexuell verführen ... Neigt dazu, Verlockungen des anderen Geschlechtes nachzugeben, setzt sich ihnen aus oder läßt sich einfach gehen.

Er könnte aufgrund derselben bereits dargelegten Tendenzen eine Neigung zur homosexuellen Liebe haben ... Bei seiner physiologisch begründeten ausgeprägten Sinnlichkeit neigt er dazu, andere geschlechtlich zu vereinnahmen und sie in ihren entsprechenden Gefühlen zu verletzen ... In widrigen Augenblicken des Lebens bäumt er sich auf und schlägt unüberlegt zu, verletzt andere und rächt sich.

Ohne richtige Erziehung, ohne Zucht und ohne Maßhalten hätte er zu einem Verschwörer und Verbrecher werden können, der auch blutige Delikte ausführt, um deren Folgen er sich nicht gekümmert hätte.“[1]

Dieser Heilige war Joseph von Copertino, der im 17. Jahrhundert lebte. Auf dem Weg zum Priestertum unterbrach er seine Studien und litt fünf Jahre lang an einem Tumor, der ihn zur Bettlägerigkeit zwang. Nach seiner wunderbaren Heilung konnte er seine religiösen Studien nicht wieder aufnehmen, da ihn verschiedene religiöse Orden aufgrund der mystischen Erscheinungen, d. h. seiner Visionen und Levitationen, die seelischen Störungen zugeschrieben wurden, nicht annahmen.

Nachdem er mehrere Berufe ausgeübt hatte, nahmen ihn die Minderen Brüder des heiligen Franziskus erst als Laienbruder, dann als Priester auf. Wegen seiner mystischen Erscheinungen wurde er ständig versetzt. Es sind 70 solche Erscheinungen bekannt, und die Bulle zur Heiligsprechung bemerkt, daß hierin kein anderer Heiliger mithalten könne.

„Man sah ihn von der Mitte der Kirche zum Hauptaltar über eine Entfernung von ungefähr 25 Metern fliegen; er erhob sich bis zur Kanzel ... Es kam vor, daß er auch den Beichtvater des Klosters von Copertino mit sich nahm, den Vater Guardian des Klosters von Assisi, und auch einen Verrückten, den sie ihm zur Heilung zugeführt hatten. Papst Urban VIII. war Zeuge einer solchen Levitation, 1645 auch der Großadmiral von Kastilien ... Die berühmteste Levitation ist sicher jene, die auch Kurfürst Johann Friedrich von Braunschweig miterlebte und die ihn so beeindruckte, daß er die lutherische Religion aufgab.“[2]

Bereits in den vierziger Jahren kam aber Doktor H. Bon zum Schluß: „Dennoch gibt es Fälle, bei denen die Levitation der Heiligen derart bizarre Merkmale annimmt, daß man nicht glauben kann, daß sie direkt auf Gott zurückgehen.

Der heilige Joseph von Copertino mußte wegen der Skandale, die seine Levitationen hervorriefen, von den gemeinsamen religiösen Übungen ausgeschlossen werden. Die Spaziergänge in der Luft erbauen nur mittelmäßig. Man kann auch nicht sagen, daß Gegenstände, die in die Luft gehoben wurden und dann unter Krach wieder auf die Erde niederfielen, die innere Sammlung der Anwesenden beförderten. Andererseits finden gewisse Levitationen, etwa die des Paters Francesco Suarez, in der Einsamkeit ihrer Zelle statt, und bisweilen auch, ohne daß die daran Beteiligten es bewußt erfahren. Wir können also darin offensichtlich nichts erkennen, was zur persönlichen Ermutigung oder zur öffentlichen Erbauung führt."[3]

Es zeigt sich hier eine restriktive Interpretation der Levitation von Heiligen. Die Gründe für diese Haltung hängen weder mit der Tiefenpsychologie noch einer weitreichenden Interpretation der paranormalen Erscheinungen zusammen, sondern sind von der katholischen Auffassung der vierziger Jahre bestimmt. Damals galt die Levitation als körperliche Folge einer gewissen mystischen Verbindung mit Gott, und daraus leitete sich auch die Funktion der Erbauung für die Öffentlichkeit ab. Ich bin damit einverstanden, die Erscheinung dem Glauben zuzuschreiben. Dazu kommt allerdings das Wirken von Naturgesetzen, ohne daß Gott direkt intervenieren muß. Gott griff ein, als er den Menschen mit seinen vielen Fähigkeiten schuf, von denen ein Teil uns noch ganz unbekannt ist.

Der französische katholische Arzt H. Bon meinte in den vierziger Jahren, daß man Levitationen „ungenügend bekannten Eigenschaften des menschlichen Wesens" zuschreiben könne, wenn sie von geringerer Bedeutung seien.

Das ist eine offenkundig restriktive Interpretation, weil sie die Qualität von der Quantität abhängig macht. Allerdings ist die Hypothese von „ungenügend bekannten Eigenschaften" ein Zeichen dafür, daß schon damals an verschiedenen Interpretationen Zweifel aufkamen. Diese hatten – mindestens seit dem heiligen Augustinus, der als einer der ersten paranormale Erscheinungen in mystische und diabolische einteilte – den Menschen zweigeteilt. Danach griff entweder Gott oder der Teufel ein. Damit wurde die Autonomie des Menschen in der Natur geleugnet, obwohl sie doch das Werk Gottes ist.

Im weiteren folgen die wesentlichen Charakterzüge der italienischen Heiligen Gemma Galgani, die eine von Trauer und Unglücksfällen überschattete Kindheit hatte. Ihre mystischen Erscheinungen bestanden, abgesehen von den Wundmalen, darin, daß sie einen zarten Duft verströmte, der sich den von ihr berührten Gegenständen mitteilte.Gemma Galgani verspürte den heftigen Wunsch, Nonne zu werden, wurde aber aus Gesundheitsgründen und wegen ihrer wiederholten mystischen Erscheinungen nie akzeptiert.

„Charakter: Die Person hat aus ihrer Veranlagung heraus nicht diesen Willen und diese Unerschütterlichkeit ... Sie hat eine wenig klare Auffassung von der Moral und weist eine gewisse Tendenz zur Amoral auf. Sie neigt zu einer erotischen Verführbarkeit und möchte gern überall lieb Kind sein.

Abschließend läßt sich sagen, daß eine ungesunde Umgebung ihre natürliche Veranlagung nur verstärken würde. Ihre schmachtende Affektivität würde zu einem Köder für die Männer. Einmal gefangengenommen von dieser menschlichen Affektivität, könnte sie bis zur Immoralität gehen. Ihre Neigung zum Mystizismus würde ihr allerdings viele Gewissensbisse bereiten und sie wieder zur Reue führen.

Wenn sich die Frau hingegen mit übermenschlicher Anstrengung von ihren Neigungen löst, hauptsächlich durch intensives andauerndes Gebet und unter einer männlichen, keuschen Führung, so wird sie ihre Liebe und Affektivität ganz auf Gott übertragen, den wahren Schöpfer der Heiligkeit."[4]

Zum heiligen Philipp Neri, der auch Levitationen hatte, schreibt Pater Moretti:

„Charakter: ... Er ist ein unruhiger Geist, hat ein hinterhältiges rachsüchtiges Temperament – neigt zu einem seelischen Sadismus. Es macht ihm Spaß, wenn andere gequält und schlecht beurteilt werden ... Wehe, wenn der Betreffende die Zügel seiner Geldgier schießen läßt! Er könnte zu einem jener Wucherer werden, die sich auf Kosten des Nächsten bereichern ... Wenn seine Sinnlichkeit herausgefordert ist, tritt der Geiz zurück, denn die Sexualität ist in sich stärker und macht den Betreffenden zum Sklaven ... Wenn dieser Mensch sich auf den Pfad der Tugend und Heiligkeit begibt, muß er schrecklich mit sich kämpfen und seinen Wunsch niederhalten, herumzukommandieren und auf sich aufmerksam zu machen."[5]

Über den heiligen Paulus vom Kreuz, der ebenfalls Levitationen hatte und für seine Selbstzüchtigung mit einem Bußgürtel bekannt ist, schreibt Pater Moretti:

„Er ist eher für amoralische denn moralische Dinge geboren ... Seine Charakterschwäche macht ihn nachgiebig, und die sexuelle Verführbarkeit kann ihn überwältigen.

Natürlich könnte er sich dem Guten zuwenden, aber es wäre für ihn ein dauerndes Martyrium, wenn er seine Neigungen besiegen wollte ... Gegen seine Natur zu sein wäre ein dauernder harter Kampf.“[6]

Als letzte graphologische Analyse zitieren wir die von Jean Marie Vianney, dem bekannten Pfarrer von Ars, der sein Leben lang gegen psychokinetische (Klopflaute) und telekinetische Erscheinungen kämpfen mußte. Der Heilige interpretierte sie als Angriffe des Teufels. Die Phänomene erzeugte er jedoch selbst als Folge seines inneren Kampfes gegen sexuelle Versuchungen, wie Pater Moretti meint:

„Charakter: ... Seine leichte Verführbarkeit ist stärker als seine Selbstkontrolle ... Um einen Sieg davonzutragen, macht er von der Vernebelung geistiger Fähigkeiten Gebrauch. Er ist bestimmt von einer ideologischen Unordnung, von dunklen, verwirrten Ideen. Er könnte leicht verführbar sein und zu einem Menschen werden, der seine Sinnlichkeit ganz auslebt.

Um die schlechten Wünsche zu bekämpfen, die mit seiner leichten sexuellen Verführbarkeit einhergehen, müßte der Betreffende eine hohe Willenskraft aufwenden, die mit einer Gluthitze vergleichbar wäre ... Doch wäre es ein Kampf zwischen zwei ungleichen Gegnern.

Die sexuelle Verführbarkeit ist deutlicher ausgeprägt und viel stärker als die Zurückhaltung und die Nüchternheit. Der Betreffende würde unter unsäglicher Pein leiden, um siegreich aus diesem Kampf hervorzugehen. Er müßte sich fast ganz der göttlichen Gnade ausliefern.

In diesem Falle wäre er ein ganz besonderer Heiliger. Er würde die göttliche Gnade in ihrer ganzen Größe demonstrieren.“[7]

Pater Moretti schreibt: „Man tut den Heiligen nicht unrecht, wenn man ihre oft schlechten natürlichen Veranlagungen entschlüsselt.

Vielmehr legt man Ehre für sie ein, wenn man zeigt, welchen Weg sie zurücklegen mußten, um zur Heiligkeit zu gelangen. Heilige sind nicht von Natur aus so geworden, sondern weisen alle möglichen Temperamente und Charakterzüge auf. Auch aus schlechtesten Anlagen kann mit Hilfe der Gnade Gottes und des Willens ein moralisch vollkommener Mensch hervorgehen."[8]

Pater Moretti kannte bei der Analyse der Schrift von Heiligen nicht ihre Namen. Doch sagte er oft zu seinem Mitarbeiter: „Sie wissen nicht, wieviel dieser Heilige gelitten hat." Oder: „Ich glaube, daß er heilig ist, denn um eine solche Veranlagung zu überwinden, braucht man mehr als Heiligkeit." Und weiter: „Was für ein Verbrecher wäre daraus hervorgegangen, hätte er nicht den Weg der Demut eingeschlagen." Über die heilige Theresia vom Kinde Jesu sagte er zu Pater Luisetto: „Wenn Sie wüßten, was für eine Halbweltdame diese Heilige hätte werden können."

Ich weise darauf hin, daß Heilige, die in größerem Umfang unter Neurosen leiden, also unter einem Bruch zwischen der existentiellen Realität und den eigenen Trieben, auch gleichzeitig meistens psychokinetische Erscheinungen haben. Andere Heilige, die nach der graphologischen Analyse nicht unter diesen Störungen litten, zeigten auch qualitativ und quantitativ andere mystische Phänomene.

Beim unerhörten Zusammenprall zwischen Stolz, Sexualität, Macht und Selbsthingabe an Gott braucht der Mensch unbewußt eine Hilfe, einen objektiven, materiellen Beweis. Psychokinetische Erscheinungen (Levitationen, Verströmen von Düften, Klopflaute, Bewegungen von Gegenständen) werden vom Glauben durch psycho-physische Integration hervorgebracht. Der energetische Mechanismus hierfür ist uns unbekannt, doch gibt es ihn sicher.

Bei allen Heiligen und Mystikern werden die psychokinetischen Phänomene vom Glauben bewirkt. Bei neurotischen Menschen sind diese Erscheinungen stärker ausgeprägt, weil der Glaube öfter angerufen wird, um eigene Schwächen zu bekämpfen.

Die wahre teuflische Besessenheit

Das Rituale Romanum von Paul V. war das erste Rituale, das für die ganze Kirche gültig war – bis zum Jahr 1952. Es gibt Hinweise darauf, wie man eine „Besessenheit durch den Teufel" erkennen kann. Der Text lautet: „Mit wechselnden Ausdrücken verschiedene Sprachen sprechen oder jene Menschen verstehen, die sie sprechen; weit entfernte oder verborgene Dinge enthüllen; Kräfte zeigen, die größer sind als dem Alter oder der Verfassung der Person angemessen; weitere ähnliche Erscheinungen, die in größerer Zahl stärkere Indizien darstellen."[9]

Die Theologie der Vergangenheit betrachtete solche Erscheinungen als teuflischen Ursprungs, da alle Vorgänge erst später durch die Parapsychologie eine Erklärung erfuhren. Tatsächlich handelt es sich um paranormale oder rein psychische Erscheinungen, wenn jemand eine fremde Sprache spricht oder sie versteht. Dafür gibt es auch einen wissenschaftlichen Ausdruck: *Xenoglossie.*

„Jemanden verstehen, der eine fremde Sprache spricht" bezeichnet einen telepathischen Vorgang. Die Ideen, die verbal in einer fremden Sprache ausgedrückt werden, kann ein anderer auch auf unbewußte Weise empfangen. Es ist dazu nicht notwendig, die einzelnen Vokabeln zu kennen. Solche Erscheinungen treten normalerweise auf, wenn die betreffenden Personen sich am selben Ort befinden. Die Hypothese der Telepathie wird dann zu einer konditionierten, bedingten Telepathie oder einer psychischen Integration, d. h. zu einer psychischen Kommunikation. Diese Erscheinung konnte zur Zeit, als das Rituale Romanum verfaßt wurde, nicht wissenschaftlich erklärt werden.

„Mit wechselnden Ausdrücken verschiedene Sprachen sprechen" ist eine rein psychische Erscheinung, die wir als eines der vielen Talente des Unbewußten betrachten können. Ich meine damit, daß im Erwachsenenalter aus dem Unbewußten die Erinnerung an eine Sprache hochsteigt, die der Betreffende in seiner Jugend gesprochen oder gehört hat.

Ich berichte hier nur über einige wenige Vorfälle dieser Art:

– Eine Frau begann während eines Fieberanfalls eine Sprache zu sprechen, die allen Umstehenden unbekannt war. Man stellte fest, daß es sich um Hindi handelte und daß die Frau 60 Jahre zuvor, bis zu ihrem vierten Lebensjahr, in Indien gelebt hatte.

– Eine junge Frau deklamierte in der Hypnose ein längeres Stück auf lateinisch. Diese Sprache kannte sie nicht. Bei genauen Recherchen fand man heraus, daß ein Onkel der jungen Frau Jahre zuvor denselben lateinischen Abschnitt in einem Zimmer rezitiert hatte, neben dem das Mädchen damals krank im Bett lag.

– Ein Kind begann nach einem Schädeltrauma chinesisch zu sprechen. Dies erzählte zumindest die Mutter des Kindes dem Jesuitenpater Heredia. Die Mutter meinte, es müsse sich um Chinesisch handeln, weil ein chinesischer Wäscher dies nach Anhören von ein paar Worten des Kindes bestätigt hatte. Die Frau fürchtete, ihr Kind sei vom Teufel besessen. Padre Heredia bat zwei Chinesen, sie sollten das Mädchen auf chinesisch fragen, welche Blüte Kaliforniens sie bevorzuge. Das Kind antwortete auf chinesisch, doch lautete die Aussage: „Zwei Servietten, drei Kissenbezüge, sechs Paar Socken, drei Taschentücher.“[10] Und darunter war auch eine Reihe von Schimpfwörtern.

Im letzten Fall handelte es sich natürlich nicht um eine teuflische Besessenheit, sondern um Auswirkungen des Schädeltraumas. Das Kind hatte gehört, wie die Chinesen die Wäschestücke für seine Mutter zählten. Als es bewußtlos dalag, stiegen die gehörten und ins Unbewußte aufgenommenen Wörter auf, ohne daß das Kind wirklich chinesisch sprechen konnte. Hypnotische, fiebrige, traumatische und mystische Zustände begünstigen solche Phänomene, die überhaupt nichts Paranormales an sich haben, sondern einfach in das Gebiet der reinen Psychologie gehören.

Es besteht auch die Möglichkeit, daß jemand, der eine fremde Sprache nicht kennt, auf eine entsprechende Frage in dieser Sprache sinnvoll antwortet. Die Erklärung könnte folgendermaßen lauten: Durch psychische Kommunikation nimmt das Subjekt nicht nur den Sinn der Frage, sondern auch die Antwort wahr, weil der Fragende mit seiner Frage unbewußt auch eine Antwort assoziiert.

1886 fand in der französischen Stadt Nancy der Fall einer angeblichen diabolischen Intervention statt. Heute können wir ihn leicht durch psychische Kommunikation oder Integration erklären.

Ein junger Lehrer hatte mit Versuchen zum automatischen Schreiben begonnen. Dieses besteht darin, daß das „pathologische, kreative unbewußte Ich“ an die Oberfläche tritt und sich über Automatismen ausdrückt. Sie führen die Hand beim Schreiben, ohne daß es dazu eines bewußten Wollens bedarf. In der Folge veränderte sich das seelische Gleichgewicht des jungen Mannes, und es kam zu einer Spaltung seiner Persönlichkeit.

An einer Sitzung nahmen Pater Garo, Kanoniker an der Kathedrale von Nancy, und weitere sechs Priester teil, die in einem geschlossenen Umschlag Fragen bei sich hatten, auf die der junge Mann antworten sollte. Auf alle diese Fragen gab er schriftlich die richtigen Antworten. Die Antwort auf eine dieser Fragen bestand aus einem lateinischen Satz; es war zwar keine direkte Antwort, doch paßte er zur Frage.

Der Lehrer konnte kein Latein, und aus dieser Tatsache schlossen die sieben Priester, daß nur der Teufel diese Antwort geben konnte. Der Vorfall wurde in der Revue Spirite vom Januar 1886 beschrieben, ohne daß aber eine definitive Erklärung dafür abgegeben wurde.

Heute fällt uns die Erklärung leicht, da wir doch mehr wissen über die Telepathie. Es handelte sich um eine Telepathie, die von der Präsenz der Priester bedingt wurde. Durch psychische Integration konnte der junge Mann direkt zu den Antworten gelangen.

Im Hinblick auf die lateinische Antwort möchte ich die Erklärung des Jesuitenpaters Oscar Quevedo wiedergeben, der heute auf parapsychologischem Gebiet als die größte Autorität in Lateinamerika gilt: „Es ist nichts Merkwürdiges an der Tatsache, daß ein katholischer Lehrer schon lateinische Sätze gehört hat. In der Kirche hörten wir sie alle. Ebensowenig fällt es auf, daß er mindestens unbewußt den Sinn einiger lateinischer Sätze kannte, entweder weil sie verständlich waren oder weil sie ihm einmal erklärt wurden. Der Lehrer erinnerte sich nicht mehr bewußt an die Sätze und an ihre Bedeutung, aber das Unbewußte vergißt nichts.“[11]

„Weit entfernte oder verborgene Dinge enthüllen“: Dieser Ausdruck meint Phänomene der Telepathie und des Hellsehens und vielleicht auch Präkognition, soweit es sich um zeitlich entfernte Dinge handelt. Der Kommunikationsfaktor liefert die Informationen für das Unbewußte, wobei er sich in den genannten Erscheinungen konkretisiert.

„Kräfte zeigen, die dem Alter oder dem Zustand der Person nicht angemessen sind“: Abgesehen von der Tatsache, daß der Mensch unter hysterischen Bedingungen oder bei einer Aggression ungeahnte Kräfte entwickeln kann, kann es hier auch zu einer psychokinetischen Intervention im weitesten Sinn des Wortes kommen. Wenn also ein Mensch unbewußt Bewegungen von Gegenständen, die von ihm getrennt sind, verursachen kann (Poltergeist), dann sollte es eigentlich um so leichter sein, selbst schwere Dinge hochzuheben, weil ja noch die natürliche Körperkraft dazukommt.

Jahrhundertelang interpretierten die Theologen die drei aufgeführten Punkte des Rituale Romanum als sichere Beweise für einen Eingriff des Teufels.

Monsignore Corrado Balducci, der diese Dinge sorgfältig untersuchte, bemerkt allerdings, man habe das Rituale Romanum vielleicht nie richtig gelesen. Es bezeichne nämlich die drei Punkte nur als „wichtige Indizien“ und nicht als sichere Beweise einer teuflischen Besessenheit. Das sei vielen Theologen ins Stammbuch geschrieben. Jedenfalls stimme ich der Bemerkung von Monsignore Balducci zu.

Überhaupt nicht einverstanden bin ich dort, wo es darum geht, die Zeichen einer teuflischen Besessenheit auszumachen. Ich bin hier gerade der gegenteiligen Überzeugung. Monsignore Balducci behauptet tatsächlich, die „parapsychologische Phänomenologie ist, wenn sie zur psychischen hinzukommt, stets ein wahres Indiz für die Besessenheit“.[12] Meiner Meinung nach hängt die paranormale Phänomenologie psychokinetischen Typs, wie in den vorhergehenden Kapiteln bewiesen wurde, mit pathologischen oder präpathologischen Zuständen zusammen: Poltergeist, Spiritismus, Mystizismus und Spuk sind Zeichen eines inneren Leidens, auch wenn diese nicht nach außen dringen.

Die außersinnliche Phänomenologie beruht fast ausschließlich auf emotionalen und oft pathologischen Auslösern. Es ist also ein psychisches Unwohlsein, das paranormale Erscheinungen im Rahmen der angeblichen teuflischen Besessenheit auslöst.

Bei der Besessenheit durch den Teufel, die ich als gläubiger Mensch nicht leugne, können „auch“ psychische Störungen, paranormale Erscheinungen sowie alle möglichen Zustände des Menschen einschließlich des völligen Fehlens sichtbarer Symptome auftreten. Vielleicht ist das die wahre teuflische Besessenheit, denn den Teufel interessieren Fakten zur Verbreitung des Bösen und nicht Spielchen mit Symptomen, welche die naive Phantasie des Menschen in Beschlag nehmen.

Ich möchte aus parapsychologischer und psychologischer Sicht den Fall untersuchen, den Monsignore Balducci als typischen Fall einer „teuflischen Besessenheit" darstellt.

Marcella begann im Alter von 13 Jahren (ein ideales Alter für Poltergeist- und selbsterzeugte Spukphänomene) Schmerzen im Magen und im rechten Arm zu spüren (wahrscheinliche Somatisierung unbewußter Familienprobleme). Bestätigt wird diese Hypothese, die von Anpassungsproblemen im jugendlichen Alter ausgeht, von der Tatsache, „daß das Mädchen im Elternhaus normalerweise eine Temperatur von 39 °C aufwies, während diese außerhalb auf 36 °C und sogar 35 °C fiel."[13]

Das Ansteigen der Körpertemperatur im Elternhaus ist ein „unmißverständliches Symptom" eines unbewußten Unwohlseins im Rahmen der Familie.

„In den letzten Jahren wurde ihr der Aufenthalt im Elternhaus unerträglich, besonders nachts; sie zitterte, bekam keinen Atem, konnte kein Auge zumachen, schrie ..." Könnte man eine bessere Beschreibung nächtlicher Alpträume einer Person mit großen seelischen Störungen geben? „... und ihr Appetit ging dauernd zurück (Symptome einer Anorexi), so daß sie am Ende nur noch zwei Eidotter pro Tag aß und nichts anderes mehr schlucken konnte."[14] Hier liegen die Dinge nicht so klar, aber man könnte versuchsweise von einem Bolus hystericus sprechen.

Es war die Umgebung, das Elternhaus, das Zusammenleben in der Familie, das bei dem jungen Mädchen die Phänomene hervorrief. Wie bei den klassischen Fällen von Poltergeistern, die verschwanden, wenn die Heranwachsenden ihre Familie verließen, so ging es auch Marcella viel besser, wenn sie nicht im Kreis ihrer Familie war. Tatsächlich „aß und schlief sie ruhig, und es blieb nur jene dauernde Störung am Magen und am rechten Arm".[15]

„Sobald sie aber wieder nach Hause zurückkehrte, spürte sie eine grundlegende Veränderung: Die Temperatur stieg, sie hatte keinen Appetit, sie phantasierte, atmete nur unter Schwierigkeiten, schlief nicht."[16]

Schließlich ließ sich die nunmehr 23jährige Marcella, skeptisch zwar, zu einem Exorzismus überreden. Während dieses Exorzismus kam die Überraschung, wie sie typisch ist für spiritistische Zirkel: die Veränderung der Stimme der jungen Frau, die in den Bariton fiel und auf die Frage „Wer bist du?" antwortete: „Ich bin der Freund dessen, den du vor kurzem exorziert hast."[17] Tatsächlich hatte vorher schon ein Exorzismus stattgefunden.

Dieser Vorfall, ein klares Beispiel für „bedingte Telepathie" oder psychische Kommunikation, stellt den Anfang dieses pseudodiabolischen Geschehens dar. In dessen Verlauf zeigt sich das Talent des Unbewußten.

Die junge Frau war bewußt skeptisch gegenüber dem Exorzismus, doch in ihrem tiefen Unbewußten hatte sich ihre Kreativität in Gang gesetzt. Das Unbewußte ist wie ein Papiertaschentuch, es ist verspielt und dramatisch wie ein Kind und hat in diesem Fall mit der Schaffung der Identität der zehn Dämonen begonnen, denen die junge Frau unterworfen war. Dieser Vorgang zeigt Parallelen zu den Vorgängen um die Geister Verstorbener beim Spiritismus. Es handelt sich um eine Spaltung der Persönlichkeit; es treten fiktive Personen hervor, d. h. die zehn Dämonen. Bei dieser großen, unbewußt theatralischen Inszenierung, die sich nun nach und nach entfaltet, sind vielleicht schon die Vorbedingungen für das große Finale gegeben: die Heilung.

Die junge Frau konnte nun beim Exorzismus all das ausleben, was sie in sich unterdrückt hatte. In dieser Form kann der Exorzismus übrigens eine sinnvolle Therapie für die Seele sein. Vom Teufel soll später die Rede sein.

Ich kann hier aus Platzgründen nicht Zeile für Zeile den ganzen Exorzismus kommentieren. Ich will hier nur die bedeutsamsten Phasen zusammenfassen und kommentieren, damit klar wird, wie sich die Phantasien des Unbewußten symbiontisch mit der „psychischen Integration" der anwesenden Personen ausdrücken.

Zunächst schafft das pathologische, kreative unbewußte Ich einen Grund für die Störungen. In diesem Fall war es eine Böswilligkeit mit klassischen mittelalterlichen Zutaten: Kröte, Blut, Haare, Personen, die Erzählungen in der Familie oder unbewußten Wahrnehmungen zufolge den Eltern des Mädchens gegenüber feindselig eingestellt waren. Vor allem tauchte in Marcellas Kopf die Erinnerung an einen merkwürdigen Wein auf, den sie mit zehn Jahren getrunken hatte. Bei der unbewußten Rekonstruktion treten manche Dinge ans Tageslicht hervor, die wir vor allem von der Gegenreformation kennen. Ihren Schmerz im rechten Arm begründete sie zum Beispiel mit der Tatsache, daß darin einer der zehn teuflischen Geister seinen Sitz habe.

Dann enthüllte sie, der Teufel sei während einer spiritistischen Sitzung aufgerufen worden. Das stimmt mit der klassischen Interpretation des Spiritismus durch die Theologie vergangener Zeiten überein. Als gläubiger Mensch bin ich überzeugt, daß der „Herr des Bösen“ durchaus zufrieden ist mit dem Spiritismus, weil es sich um eine Lehre handelt, die zur spirituellen Verwirrung führt. Ich sehe den Teufel hier aber eher als Nutznießer, der sich in „natürliche“ Tatsachen eingeschlichen hat, um sie für seine Zwecke zu verwenden. Wie ein Dieb von einem Menschenauflauf Gebrauch macht, um zu stehlen, so nutzt der Teufel beim Spiritismus die Tatsache, daß unbedarfte Menschen Dinge glauben, die nur Früchte des „Talents des Unbewußten“ sind. Der Teufel ist also nicht der Urheber paranormaler Erscheinungen, sondern diese gehen ausschließlich auf den Menschen zurück. So war auch im Fall von Marcella die „Enthüllung“ aus dem talentierten Unbewußten der jungen Frau hervorgegangen.

Marcella zeigte auch Kräfte, die ihrem Alter unangemessen waren. Sie konnte auch ihr Gewicht verändern, so daß fünf kräftige Personen gerade ausreichten, um die ohnmächtig gewordene Frau zu transportieren. Diese Erscheinung ist das Gegenteil der Levitation (von der wir schon an anderer Stelle gesehen haben, daß auch sie bei einer angeblichen teuflischen Besessenheit vorkommen kann).

Dann folgten Phänomene psychischer Integration, etwa das folgende: Marcella korrigierte den Geistlichen während des Exorzismus, der sie auf lateinisch befragte, und sagte ihm: „Lerne die Sprache besser.“ Der Pater hatte tatsächlich einen Fehler gemacht, kannte in seinem Unbewußten aber die richtige Version, so daß die junge Frau dies wahrnehmen konnte. Auch die Tatsache, daß Marcella einen Mann schlug, der sie mit einer Reliquie berührte, ist der „bedingten Telepathie“ zuzuschreiben.

Der ganze Exorzismus wurde von hysterischen Szenen, Verwünschungen und einer Aversion gegenüber dem Heiligen begleitet. Das läßt sich damit erklären, daß die Familie ihr Christentum auch praktizierte. Wahrscheinlich hatte das Mädchen eine Beziehung zur Religion, die zu stark von den Eltern geprägt war und die ihrer Autonomie enge Grenzen setzte. Die Aversion gegenüber der Familie wurde damit auch zu einer Aversion gegenüber dem Heiligen.

Wir können selbstverständlich davon ausgehen, daß das ganze klassische Verhaltensrepertoire des Besessenen dem Geistlichen während des Exorzismus vor Augen stand und daß die junge Frau alle diese Informationen aufnehmen konnte, um sich der Rolle, die sie unbewußt interpretierte, anpassen zu können. Aus diesem Grunde sprach ich eingangs von einer symbiontischen psychischen Integration.

Aus der Beschreibung dieses Exorzismus kann man schließen, daß es sich, abgesehen vom religiösen Aspekt, um ein „Psychodrama“ mit einigen paranormalen Erscheinungen und schließlich befreiender Wirkung handelte.

Es gibt einen Teufel, aber er zeigt sich nicht so, wie oben beschrieben. Die wahre „teuflische Besessenheit“ äußert sich in einer fundamentalen Wahl des Bösen. Sie äußert sich in der stummen Intelligenz des Drogenhändlers, des Wucherers und des Finanzhais, die keinerlei Rücksichten mehr kennen, oder im Verhalten des Produzenten gewalttätiger und pornographischer Filme, die für Geld ihr Gewissen ausgelöscht haben.

Der Teufel des Jahres 2000 muß nicht seinen verborgenen Sitz in einem Arm haben und steht auch nicht hinter paranormalen Erscheinungen – um so weniger, als diese heute einer wissenschaftlichen Erklärung viel näher sind.

Dieser paranormale und hysterische „Teufel“ ist nur ein Schutzschild, hinter dem sich seit jeher der wahre Dämon verbirgt. Er zeigte sein wahres Gesicht während der Vergangenheit im Krieg, in der Gewalttat, in der Verfolgung und in der Korruption. Dieser Dämon sitzt im Herzen der Menschen, der Mächtigen, der Männer der Kirche und der ganz normalen Leute. Der wahre Teufel verführt uns zu einer Wahl für das Böse, er korrumpiert uns.

Die Wissenschaft hat in den „mediumistischen Psychosen“ Persönlichkeitsspaltungen entdeckt, die sich in der „Schaffung“ der „Geister Verstorbener“ äußern. Die „Dämonen“ sind in gleicher Weise subjektiv authentische, objektiv aber nur vorgetäuschte Persönlichkeiten, die in der kranken oder der Suggestion unterworfenen Seele hausen.

Ich glaube an Jesus Christus, den Sohn Gottes. Er vertrieb die „Dämonen", von denen Kranke geplagt wurden. Konnte Christus der Kultur seiner Zeit die Realität der „Persönlichkeitsspaltung" erklären? Vielleicht wußte er als Mensch selbst nichts davon (als Teilhaber an der Heiligen Dreifaltigkeit stellt sich dieses Problem natürlich nicht). Auf der anderen Seite ist es nicht die Aufgabe der Heiligen Schrift, wissenschaftliche Belehrungen zu bieten.

Als Christus mit seinem Eingreifen diese fiktiven Persönlichkeiten eliminierte, bereitete er gleichzeitig dem Satan eine Niederlage. Tatsächlich waren diese Persönlichkeiten Auswirkungen dieser Wahl für das Böse.

Die Befreiung von Satans Macht, wie sie uns Christus vorgelebt hat, reicht über das dargelegte wissenschaftliche Konzept hinaus. Christus lag im Kampf gegen den „Geist des Bösen". Das war der Zweck seines Kommens. Deswegen wage ich es nicht, diese Realität zu leugnen, die impliziert, daß Christus auch konkret Satan vertrieben hat. Wenn wir alle Fälle des Exorzismus durchgehen, die in den Evangelien stehen, so kommt man zum Schluß, daß mindestens in einem oder vielleicht auch mehreren Fällen Christus Satan gegenüberstand und mit ihm kämpfte.

Vor den Menschen seiner Zeit und für alle Zukunft bezeugte Christus, daß wir vom „bösen Geist" frei sein können, wenn wir uns ganz in seine Hände begeben, denn er ist letztlich der Stärkere.

Aus diesem Grund bleibt der Exorzismus als Mittel zur Befreiung aktuell.

Der wahre Exorzismus des dritten Jahrtausends besteht jedoch darin, daß wir den Dämon mit einem gelebten Glauben bekämpfen, unser persönliches Leid voller Hoffnung tragen, für die anderen Mitleid empfinden und danach handeln und somit Zeugnis ablegen in einer säkularistischen Welt. Der heutige Teufel spielt keine paranormalen Spielchen mehr, sondern lenkt die großen Spiele sozialer und persönlicher Macht.

Mißverständnisse in der Parapsychologie

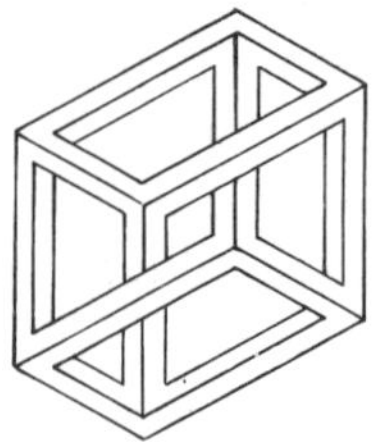

Parapsychologe, Psychomiletiker und Mittel paranormaler Kommunikation

Der Forscher

Die wissenschaftliche parapsychologische Forschung will durch Interpretation paranormaler Erscheinungen unsere Kenntnisse erweitern und neue Wege beschreiben. Sie will auch die gegenseitigen Beziehungen zwischen den Phänomenen klarlegen und herausfinden, wie sich die erzielten Entdeckungen praktisch nutzen lassen. Die Parapsychologie ist als moderne Wissenschaft erst im Werden begriffen und wird deswegen, von wenigen Ausnahmen abgesehen, nur von nebenberuflichen Forschern betrieben. Zu den Eigenschaften eines Forschers gehört die Fähigkeit, bekannte Pfade des Denkens zu verlassen, neue Wege zu gehen und neue Modelle zu entwickeln. Typisch für den wahren Forscher ist auch eine „innere Berufung“. Sie bereitet ihm Befriedigung und die größte Freude, beides ist ihm wichtiger als finanzielle Entschädigungen. Das schließt aber nicht aus, daß es diese ebenfalls geben muß. Weil aber Finanzierungsmittel fehlen, gibt es vorerst kaum jemanden, der parapsychologische Forschung hauptberuflich betreibt. Geld steht deswegen nicht zur Verfügung, weil man der parapsychologischen Forschung, zur Zeit zumindest, jede praktische Bedeutung abspricht. Dies führt dazu, daß interessierte und auch sehr fähige Forscher von diesem Gebiet abgehalten werden. Das ist zur Zeit die Situation in der Parapsychologie. Es sind nebenberufliche Forscher, welche die Grundlage für die zukünftige Parapsychologie legen.

Der Psychomiletiker

Als Psychomiletiker bezeichnen wir eine Person, die paranormale Erscheinungen erlebt. An dieser Stelle müssen wir einen Irrtum bereinigen, der häufig und oft bewußt begangen wird. Viele „Magier", „Hellseher", „Medien" oder „Sensitive" versprechen in ihrer Werbung nicht nur jede Menge, sondern behaupten auch mit schöner Regelmäßigkeit, sie seien Parapsychologen. Dieser Begriff wird hier aber mißbräuchlich verwendet. Der Parapsychologe ist ein Wissenschaftler, der Bücher oder Artikel schreibt und die entsprechenden Phänomene kritisch untersucht. Der Psychomiletiker ist während seines persönlichen Lebens von Phänomenen umgeben, die ihn irgendwie „anders" erscheinen lassen. Aus diesem Grunde wurden diese Menschen früher von der Gesellschaft oft ausgegrenzt.

Die Hexen, die bis ins 18. Jahrhundert hinein gefoltert und umgebracht wurden, waren oft Psychomiletikerinnen. Sie waren telepathisch begabt und konnten Gedanken wahrnehmen; sie hatten hellseherische Talente und waren imstande, innerhalb gewisser Grenzen die Zukunft vorauszusagen; als Psychokinetikerinnen konnten sie entfernte Gegenstände bewegen. Sie wurden früher der „Buhlschaft mit dem Teufel" angeklagt und verbrannt, weil die Wissenschaft damals diese Phänomene nicht anders erklären konnte. Bisweilen verurteilte man auch einfach seelisch kranke Menschen, Menschen mit Halluzinationen und auch ganz gesunde Personen, die als vom Teufel besessen denunziert wurden.

Im allgemeinen flößt der unbekannte Ursprung paranormaler Erscheinungen seit jeher Angst ein, weil diese die Ruhe, die Ordnung und das Gleichgewicht einer konformistischen ängstlichen Gesellschaft stören, die das Problem des Paranormalen auch gar nicht studieren und begreifen will. Solche Gesellschaften zogen Verfolgung, Ausgrenzung oder Lächerlichmachen vor, auch wenn das abergläubische kleine Volk sich dann doch solcher paranormal begabter Menschen bediente.

Heute haben die bekannten Psychomiletiker ein anderes Schicksal. Angesichts der Konsumhaltung auch im okkulten Bereich stehen sie im Zentrum des Interesses – auch des finanziellen Interesses. Psychomiletiker wie Uri Geller und Matthew Manning sind des Medieninteresses sicher und laufen auch nicht mehr Gefahr, der Hexerei angeklagt und verbrannt zu werden. Natürlich sind die Meinungen über sie noch geteilt: Bei den Skeptikern stoßen sie nur auf Ironie, während sie bei jenen, die außersinnliche Wahrnehmungen mit Hexensabbat verwechseln, auch Angst und Furcht auslösen.

Eine ganz andere Welt ist die der angeblichen Magier (echte Magier gibt es nicht), der sogenannten Medien und der verschiedenen Sensitiven, die Erfolg, Heilung und Befreiung von Fetischen versprechen. Das ist in jedem europäischen Land ein Riesengeschäft mit jeweils etwas anderen landestypischen Akzenten. In Deutschland überwiegt das sogenannte Hellsehen und die Zukunftsdeutung, in Italien vor allem die Befreiung von „Fetischen". Jedenfalls finden diejenigen, die diesen „Beruf" ausüben, immer genügend einfältige Kunden, die eine Menge Geld bezahlen. Ihre Suggestionskraft beruht meistens auf Hyperästhesie und auf psychischer Integration.

Wie bereits angedeutet, ist der Glaube an die Fetische in Süditalien besonders ausgeprägt. Ein Pfarrer in Palermo, Don Salvatore Caione, sah sich veranlaßt, in seiner Pfarrei entschieden gegen diesen Aberglauben aufzutreten. Er heftete einen Zettel an die Tür seines Gotteshauses: „Fetische gibt es nicht, geben Sie also zur Abwendung keine Millionen aus. Auch der sogenannte Magier existiert nicht. Mehr Glauben!" Während eines Gottesdienstes öffnete er vor den Augen der Gläubigen ein Päckchen, das solche Fetische enthielt, um zu zeigen, daß man entgegen der weitverbreiteten Ansicht in Sizilien dem Aberglauben die Stirn bieten muß.

Dazu kommt, daß die Konsumhaltung im okkulten Bereich auch die Glaubwürdigkeit authentischer Phänomene schwer erschüttert hat.

Mittel der Kommunikation

Paranormale außersinnliche Erscheinungen können spontan auftreten, wenn sie ohne Hilfsmittel durch Träume, Intuition und Visionen ins Licht des Bewußtseins aufsteigen. Sie können auch experimentell stimuliert und erzeugt werden und brauchen dann ein Mittel, um sich zu manifestieren. Dieses Mittel ermöglicht es dem Unbewußten, telepathische, hellseherische oder präkognitive Phänomene zu äußern.

Es gibt unzählige solcher Mittel, und stets können neue dazuerfunden werden. Es reicht aus, daß der Psychomiletiker glaubt, das Mittel sei geeignet, dann ist es auch geeignet. Es handelt sich hier um eine stillschweigende Übereinkunft des Psychomiletikers mit sich selbst, eine Überzeugung auf suggestiver Grundlage.

Die wichtigsten Mittel sind zur Zeit:

– das Pendel für die Radiästhesie und die Wünschelrute für die Rhabdomantie;

– die Buchstabentabelle für das automatische Schreiben (Buchstaben des Alphabets, angeordnet in einer bestimmten Reihenfolge);

– Karten für das Kartenlegen, das auf psychischer Integration beruht;

– die Hand in der Chiromantie oder Handlesekunst. Bei dieser speziellen Form möchte ich nicht die Möglichkeit ausschließen, daß nervös bedingte Kontraktionen der Hand sich so auswirken, daß gewisse Linien verstärkt hervortreten, die ihrerseits wieder psychische oder gesundheitliche Tendenzen verraten können.

– Das Tonbandgerät für die Psychophonie, d. h. die Aufnahme von Stimmen, die vom Unbewußten produziert werden. In diesem Fall ermöglicht es das Mittel, ein psychokinetisches Phänomen zu manifestieren, durch das auch außersinnliche Phänomene deutlich werden können.

Es gibt noch weitere Mittel zur Kommunikation, zum Beispiel Würfel, Nadeln, Bücher, die zufällig auf einer beliebigen Seite aufgeschlagen werden (im Mittelalter war diese Bibliomantie unter der Bezeichnung „Sortes Virgilianae“ besonders beliebt), Kaffeesatz und Zahlen (Operationen mit Zahlen, die der Stellung der Buchstaben des eigenen Namens und dem Geburtsdatum einer Person entsprechen).

Verwirrung der Begriffe Magie, Parapsychologie und Geist

Es gibt verschiedene Gründe für die Menschen, sich für die Parapsychologie zu interessieren. Einige sind konkreter und positiver Art, etwa die authentische Neugier, die gerne die entsprechenden Phänomene und ihre Gründe erkennen möchte. Andere Triebfedern sind spiritualistischer Natur, zum Beispiel die Hoffnung, einen Beweis für das Überleben des Menschen nach dem Tode zu finden. Wir haben gesehen, wie diese Voraussetzung zu den naiven, phantasievollen Irrtümern des Spiritismus führte.

Die geistige und geistliche Krise unserer Zeit erzeugte auch ein konfuses Gefühl der Faszination gegenüber der lächerlichsten Magie und dem übelsten Okkultismus. Eigentlich handelt es sich um ein Bedürfnis nach Religiosität, das sich in Emotionen und geheimnisvollen Erfahrungen auslebt.

So kommt es zu vielfältigen und willkürlichen Interpretationen vorerst unerklärbarer Phänomene. Diese bekommen dadurch den Wert authentischer spiritueller Botschaften. Beispiele dafür sind die Mitteilungen angeblicher Lebewesen aus dem Weltraum, die von Gott ausgesandt wurden, um die Menschen zu erlösen (spiritualistische Interpretation des UFO-Phänomens). Es gibt auch paranormale Phänomene „magischer Zirkel“, die aufgrund einer „Tradition“ die Riten einer weit zurückliegenden Epoche erneuern und den Menschen damit Aberglauben und Chaos bieten.

Zu einer Täuschung führen auch die Hoffnungen all jener, die in der Parapsychologie um jeden Preis ein Mittel sehen möchten, um die geistige Seele des Menschen zu einer paranormalen Erscheinung zu deklassieren. Den Menschen mit sich selbst erklären zu wollen, ist nicht vernunftgemäß.

Es entspricht hingegen einer vernünftigen Auffassung, daß paranormale Erscheinungen nichts mit dem Göttlichen zu tun haben oder nur in genau dem Maße, als Gott die Natur und damit auch die paranormalen Erscheinungen geschaffen hat.

Paranormale Phänomene können wir als Interferenzen zweier Arten des Seins betrachten. Es sind hier das somatische oder körperliche Sein und das psychische oder seelische Sein.

Die Psyche ist der Ort, an dem sich die Erfahrung des Menschen konkretisiert; wo die bewußten und unbewußten Motivationen der existentiellen Wahlen entstehen. Die Psyche ist das Gepäck, das jeder als Ergebnis seiner Handlungen im Guten wie im Bösen in Anbetracht auch der eigenen Erziehung mit sich herumträgt.

Die psychische Komponente der Existenz ist die konkrete Folge des materiellen Lebens und der spirituellen Erfahrungen. Ob wir nun jetzt essen (materielle Erfahrung) oder beten (spirituelle Erfahrung), unsere Psyche registriert die jeweilige Aktivität als Erfahrung. Die psychische Komponente der Existenz ist die Synthese der menschlichen Erfahrungen, die wir mit uns herumtragen und die zur natürlichen Ordnung gehören.

Zur göttlichen Ordnung zählt die spirituelle Seele, die für den gläubigen Christen für ein ewiges Leben bestimmt ist. Meine Erfahrung in der parapsychologischen Forschung zeigte mir, daß man die Werteordnungen nicht vermischen darf. Die paranormale Erfahrung gehört der natürlichen, somatischen und psychischen Ordnung an.

Es kann sein, daß spirituelle Impulse, Gebete, mystische Augenblicke psychokinetische paranormale Erscheinungen auslösen. Das darf uns aber nicht verwirren. Die Impulse beeinflussen die Seele, die ihrerseits nach den allgemeinen Regeln der Schöpfung handelt und diese Erscheinungen hervorruft. Dasselbe findet in Personen und Situationen statt, die überhaupt nichts mit der Religion zu tun haben (Poltergeist).

In jeder Epoche, jeder Umgebung, jeder Kultur und jeder Situation sind paranormale Phänomene zu finden. Bereits das ist ein gültiger Beweis dafür, daß die religiöse Interpretation paranormaler Phänomene fehl am Platze ist.

Die Tatsache, daß eine Marienstatue weint, kann uns innerlich berühren und inspirieren, doch möchte ich daran erinnern, daß der Glaube keine Beweise braucht. Natürlich ist der Weg des Gläubigen nicht leicht, wenn man denn wirklich gläubig sein will ...

Das Pro und Contra der Parapsychologie

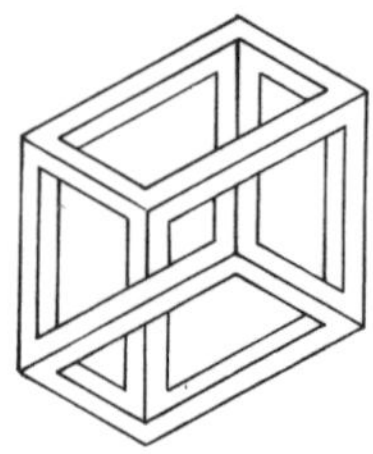

Die Kritik

Am 30. Mai 1978 übertrug das italienische Fernsehen eine Diskussion. Sie war der Abschluß einer polemischen Fernsehreihe, die der Redakteur Piero Angela über die Parapsychologie und verwandte Themen zusammengestellt hatte. Angela hatte dabei ein völlig negatives Urteil über die Existenz paranormaler Erscheinungen gefällt und sie Suggestionen und Betrügereien zugeschrieben.

Um diese Hypothese zu stützen, hatte Angela Forscher aus anderen Disziplinen interviewt; einige davon verfügten über parapsychologische Kenntnisse. Angela hatte auch Experimente durchgeführt mit Personen, die behaupteten, sie könnten paranormale Phänomene hervorrufen. Die Wissenschaftler, die in dieser Sendung zu Wort kamen, ließen keinen guten Faden an der Parapsychologie, und die Experimente mit den angeblich psychomiletischen Personen mißlangen.

Piero Angela sagte bei der anschließenden Diskussion, er habe sich folgende Fragen über die Glaubwürdigkeit paranormaler Erscheinungen gestellt und auch beantwortet:

– Wenn es keine paranormalen Erscheinungen gibt, muß man es sagen.
– Wenn es sie denn gibt, warum investieren Universitäten nicht mas-

siv in ein Fachgebiet, das mit Sicherheit die größte wissenschaftliche Revolution der letzten Zeit bedeuten würde?

Angela las in der Sendung auch eine Erklärung von sechs berühmten Wissenschaftlern vor, darunter einem Nobelpreisträger: „Obwohl wir keine negativen Vorurteile hegen, konnte noch keiner von uns solche Phänomene direkt beobachten. Keiner hat auch Kenntnis davon, daß es irgendeinmal gelungen sein sollte, wissenschaftlich die Existenz dieser Erscheinungen zu beweisen. Bis heute konnte noch keine Behauptung zugunsten paranormaler Erscheinungen so bewiesen werden, daß deren Aussagekraft von der wissenschaftlichen Welt anerkannt würde. Mit anderen Worten: Es gibt keine Beweise für die Existenz solcher Phänomene."

Die Parapsychologie verteidigt sich

Bei der Debatte war die wissenschaftliche Parapsychologie durch den Arzt und Psychotherapeuten Dr. Piero Cassoli vertreten, den Ingenieur Giorgio Salvadori und den Psychoanalytiker Emilio Servadio, der als ordentlicher Professor an der Universität Psychologie lehrt.

Piero Cassoli wies die Behauptung kategorisch zurück, er sei vom Psychokinetiker Uri Geller getäuscht worden, denn er habe mit eigenen Augen gesehen (zusammen mit einem anderen Genueser Arzt), wie sich ein Anhänger um 45 Grad verbogen habe, den Geller nur zu dieser Zeit und auch nicht vorher berührt habe. Cassoli sagte, wer die Gegenstände nicht berühre, könne auch keine Tricks damit anstellen.

Giorgio Salvadori warf Piero Angela vor, er habe gar nicht mit Vertretern der italienischen wissenschaftlichen Parapsychologie gesprochen. Sonst hätte er wohl mit seinen Behauptungen eine schlechte Figur gemacht. Salvadori zitierte in diesem Zusammenhang die Experimente, die Professor Ferdinando Bersani, der an der Universität Bologna Physik lehrt, mit drei „Mini-Gellers" durchführte.

Von diesen Mini-Gellers war schon die Rede: Es waren Kinder oder Heranwachsende im Alter von sechs bis 15 Jahren, die psychokinetische Erscheinungen vorführten (Verbiegen von Bestecken), nachdem sie im Fernsehen die Experimente von Uri Geller und die Vorführungen zweier Zauberkünstler gesehen hatten. Damals handelte es sich um eine Art psychische Ansteckung mit den Zügen einer Massenhysterie. Zu jener Zeit berichteten die Familienangehörigen via Telefon darüber, was natürlich nicht als wissenschaftlicher Beweis gelten konnte. Deswegen organisierte Professor Bersani ein Experiment.

Er legte in durchsichtige Dosen metallische und nichtmetallische Gegenstände. Die Dosen wurden mit einem Siegel luftdicht verschlossen, denn sie enthielten auch ein Gas, dessen Fehlen eine Manipulation des Siegels verraten hätte, sowie ein Röhrchen mit zwei farbigen Pulversorten, die sich bei der leisesten Berührung durchmischt hätten. Diese Vorsichtsmaßnahme wurde getroffen, um jeden Betrug auszuschließen. Die Experimente, das Verbiegen von Gegenständen, verliefen erfolgreich.

Professor Servadio meinte, wie es heute Zauberkünstler gebe, die behaupten, sie könnten mit Tricks paranormale Phänomene nachahmen, so habe es im vergangenen Jahrhundert andere Zauberkünstler gegeben, die eben dies verneinten. Als Robert Rodin, der vielleicht geschickteste Illusionist aller Zeiten, die paranormalen Phänomene des Alexis Didier sah, meinte er dazu: „Je mehr ich darüber nachdenke, um so weniger kann ich diese Erscheinungen zu den Dingen rechnen, mit denen ich mich beschäftige."

Bemerkungen

Zu dieser Fernsehsendung von Piero Angela möchte ich einige Bemerkungen machen. Ich gehe übrigens mit dem Autor konform, was den Spiritismus (nur im Hinblick auf den kreativen Aspekt und nicht auf paranormale Erscheinungen) und die Wunderheiler anbetrifft, mit denen ich mich in meinem nächsten Buch beschäftigen will.

Meine zwei Bemerkungen betreffen die Wissenschaftler und die angeblichen Sensitiven.

1. Die Erklärung der sechs Wissenschaftler, die auf ihrem Gebiet unumstrittene Autoritäten sind, ist nur als persönliche Meinung zu werten. Ihrer kategorischen Aussage kann man allerdings entnehmen,

daß sie gewisse Tatsachen nicht kennen, und diese möchte ich ins Gedächtnis zurückrufen.

– Die Forschungen, die in der Vergangenheit von untadeligen und berühmten Wissenschaftlern durchgeführt wurden, zeigten insgesamt (nicht in allen Episoden, denn es kam auch zu Betrügereien), daß es paranormale Erscheinungen gibt. Ich beziehe mich hier auf William Crookes (1832–1919), Nobelpreisträger für Physik, der unter rigorosen Bedingungen, die jeden Betrug ausschlossen, mit dem Medium Douglas Home experimentierte; ferner auf Charles Richet (1850–1935), einen Nobelpreisträger für Physiologie, der den Begriff „Metapsychik" (heute Parapsychologie) prägte, und auf Enrico Morselli (1852–1929), einen Neuropsychiater aus Genua. Er war zunächst Anhänger der materialistischen Schule, welche die Existenz paranormaler Erscheinungen leugnet, und erkannte dann deren Existenz aufgrund langer Versuchsreihen. Lassen wir es mit diesen drei großen Männern sein Bewenden haben.

– Ethnologische Studien zeigen uns, daß bei Stammesvölkern paranormale Phänomene häufig auftreten.

– 1969 nahm die American Association for the Advancement of Science (AAAS), die berühmteste wissenschaftliche Gesellschaft der Welt und Herausgeberin der Zeitschrift „Science", in ihre Reihen die Parapsychological Association auf, in der die amerikanischen Parapsychologen zusammengefaßt sind. Diese Tatsache stellt eine Anerkennung der wissenschaftlichen Methoden der Parapsychologie dar – allerdings auch nicht mehr.

– Mehrere Universitäten beschäftigen Professoren für Parapsychologie. Sie führten Experimente durch und bewiesen zweifelsfrei die Existenz paranormaler Erscheinungen.

Ich möchte hier die Schule von Professor Tenhaeff nennen, der den Lehrstuhl für Parapsychologie an der Universität Utrecht innehatte. Er führte Hunderte positiv verlaufener Platzexperimente mit dem sensitiven G. Croiset durch. Der Deutsche Hans Bender übernahm 1956 den Lehrstuhl für Parapsychologie an der Universität Freiburg, experimentierte ebenfalls mit Croiset, bestätigte die Erscheinung von Poltergeistern und entlarvte die Tätigkeit der philippinischen Wunderheiler. Auf die Experimente von Professor Rhine will ich nicht mehr eingehen, weil dies schon zur Genüge geschehen ist. Ich möchte nur noch bemerken, daß seine quantitativen Experimente nicht „unerläßlich" für den Beweis paranormaler Phänomene waren. Dafür reichten auch die qualitativen Experimente von Tenhaeff, Bender und von anderen aus.

Wenn also die sechs Wissenschaftler in ihrem Manifest von keinerlei wissenschaftlichen Beweisen sprechen, so hängt das mit einem offensichtlichen Informationsmangel zusammen.

2. Der zweite Punkt betrifft die Auswahl der psychomiletischen Personen. Es handelte sich offensichtlich um Menschen, die behaupteten, sie könnten gewisse Dinge tun. Den guten Willen dieser Menschen wollen wir nicht in Frage stellen, doch ist darauf hinzuweisen, daß es eine grundlegende Voraussetzung für die Planung eines parapsychologischen Experiments ist, daß auch wirklich wissenschaftlich überprüfte Psychomiletiker zur Verfügung stehen.

Dr. Cassoli hat ein Verfahren zur Feststellung parapsychologischer Fähigkeiten[1] eingeführt, das aus vier Phasen besteht:
– Anekdotische Phase, d. h. das Sammeln von mündlichen oder schriftlichen Berichten und Zeugnissen;
– Phase der Überprüfung, Pilotphase einer ersten Versuchsreihe;
– Phase der eigentlichen Versuche;
– Bestätigung durch andere Wissenschaftler.

Da Piero Angela bei seinen Fernsehexperimenten nicht mit Personen arbeitete, deren außersinnliche Fähigkeiten feststanden, muß man ihnen jegliche wissenschaftliche Beweiskraft absprechen.

Die Reproduzierbarkeit in der Parapsychologie

Seit den Zeiten von Galileo Galilei verlangt ein wissenschaftliches Experiment ein rigoroses Vorgehen. Es muß von anderen Menschen unter kontrollierten Bedingungen wiederholbar sein. Erst durch diese Reproduzierbarkeit gelten die Ergebnisse wissenschaftlicher Versuche als gesichert.

Diese Reproduzierbarkeit gilt für die exakten Naturwissenschaften, die Physik, die Chemie und auch die Biologie. Ihre Anwendung auf Wissensgebiete, die mit der Seele zu tun haben, etwa die klinische Psychologie, bringt erhebliche Probleme. Auch die Parapsychologie kämpft mit ähnlichen Schwierigkeiten wie die Psychologie, da der

Vorgang der paranormalen Kommunikation über archaische Wurzeln verläuft. Die Gründe liegen in der Tiefenpsychologie oder in pathologischen Zuständen.

Die qualitative Reproduzierbarkeit hängt stark davon ab, ob man auf einen geeigneten psychomiletisch veranlagten Menschen mit viel freier Zeit trifft. Natürlich stellt sich dabei auch ein Finanzproblem. Übt die betreffende Person einen psychomiletischen Beruf aus, so muß sie für die aufgewendete Zeit bezahlt werden. Bei der quantitativen Reproduzierbarkeit stellen sich dieselben praktischen Probleme.

Dennoch konnte die Reproduzierbarkeit in vielen Fällen nachgewiesen werden, wie der Leser nunmehr aus dem bereits Gesagten weiß.

Eine mutige Wissenschaft

Je mehr Fortschritte wir bei der Erklärung der Gesetzmäßigkeiten machen, die das Rätsel des Lebens steuern, um so mehr entfernt sich dieses Mysterium von uns. Es ist, als bestünde stets derselbe Abstand zu unseren Kenntnissen.

Ein Vergleich mag uns vielleicht helfen. Das Feuer wurde früher vom Menschen vergöttlicht, weil er zutiefst von dessen Eigenschaften und Gewalt beeindruckt war. Heute sind wir bei den raffiniertesten Laserapparaten angelangt. Der psychokinetischen Phänomenologie steht der Mensch an der Schwelle des dritten Jahrtausends mit primitiven wissenschaftlichen Erkenntnissen hilflos gegenüber und erklärt sie entweder auf spiritistische Weise oder leugnet sie gänzlich. Wir werden aber ähnlich wie beim Laser eines Tages zur Kenntnis der Gesetze oder der Gesetzmäßigkeiten gelangen, so daß wir parapsychologische Phänomene ohne Schwierigkeiten im Labor reproduzieren können.

Die Wissenschaft muß deswegen den Mut finden, sich in das Paranormale zu stürzen, in das scheinbar Irrationale, weil in den außersinnlichen Phänomenen wichtige Kenntnisse über die psychische und physische Dimension des Menschen verborgen sind.

Ich bin davon überzeugt, nicht weil ich glaube, sondern weil ich weiß. Ich habe mit intakten geistigen Fähigkeiten gesehen, wie Gegenstände die Schwerkraft überwanden und wie sie ihre Form veränderten. Diese und noch andere Phänomene zeigen uns deutlich, daß es noch unbekannte Naturgesetze gibt. Ich konnte solche Phänomene auch konstatieren, wenn die betreffende Person selbst nicht wußte, daß sie sie hervorbrachte, und dies auch gar nicht tun wollte. Wenn das Subjekt gar nicht weiß, was geschieht, und die ganze Situation keinen experimentellen Charakter trägt, so ist an einen Betrug gar nicht zu denken.

Die Wissenschaft sollte den Schleier lüften, den die Zeit, die Ignoranz und kulturell bedingte Interpretationen über paranormale Phänomene gebreitet haben. Sie verliert dadurch nicht ihre Identität und auch nicht ihre Würde. Es wird ihr vielmehr gelingen, der Natur Geheimnisse zu entreißen, die künftigen Generationen von großem Nutzen sein werden.

Die vier Bedingungen

Damit paranormale Erscheinungen auch als solche anerkannt werden, müssen sie vier Bedingungen genügen:

1. Intervention durch einen lebenden Menschen. Damit ist die spiritistische Hypothese ganz ausgeschlossen.
2. Unerklärbarkeit durch und Unvereinbarkeit mit den wissenschaftlichen Kenntnissen der betreffenden Zeit. Das Phänomen muß sogar den wissenschaftlichen Kenntnissen in zwei grundlegenden Punkten widersprechen, nämlich:
– Eine lebendige Person kann eine Information von der Außenwelt ohne Gebrauch der fünf herkömmlichen Sinne erlangen.
– Es kann ohne Anwendung einer Kraft Einfluß auf den Ruhe- oder Bewegungszustand eines Gegenstandes oder eines physischen Systems genommen werden.
3. Abwesenheit bewußten oder unbewußten Betrugs.
4. Kontrollierbarkeit in Raum und Zeit. Man kann nicht ein Phäno-

men studieren, das diese Grenzen überschreitet. Heute wäre es zum Beispiel nicht möglich, eine angebliche Levitation auf dem Mars zu kontrollieren.

Die katholische Kirche und die Parapsychologie

Die Kirche hat sich über ihre Vertreter und ihre Institutionen seit jeher für paranormale Erscheinungen interessiert.

Benedikt XIV. hatte von 1743 bis 1748, als er noch nicht Papst war, seine Gläubigen bei der Beurteilung gewisser Vorgänge, die manche zu den Wundern rechnen wollten, zur Vorsicht aufgefordert. Er untersuchte die Phänomene, von denen man damals glaubte, daß sie entweder göttlichen oder satanischen Ursprungs waren, und verwendete die dabei erworbenen Kenntnisse bei der Abfassung des Traktats „De Canonicatione". Darin beurteilt er die „wunderbaren" Phänomene, die jenen Personen zugeschrieben werden, welche für die Heiligsprechung vorgesehen sind.

Viele Schlüsse, zu denen er gelangt, stimmen mit den Ergebnissen der modernen Parapsychologie überein. Tatsächlich schreibt er, nicht nur Heilige besäßen Kenntnisse von Dingen, „die geschehen sind oder geschehen werden, von Dingen, die in der Gegenwart an weit entfernten Orten geschehen, sowie von den Geheimnissen des Herzens, sondern auch Verrückte, Idioten, Depressive und sogar Tiere". Er bemerkt, daß die Präkognition eher im Traum als im Wachzustand und oft in symbolischer Form auftritt und daß präkognitive Personen die Phänomene oft einer göttlichen Intervention zuschreiben. Dabei würden sie den göttlichen Willen und die eigenen Gedanken miteinander verwechseln. Benedikt gibt zu, daß es in gewissen Fällen zu Visionen von verstorbenen Menschen und weit entfernt lebenden Menschen kommen kann. Dabei sagt er, daß diese Erscheinungen nichts mit der Heiligkeit der Person und auch nichts mit einem Eingreifen des Teufels zu tun haben.

Aus all diesen Erwägungen heraus beurteilt die Kirche die Heiligkeit nicht aufgrund außergewöhnlicher Vorkommnisse im Leben eines Menschen, sondern anhand der Liebe, die der Betreffende Gott und den Menschen entgegengebracht hat.

Die Kirche kann in der wissenschaftlichen Parapsychologie eine Verbündete finden, weil, wie der Dominikanerpater Reginaldo Omez schrieb, die Parapsychologie „zum Kampf gegen den Aberglauben und den Okkultismus, gegen die Hingabe an das Wunderbare auf Kosten eines wahren religiösen Gefühls beitragen kann."[2]

Die Kirche hat einen Kurs für Paranormologie an der Accademia Alfonsiana der Lateran-Universität eingerichtet. Er findet im Rahmen der Moraltheologie statt. Den Begriff Paranormologie wählte Professor A. Resch, weil er damit jeden Bezug zur Psychologie und jede Interpretation über die Natur paranormaler Erscheinungen vermeiden will. Im Gegensatz zu Professor Resch ist es mein Ziel, paranormale Erscheinungen in ihre psychische Dimension einzugliedern.

Vielleicht ist der Moment gekommen, da in den kirchlichen Priesterseminaren die Elemente der Parapsychologie gelehrt werden sollten. Die zukünftigen Priester bekämen dadurch wichtige Instrumente zur Beurteilung paranormaler Erscheinungen an die Hand. Weil sich die Konsumhaltung im Hinblick auf das Okkulte immer mehr ausbreitet, kann man es auch nicht mehr länger ignorieren und ihm nur mit den Hilfsmitteln der Moraltheologie begegnen.

Die Interpretation paranormaler Erscheinungen

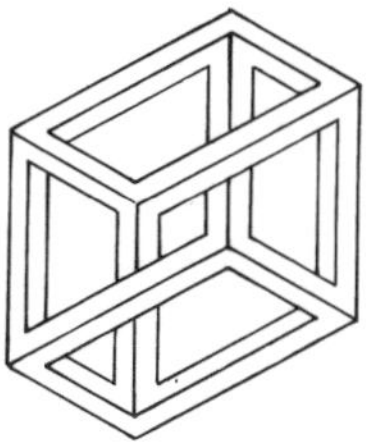

Daran glauben oder nicht: Eine kulturell bedingte Interpretation

Ich glaube nicht, daß die Phänomene, für sich genommen, einen Menschen in eine Krise versetzen können, welcher Ideologie er auch anhängen mag. Die Interpretation des Phänomens allerdings kann einem schon Unbehagen bereiten.

Die Interpretation hängt vom kulturellen Kontext der Personen ab. Sie können zum Beispiel den folgenden drei Gruppen angehören:
- einer laizistischen, nichtgläubigen Gruppe;
- einer religiös gebundenen Gruppe;
- einer spiritistischen Gruppe.

Der Gläubige und derjenige, der nicht an Gott glaubt, reagieren im wesentlichen gleich auf paranormale Phänomene und deren Interpretation:

1. Gegenüber dem Phänomen selbst wirken beide überrascht, furchtsam und neugierig mit einem Anteil Unbehagen. Beide wollen erfahren, warum sie eine präkognitive oder telepathische Wahrnehmung

hatten oder ein psychokinetisches Phänomen erlebten. Das ist die normale Reaktion des Menschen.
2. Gegenüber der wissenschaftlichen Interpretation des Phänomens
– fühlt sich der Nichtgläubige in seiner ideologischen Haltung bekräftigt;
– ist der Christ, der auch ein solcher sein will, zum Glauben verpflichtet und akzeptiert die Wissenschaft, wenn sie sich nicht Glaubenswerten entgegenstellt. Der Christ kann aber bei der Psychokinese Angst haben vor einer Intervention des Teufels.

Diese beiden Gruppen fühlen sich von der spiritistischen Interpretation hingegen unangenehm berührt und wenden sich davon ab. Der Spiritist verwechselt Phänomen und Interpretation (außer den raffiniertesten, was aber im Wesen nichts ändert). Für den Spiritisten sind paranormale Erscheinungen oder nur die Erscheinungen mit psychischer Integration Beweise dafür, daß die Toten, die Heiligen, Christus, die Gottesmutter und Gott dem Menschen Dinge mitteilen und genaue Anleitungen durch Automatismen geben, nämlich durch Psychographie, automatisches Schreiben, Tischrücken usw.

Der Spiritismus – eine Erscheinung der säkularisierten Zeit

Die Spiritualität setzt eine saubere Beziehung zu Gott voraus, ohne Vermittler. Sie beruht auf dem Glauben, und dieser braucht keine Beweise, die ihm die Heilige Schrift und die Offenbarung bestätigen.

Abgesehen vom Christentum haben auch alle anderen Religionen eine Spiritualität. Der Spiritismus oder – wie er auch genannt wird – Spiritualismus, beinhaltet Übertreibungen, den Bruch mit dem Wahren und ist eine Degeneration. Tatsächlich zeichnet sich bei allen Kulturen eine spiritistische Bewegung ab. Sie banalisiert Gott und entspricht aufrichtigen Bedürfnissen von Menschen, die keine authentische Beziehung zu Gott besitzen und die dadurch verwirrt sind.

Wir verwenden in diesem Buch überwiegend den Begriff Spiritismus, obwohl in der Literatur auch die Bezeichnung Spiritualismus auftaucht. In der Philosophie versteht man darunter jedoch etwas ganz anderes: Der Spiritualismus behauptet, dem Menschen liege ein spirituelles, geistiges Prinzip zugrunde. Deswegen sind Spiritualismus und Materialismus entgegengesetzte Geisteshaltungen.

Wir können den Spiritismus durchaus als Degeneration dieses ursprünglich philosophischen Konzepts des Spiritualismus auffassen. Er hat die Merkmale einer parareligiösen Bewegung, die Gott auf das Niveau des Menschen verflacht und die Religion säkularisiert. Wenn ein Medium über die sogenannten Automatismen angeblich mit den Verstorbenen, mit den Heiligen, mit Christus und sogar Gott in Kontakt tritt, so zeigt sich darin eine falsche Annäherung des Menschen an Gott. Der Mensch fühlt sich dabei als Objekt dauernder Aufmerksamkeit der jenseitigen Welt. Er erhält Rat, wird begleitet, geliebt.

Tatsächlich senden alle diese unbewußt geschaffenen Persönlichkeiten Botschaften aus, die den Menschen zur Religiosität aufrufen. Diese kann auch sehr „rigoros" erscheinen, wenn der Empfänger der Botschaften ein Priester ist – und gelegentlich tappt auch einer in diese Falle. Laien gegenüber zeigt sich der Spiritismus als banale Mischung religiöser und abergläubischer Vorstellungen.

Die Säkularisierung der Religion geschieht dadurch, daß der Mensch anstelle von Gott ins Zentrum rückt. Das Christentum beruht auf dem Glauben und dem Zeugnis für diesen Glauben. Der Spiritismus hingegen hat als Grundlage nicht den Glauben, sondern Botschaften, die dem unentschlossenen Menschen als „Beweise" dienen sollen. Vom praktischen Standpunkt aus gesehen, verflüchtigen sich diese Beweise, denn sie sind nur das Ergebnis einer psychischen Integration und der Kreativität des unbewußten Ichs. Aus diesem Grund steht der Spiritismus außerhalb des Christentums, auch wenn er daraus hervorgegangen sein mag.

Die Verfahren des Spiritualismus und des Spiritismus

Die Mittel und Wege, auf denen diese Botschaften eintreffen, sind ganz unterschiedlich, doch werden die Psychographie oder das automatische Schreiben bevorzugt. Die Hand des Menschen hält dabei einen Stift und schreibt automatisch, offenbar ohne bewußten menschlichen Willen. Es zeigt sich dabei eine fiktive Persönlichkeit, die vom unbewußten kreativen Ich geschaffen und auch wie von einem Schauspieler dargestellt wird. Der bewußte Teil des Menschen schreibt also nieder, was der unbewußte Teil ausarbeitet. Dieses kreative Ich bildet die Grundlage allen künstlerischen Schaffens. Ein Schauspieler, der über lange Zeit hinweg eine Theaterrolle spielt, zeigt auch im realen Leben bruchstückweise Ansichten und Haltungen der verkörperten Person.

Im Falle des Spiritismus ist das Subjekt jedoch das „Opfer" der neugeschaffenen Persönlichkeit. Aus diesem Grunde kann sich der Spiritismus zu den sogenannten mediumistischen Psychosen entwickeln, von denen schon früher die Rede war. Wie bereits angedeutet, ist das automatische Schreiben kein paranormales Phänomen, sondern gehört in die rein psychische Sphäre. Ein weiteres Mittel des Spiritismus ist auch eine bestimmte Form der Trance. In spiritistischer Sprache handelt es sich auch um eine Inkorporation, weil man meint, der Geist des Verstorbenen nehme Besitz vom Medium und spreche durch dieses mit dessen Stimme. Auch hier zeigt sich die Kreativität des Unbewußten.

Die spiritistischen Beweise

Es kommt oft vor, daß psychische Schöpfungen des unbewußten Ichs des Mediums (die sogenannten Geister der Verstorbenen) auch von psychokinetischen Manifestationen begleitet sind. Es kommt zu Apporten kleiner Gegenstände, welche die Spiritisten für ein Geschenk der Geister halten. Diese Verhaltensweise ist jedoch nach dem spiritistischen Glauben „logisch", weil die vorgetäuschte Persönlichkeit, die vom unbewußten Ich geschaffen wird, beizeiten ankündigt, was nun geschehen wird. Aus all diesen Tatsachen geht die religiöse Interpretation des Spiritismus hervor, denn dessen Anhänger leiten die Existenz der „Geister" von paranormalen Erscheinungen, von hyperästhetischen Phänomenen oder auch von der „psychischen Integration" ab.

Wer diese Phänomene auf messianische Weise lebt, erhält in der naiven und primitiven Interpretation spiritistischer Zirkel höchste Glaubwürdigkeit. Die Botschaften sind normalerweise übrigens viel „intellektualistischer" oder „tiefer" als die Bildung des Mediums vermuten läßt. Durch psychische Integration schnappt das Medium Informationen aus dem Unbewußten der Teilnehmer (bedingte Telepathie) auf und verarbeitet sie zu einer erstaunlichen kulturellen Synthese.

Spiritualismus und Spiritismus

Bei den Spiritisten gibt es zwei Strömungen:

– Die eigentlichen Spiritisten sind überzeugt, daß sie mit den Geistern Verstorbener sprechen und damit zum Beispiel auch mit Päpsten und Heiligen.

– Die eigentlichen Spiritualisten verwenden fast ausschließlich das automatische Schreiben und das automatische Buchstabieren und sind der Meinung, daß sie Botschaften von der Madonna, von Christus und Gott höchstpersönlich erhalten.

Ich zitiere als Beispiel Ausschnitte aus der Schlußbotschaft, die in einem rein spiritualistischen Buch veröffentlicht wurden:

Marina di Cecina, 31. August 1973
Botschaft von Pater Coelestis an alle Kirchen jeglicher Religion und an alle Menschen der Welt.

... Das Thermometer zeigt den Höchststand, und ich, der Vater im Sohn und im Heiligen Geist, kündige euch mit der Himmelsmutter an, ich kündige euch an das Ende der Zeiten in der heutigen Zeit.

Ich sage euch allen ohne Ausnahme, den Kirchenführern welcher Religion auch immer: Das Ende ist immer das meines Willens. Denkt daran, was ich, der Vater, der Absolute in der Macht, sage: Die Rückkehr von Christus ist ganz nahe, und ich sende ihn euch als absoluten Richter, der von mir gewollt und gesandt ist.

... Das ist der letzte Appell. Wer nicht glaubt, wird überwältigt, und wer glaubt, wird ein Opfer des Wahnsinns derjenigen, die nicht glauben. Ihr steht an der Schwelle zum Abgrund, doch ist noch Zeit.

... Die Stunde wird nicht schlagen: Ich segne euch mit einer heißen väterlichen Träne an meiner Wimper.

Der Vater[1]

Wie man leicht erkennt, sind die Botschaften fundamentalistischen und apokalyptischen Inhalts. Man beachte, daß die Botschaft die Realität von Christus und Gott bestätigt, obwohl sie sich an alle Religionen richtet. Würde es sich um eine spiritistische Gruppe aus dem Hinduismus handeln, so hätte die Botschaft Vishnu, Shiva oder Brahma genannt. Die Kreativität des unbewußten Ichs drückt sich nämlich im Rahmen der eigenen religiösen Kultur aus.

Um beim Thema zu bleiben, eine weitere Botschaft. Maria ist zum Hinduismus konvertiert, weil sie an das Gesetz des Karma und die Wiedergeburt glaubt:

Marina di Cecina, 15. November 1977, 11.00 bis 11.35 Uhr
Geliebte Söhne,
... Körperliche, moralische oder geistige Leiden können viele Gründe haben, doch dahinter steht ein einziger Ursprung: die Disharmonie. Diese Disharmonie geht aus dem Karma hervor. Es handelt sich um eine „Schuld“, die sich in früheren Leben angesammelt hat und die in Form von Demut, Verständnis und Liebe gegen alle Brüder ohne Ausnahme abgetragen werden muß.

... Wie ihr euch an eure irdische Mutter wendet, um Hilfe zu finden und getröstet zu werden, so müßtet ihr euch an mich wenden, die ich die Mutter schlechthin bin. Im Herzen der barmherzigen Mutter werdet ihr Tröstung und Freude erfahren ...

Ich segne euch mit mütterlicher, besorgter Liebe

Maria[2]

Diese beiden Botschaften sind Zeugnisse einer esoterisch-theosophischen Bildung auf christlicher Grundlage. Ich habe die betreffenden Personen kennengelernt und mußte konstatieren, daß sie sich in gutem Glauben befinden. Sie haben nicht begriffen, daß die Botschaften ein Produkt ihrer selbst sind.

Das rote Telefon

Vor Jahren fand ich vor meiner Haustür ein Buch eines Priesters, der allen Ernstes glaubt, er habe eine Art rotes Telefon mit Gott, einen direkten Draht zu ihm. Am schlimmsten an der ganzen Angelegenheit ist, daß der Priester ein Amt bekleidet und daß er seinen Glauben aufgrund der Heiligen Schrift bekunden müßte. Diese muß dem wahren Gläubigen ausreichen.

Der Titel des Buches lautet „Vertrauliche Mitteilungen von Jesus an einen Priester". Ich fasse den Inhalt dieser „vertraulichen Mitteilungen" zusammen. Sie unterscheiden sich nicht von den eben behandelten.

Die Botschaft beginnt mit der Aufforderung, dieses Buch niederzuschreiben, und der Bestätigung, daß es Jesus ist, der diktiert.

Jesus (?) bestätigt, daß der betreffende Priester Schweres durchmachen muß. Er habe ihn aber gebeten, dieses Leiden auf sich zunehmen, und er werde eines Tages verstehen, wie wahr seine Worte seien.

Jesus (?) bestätigt, daß die Welt getäuscht wurde. Die Wahrheit werde sich aber durchsetzen, und der Priester sei vorausbestimmt, um die Pläne von Christus für die Erneuerung der Kirche in Gang zu setzen.

Jesus (?) bestätigt weiterhin, daß der Priester gehaßt werde und daß seine sichtbaren und unsichtbaren Feinde wüßten, daß ihre „Monate" gezählt seien, weil der Augenblick nahe sei, da die Kirche und die Völker die Täuschung entdecken.

Jesus (?) bestätigt, daß der Priester, der einem Propheten ähnlich sei, die schreckliche Verschwörung aufdecken müsse, usw., usw.

Die Botschaften dieser fiktiven Persönlichkeit mit dem Namen Jesus, die ebenfalls vom pathologischen, unbewußten Ich geschaffen wurden, überwiegen in diesem Buch, doch gibt es auch Aussagen verschiedener Päpste, von Pius X., Pius XI., Pius XII., Paul VI. usw., und auch von anderen, weniger illustren Verstorbenen. Die hier enthaltenen Botschaften sind nicht mehr wert als Tausende anderer, die schon im Laufe der Jahrhunderte gesammelt wurden.

Ich mache darauf aufmerksam, daß in allen spiritistisch-spiritualistischen Botschaften die folgenden Elemente immer wieder auftreten:

1. Die Gruppe oder die Person, welche die Botschaft erhält, befindet sich im Zentrum der Aufmerksamkeit von Gott und ist vom Herrn auserwählt und delegiert.
2. Dieselbe Gruppe oder das einzelne Individuum hat eine Mission zu erfüllen, die im allgemeinen in der Rettung der Welt, der Erneuerung der Kirche, dem Triumph der Wahrheit usw. besteht.

Diese typischen Inhalte sind den Träumen heranwachsender junger Menschen ähnlich. Oft sind sie das Produkt eines durchaus ehrbaren Wunsches nach Bestätigung, der aber frustriert und sublimiert wird und sich in einer mystischen Form ausdrückt, bei dem das Subjekt Hauptakteur zur Rettung der Welt und der Kirche wird.

Die Kreativität des Unbewußten, die Frustration, die Realität der Welt nicht ändern zu können, führen zu Botschaften, die aus dem Psychismus des Menschen hervorgehen. Sie haben weder mit paranormalen Erscheinungen noch mit der eigentlichen Welt des Geistes zu tun. Ich habe gelesen, daß auch der schismatische Bischof Lefebvre direkte Botschaften von Gott, Christus und Maria erhalten haben soll!

Der Christ und der Nichtgläubige

Der Nichtgläubige wie der Christ haben genügend Elemente zur Verfügung, um dem Spiritismus oder dem Spiritualismus nicht auf den Leim zu gehen. Der Christ weiß überdies, daß er solche Botschaften nicht braucht. Dafür gibt es verschiedene Gründe:

– Die Evangelien wurden aufgeschrieben, „damit ihr glaubet, daß Jesus der Christus ist, der Sohn Gottes, damit ihr glaubend Leben habt in seinem Namen“.[3]

– Die Evangelien wurden von Gott inspiriert: „Jede Schrift ist von Gott eingegeben und nützlich zur Belehrung, zur Widerlegung, zur Besserung, zur Erziehung in der Gerechtigkeit.“[4]

– „Zur Abfassung der heiligen Schriften bediente sich Gott einiger Männer, im Vollbesitz ihrer Fähigkeiten und Kräfte, damit sie als echte Autoren nur das niederschrieben, was Er niedergeschrieben haben wollte."[5]

– „Es ist keine weitere öffentliche Offenbarung vor der glorreichen Wiederkehr unseres Herrn Jesus Christus zu erwarten."[6]

Dieser Aussage begegnen wir auch im Eingang zum Brief an die Hebräer: „Vielmals und auf mancherlei Art hatte Gott von alters her zu den Vätern gesprochen durch die Propheten. In der Endzeit dieser Tage hat er zu uns gesprochen durch den Sohn ..."[7] Der Ausdruck „in der Endzeit" bedeutet nicht nur, daß die Offenbarung des Sohnes zuletzt erfolgt, sondern daß sie auch die endgültig letzte ist.

Kurze Geschichte der paranormalen Erscheinungen

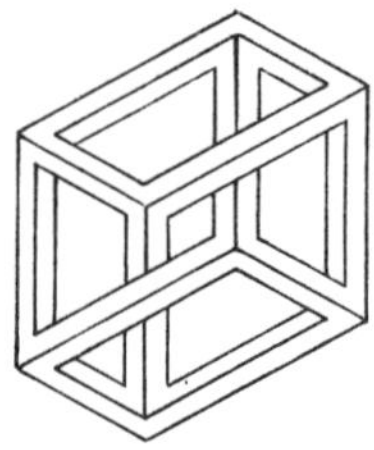

Einteilung

Die Geschichte der Parapsychologie im engeren Sinn erstreckt sich nur über ein halbes Jahrhundert. Der Begriff „Parapsychologie“ wurde zwar schon 1889 vom Philosophen Max Dessoir geprägt, jedoch offiziell erst 1953 vom internationalen Kongreß im holländischen Utrecht übernommen. Die Geschichte der paranormalen Erscheinungen hingegen ist sehr lang, weil außersinnliche Wahrnehmungen gleichzeitig mit dem Menschen, seiner Evolution und als archaische Kommunikationsform entstanden. Alte Chroniken, heilige Bücher und antike Autoren erzählen von der Existenz solcher Phänomene. Sie haben ihren Wert als anekdotische Funde und gehören der ersten Phase der parapsychologischen Forschung an.

Die älteste systematische Klassifikation paranormaler Erscheinungen geht auf den Nobelpreisträger Charles Richet zurück. Sie erfuhr in der Folge je nach dem Gesichtspunkt der Forscher weitere Ergänzungen. Ich möchte hier von der Einteilung des bekannten Arztes Massimo Inardi ausgehen und eine kurze Geschichte paranormaler Erscheinungen unter besonderer Berücksichtigung der Beziehungen zwischen Paranormalität und Magie darlegen.

Man kann die Geschichte der paranormalen Erscheinungen in fünf Perioden unterteilen:
- magisch-mythische Periode von den Ursprüngen des Menschen bis zum Ende des 18. Jahrhunderts;
- magnetisch-spiritistische Periode vom Ende des 18. Jahrhunderts bis 1869;
- Periode des wissenschaftlichen Spiritualismus von 1869 bis 1882;
- Periode psychischer oder metapsychischer Forschung von 1882 bis 1927;
- die Parapsychologie seit 1927.

Der Unterschied zwischen Magie und paranormalen Erscheinungen

Die Magie ist der Versuch des Menschen, Naturkräfte einzufangen, sie beherrschbar zu machen und sich ihrer zu bedienen.

Die Magie besteht aus „Ritualen“ und aus Verhaltensweisen, die von der Angst des Menschen diktiert werden, bei nicht kontrollierbaren Ereignissen wie Krankheiten, Kriegen und Naturkatastrophen ums Leben zu kommen. Die magischen Rituale sind damit unbewußte Phantasien, welche die Ängste ursprünglicher Stammesvölker genauso beruhigen sollen wie die des modernen Menschen. Der „magische Kreis“ ist beispielsweise nichts anderes als die geistige Umsetzung von etwas Vollkommenem in ein konkretes Muster. Er soll den Menschen vor allen unvorhergesehenen Ereignissen schützen. Die Magie ist damit eine Form des unbewußten Selbstschutzes. Das unbewußte Ich des primitiven Menschen arbeitete magische Verteidigungsmechanismen aufgrund genauer, sinnlich wahrnehmbarer Signale aus; diese wurden existentiellen Erfahrungen und Bedürfnissen entnommen.

Ein Beispiel für diese rituelle Magie sind die prähistorischen Malereien, bei denen Jäger und die Schamanen, die damals die medizinischen und magischen Praktiken ausübten, die Umrisse künftiger Beutetiere auf Wände zeichneten. Indem sie Tiere mit Farben malten, glaubten sie, in der Natur ließen sie sich nun leichter fangen. Wir können solche Höhlenmalereien durchaus als primitive Form der Magie auffassen.

Dieses Ritual findet sich auch bei der Herstellung heutiger Fetische. Der sogenannte Magier stellt mit einem meist puppenähnlichen Fetisch seinen „Feind“ oder den „Feind“ seines Klienten dar. In den Gesten und den Beschwörungen, die bei diesen Ritualen üblich sind, spiegelt sich eine alte Tradition wider, die ihren Ursprung in der Angst und in der Notwendigkeit des Überlebenskampfes hatte. Sie überträgt sich heute auf die Konsumhaltung des Okkultismus.

Aus der Seltenheit, dem Gewicht, der Farbe oder der Form von Metallen und Edelsteinen leitete man früher eine magische Bedeutung ab. So entstanden Amulette und Talismane, die heute noch von vielen Menschen verwendet werden, weil sie in moderner Form immer noch die alten Ängste unserer primitiven Vorfahren erleben. Das Zeitalter der Magie entspricht dem des primitiven Menschen, aber auch dem des Kindes. Das Kind, das erwachsen wird, und der primitive Mensch, der eine Zivilisation entwickelt, müssen beide den alten magischen Aberglauben abstreifen und zu ihrem menschlichen Bewußtsein finden, das für die spirituelle Reife typisch ist.

Auch das jüdische Volk kannte eine Form der Magie, die Kabbala. Sie war nicht nur eine Strömung des jüdischen Mystizismus, sondern hatte auch viel mit Weissagung zu tun. Sie versuchte den Stellen der Heiligen Schrift eine verborgene Bedeutung unterzulegen und verwendete dazu vor allem Buchstaben- und Zahlenspiele. Paranormale Erscheinungen, die an und für sich eine archaische Form der Kommunikation darstellen, können heute wie früher im Zusammenhang mit der Magie auftreten. Dabei kommt es aber oft zu einer heillosen Verwirrung, weil man nicht daran denkt,

- daß die Magie nur ein psychisches Ritual darstellt wie der Spiritismus;
- daß das Paranormale eine Folge der Reize sein kann, die von magischen Vorstellungen in Gang gesetzt werden.

Auf keinen Fall darf man den Spiritismus, der eine Pseudoreligion ist, und die Magie, die durch die Ängste des Menschen entsteht, mit außersinnlichen paranormalen Wahrnehmungen verwechseln. Diese sind höchstens eine Folge von Reizen, die von spiritistischen oder magischen Vorstellungen ausgehen.

Die magisch-mythische Periode

In diesem magischen Zusammenhang drückte sich die Paranormalität des primitiven Menschen aus, die sich bis auf den heutigen Tag wiederholt. Seit dem Auftreten der ersten Bilder und Zeichenschriften gibt es Zeugnisse paranormaler Erscheinungen. Klassische Beispiele einer Präkognition in Form von Träumen kennen wir von ägyptischen Pharaonen und von Nebukadnezar. In derAntike gab es viele Formen der Weissagung. Etruskische und römische Seher und Priester deuteten außergewöhnliche Zeichen oder lasen den Willen der Götter aus der Lage und Form von Eingeweiden, besonders der Leber von Opfertieren, aus dem Flugverhalten von Geiern und Raubvögeln, aus dem Fließen des Wassers und den Bewegungen der Blätter. Dabei konnte es zu einfachen hyperästhetischen Phänomenen oder zu einer psychischen Integration kommen, wenn die Ratsuchenden ebenfalls anwesend waren. Auch richtige paranormale Erscheinungen sind dabei durchaus möglich.

Ägypten mit seinem Totenkult und seinem Geisterglauben, der allerdings auch bei vielen anderen Völkern verbreitet war, stellt wohl eine bedeutsame Etappe für die paranormalen Phänomene spiritistischen Typs dar. In Ägypten wurden paranormale Phänomene zu einem Symbol der Macht bei den Ritualen der ägyptischen Priester.

Mehrere Propheten der Juden hatten außersinnliche Wahrnehmungen, die wir allerdings nicht in Verbindung mit ihrer spirituellen Lehre bringen dürfen. Elias war zum Beispiel im eigentlichen Wortsinn hellhörig und konnte auf Entfernung die Gespräche feindlicher Könige hören.

In Griechenland genossen die verschiedenen Orakel, zum Beispiel das der Pythia in Delphi, größte politische und soziale Bedeutung. Plinius der Jüngere beschreibt ein „Spukhaus". Im alten Rom stand das Paranormale im Dienste der Macht. Das betraf vor allem Weissagungen im Hinblick auf militärische Unternehmungen. Berichte über paranormale Erscheinungen finden wir in den Schriften klassischer Autoren, wie von Cicero, Plutarch, Tertullian und Sueton.

Im Mittelalter vermischte sich das Paranormale mit magischen Praktiken der Hexen. Schließlich unterdrückten die kirchlichen Institutionen gewaltsam diese Entwicklung.

Im 15. und 16. Jahrhundert näherte man sich dem Paranormalen langsam mit wissenschaftlichen Verfahren. Entscheidend für diese Entwicklung war Giambattista Porta, der die erste wissenschaftliche Gesellschaft der modernen Geschichte gründete, die sogenannte „Accademia dei Segreti". Auch Paracelsus und Girolamo Cardano waren von großer Bedeutung.

Magnetisch-spiritistische Periode

Von 1778 an wirkte in Paris der deutsche Arzt Franz Mesmer. Er behauptete im Gefolge von Paracelsus und Van Helmont, es gebe neben einem physikalischen auch einen animalischen Magnetismus, der von den Himmelskörpern beeinflußt werde. Das wirksame Prinzip dieses animalischen Magnetismus bestünde aus einem Fluidum, das überall verbreitet sei und das über die Nerven dem Körper eben diese magnetischen Eigenschaften verleihe. Dieses Fluidum verfüge über eine Polarität, mit deren Hilfe es möglich sei, Erkrankungen der Nerven und anderer Organe zu heilen.

Mit seinen Wunderheilungen erregte Mesmer riesiges Aufsehen, und verschiedene medizinische Kommissionen beschäftigten sich mit seiner Theorie. Die französische wissenschaftliche Welt teilte sich damals in zwei Strömungen: Die einen glaubten an dieses Fluidum, während die anderen gegen Mesmer und seine Theorien eingestellt waren. Mesmers Sitzungen fanden in einem stark theatralischen Ambiente statt. Seine große, hagere, kostbar gekleidete Figur drehte sich unter Musikbegleitung im Kreis und bewegte einen Stab, von dem Mesmer behauptete, er könne damit das Fluidum auf die Kranken lenken. Die französische Akademie verurteilte scharf Mesmers Theorie. Er mußte Paris verlassen und starb arm und vergessen.

Was Mesmer bewirkte, war eine tiefe Suggestion. Ohne es zu wissen, legte er damit die Grundlagen für die moderne Hypnose.

Mesmers Theorien übernahmen der englische Arzt James Braid und später auf wissenschaftlicher Basis die Schule von Nancy mit Hyppolite Bernheim und die psychologische Schule der Salpêtrière unter der Leitung von Jean Charcot.

Wir haben hier Mesmer und seine hypnotischen Phänomene zitiert, weil sich während seiner Sitzungen auch rein paranormale Phänomene sowie Fälle bedingter Telepathie (psychische Integration) ereigneten.

Von 1848 an breitete sich durch die Schwestern Fox in den Vereinigten Staaten des Phänomen des Spiritismus explosionsartig aus. Die jungen Frauen waren von ihrer Aufgabe als Messias einer neuen Religion überzeugt. Es war eine Religion der Geister. Diese spiritistische Welle überschwemmte ganz Amerika und erreichte auch Europa, wobei alle sozialen Schichten und selbst Wissenschaftler davon betroffen waren.

Die Periode des wissenschaftlichen Spiritualismus

Den Spiritismus in Europa hob Allan Kardec aus der Taufe. Mit richtigem Namen hieß er Hyppolite Léon Dénizard Rivail und war Franzose. Kardec veröffentlichte in der zweiten Hälfte des 19. Jahrhunderts eine Reihe von Büchern, „die von Geistern diktiert" wurden. Unter ihnen waren auch „Korrekturen" der Evangelien sowie der „Offenbarungen", welche die christliche Lehre ziemlich veränderten. Daraus entstand eine Lehre, die auf der Wiedergeburt beruhte und Elemente aus verschiedenen Religionen enthielt.

Der Begriff Spiritualismus bezog sich in jener Zeit auf das wissenschaftliche Studium des Spiritismus und unterschied sich von diesem, der eine parareligiöse Lehre darstellte, durch eigene christliche und methodologische Aspekte.

1869 wurde in London die „Dialectical Society" gegründet, die gerade diese wissenschaftlichen Zwecke verfolgte. Der wahre Protagonist dieser Periode war der bereits öfter zitierte spätere Nobelpreisträger Sir William Crookes. Er untersuchte die physikalischen Phänomene der Paranormalität und erfand dazu Versuchsanordnungen und entsprechende Apparate. Von seinen Kollegen aus der „offiziellen" Wissenschaft wurde er deswegen hart kritisiert. Dessen ungeachtet führte er über Jahre hinweg seinen Studien fort. Später führten sie der Naturforscher Alfred Russell Wallace und der Physiker Sir William Barrett weiter, der sich vor allem mit Telepathie beschäftigte.

Periode der „psychischen“ und metapsychischen Forschung

Im Jahr 1882 wurde in London die „Society for Psychical Research“ gegründet, die bis auf den heutigen Tag die wichtigste Organisation auf parapsychologischem Gebiet ist. Die „psychische“ Forschung, wie damals in den angelsächsischen Ländern die Parapsychologie hieß, wurde in Frankreich auf Vorschlag von Richet Metaphysik genannt.

Die Society for Psychical Research, die bald eine Tochtergesellschaft in den Vereinigten Staaten gründete, begann mit Forschungsarbeiten und Dokumentationen, die in den eigenen „Proceedings“ erschienen. In den letzten 20 Jahren des vergangenen und den ersten 30 Jahren unseres Jahrhunderts übernahm sie wichtige Kontroll- und Forschungsaufgaben. Zu den berühmtesten Mitgliedern dieser Gesellschaft zählten der Astronom Camille Flammarion, der Physiker Sir Oliver Lodge, der Gräzist W. H. Myers, der Physiker Henry Sidgwick, der große Psychologe William McDougall, der berühmte französische Philosoph Henri Bergson, der polnische Physiker Julian Ochorowicz sowie der amerikanische Philosoph und Psychologe William James. Auch Sigmund Freud, der Begründer der Psychoanalyse, gehörte als korrespondierendes Mitglied dieser Gesellschaft an.

1919 entstand auf Betreiben des italienischen Arztes Rocco Santoliquido und mit der Unterstützung von Charles Richet das „Institut Métapsychique“, das heute noch existiert.

Die heutige Parapsychologie

In der modernen Parapsychologie können wir drei grundlegende Etappen unterscheiden:

1. Der Psychologe William McDougall wurde 1927 als Liter des Instituts und der Fakultät für Psychologie an die Duke University in Durham (North Carolina) berufen. Unter seinen Schülern war jener Joseph Rhine, der schließlich die quantitative Methode erfand. Unter den Mitarbeitern von Joseph Rhine erinnern wir an Karl Zener, der die nach ihm benannten Karten entwickelte, sowie an John Pratt, William Roll und Karlis Osis.
2. Der Erfolg von Rhine führte dazu, daß auf der ganzen Welt Lehrstühle für Parapsychologie eingerichtet wurden. In Europa waren es zwei, der eine in Utrecht, auf den Martin Johnson nach Professor Tenhaeff folgte, und in Freiburg der von Hans Bender. In Großbritannien interessierte sich vor allem die psychologische Fakultät der Universität Edinburgh für Parapsychologie.

Ein Lehrstuhl wurde auch in Leningrad eingerichtet. Die Russen interessierten sich vor allem für die praktische Nutzung der „Bioinformation“ (Paranormalität mentalen Typs) und der „Psychotronik“ (Paranormalität des physikalischen Typs).

Weitere Lehrstühle für Parapsychologie oder sogar eigene Fakultäten existieren in Argentinien (Rosario de Santa Fé), in Indien (Fakultät für Psychologie und Parapsychologie an der Andhra-Universität) und in Japan (Tokio). In Brasilien gründete Pater Oscar Gonzales Quevedo 1966 das lateinamerikanische Zentrum für Parapsychologie und schließlich auch eine lateinamerikanische Fakultät für Parapsychologie.

In den Vereinigten Staaten gibt es neben der Duke University auch einen Assistentenposten an der Stanford University, der über eine Stiftung von einer halben Million Dollar verfügen kann. Er wurde eigens für Forschungen über paranormale Phänomene eingerichtet. In den USA gibt es noch weitere Abteilungen für Parapsychologie an verschiedensten Universitäten.

3. 1969 nahm die „American Association for the Advancement of Science (AAAS)“ die „Parapsychological Association“ als volles Mit-

glied auf. Die Gründe dafür waren nicht die Ergebnisse, die noch bescheiden ausgefallen waren, sondern der korrekte Gebrauch wissenschaftlicher Methoden und das rein wissenschaftliche Ziel, das damit verfolgt wurde. Damit wurde die Parapsychologie in den Rang einer Wissenschaft erhoben.

Zweites Kapitel

Theorie der Versuchsgestaltung

Kriterien für die Durchführung der Versuche

Klarheit über uns selbst

Wer mit dem Paranormalen zu experimentieren beginnt, muß sich stets zwei grundlegende Dinge vor Augen halten. Es handelt sich erstens um Schwierigkeiten praktischer Art und zweitens um die Gründe, die ihn zu solchen Versuchen veranlassen.

1. Schwierigkeiten praktischer Art entstehen dadurch, daß uns die Unterschiede zwischen Hyperästhesie, psychischer Integration oder Kommunikation und Paranormalität nicht besonders geläufig sind. Wenn uns die Konzepte jedoch klar sind, können wir Verwechslungen zwischen Schein und Sein vermeiden. Wir müssen lernen, eine „experimentelle" Situation zu schaffen. Trotz aller Vorsichtsmaßnahmen kann man nicht immer die Möglichkeit einer normalen, sinnlichen Wahrnehmung ausschließen.

Ich werde im folgenden eine Reihe von Experimenten zur Hyperästhesie vorschlagen. Sie haben ausschließlich mit Sinnesinformationen zu tun, also mit einer zwar schärferen, doch stets mit den Sinnen verbundenen Wahrnehmung. Solche Versuche ergeben höchst befriedigende und bemerkenswerte Resultate, auch wenn sie nicht dem Paranormalen zuzuordnen sind. Ich werde auch Experimente zur psychischen Integration oder Kommunikation bringen. Diese habe ich auch bedingte Telepathie genannt, weil sie voraussetzt, daß sich die Experimentatoren im selben Ambiente befinden.

Wenn sich bei solchen Experimenten ein positives Resultat ergibt, so ist dies von großer Bedeutung, selbst wenn es sich nicht um „reine" Telepathie handelt, denn hier befinden wir uns bereits in der Domäne des Paranormalen im weiteren Sinn. Versuche über rein paranormale Erscheinungen sind am schwierigsten durchzuführen. Wir dürfen nicht vergessen, daß die Kommunikation durch existentielle Auslöser in Gang kommt. Diese lösen den unbewußten originären Impuls und damit den Kommunikationsfaktor aus. Wir dürfen dabei auch keinesfalls vergessen, daß der existentielle Auslöser oft pathologischer Natur und damit schwer künstlich auszulösen ist. Die experimentelle Parapsychologie muß jedoch diesen Aspekt im Auge behalten, weil sich damit vielleicht ein neuer Weg zur Wiederholbarkeit der Experimente auftut.

2. Die Gründe, die jemanden zu Versuchen parapsychologischer Art veranlassen, können ganz verschiedener Art sein:
– Psychologische Gründe. Die betreffende Person fühlt sich zur Realisierung solcher Experimente berufen, weil sie sehr befriedigend sind oder um eigenen Machtgefühlen zu entsprechen, die aus dem Unbewußten nach oben dringen.
– Spiritualistische Gründe. Trotz der bereits ausgesprochenen Kritik an der spiritistisch-spiritualistischen Position will der Experimentator dennoch mit angeblichen Verstorbenen, angeblichen Heiligen und angeblichen Gottheiten in Verbindung treten.
– Wissenschaftliche Gründe. Der Experimentator will verifizieren, beweisen, verstehen.

Für solche Experimente braucht man:
– eine organisatorische Begabung, um die Versuche nach den gesteckten Zielen zu strukturieren;
– eine methodologische Begabung, Geduld und Zähigkeit, um die Experimente zu Ende zu führen;
– eine kritische Begabung, um die erhaltenen Ergebnisse bewerten zu können.

Sind Versuche gefährlich?

Experimente über paranormale Erscheinungen sind nicht gefährlich, wenn man sie mit gesundem Menschenverstand, Methodik und kritischem Sinn durchführt. Dabei ist folgendes zu beachten:
1. Kinder sollten an ihnen nicht teilnehmen, höchstens bei einem der Ratespiele, auf die wir später eingehen werden.
2. Kinder und Heranwachsende sollten von „spiritistischen" Experimenten ausgeschlossen sein, weil sich seelische Störungen ergeben können.
3. Auch Erwachsene sollten sich „spiritistischer" Experimente enthalten, sofern sie nicht unter der Kontrolle richtiger Parapsychologen, Ärzte und Psychologen stattfinden.

Diesem Rat liegt die Tatsache zugrunde, daß sich gelegentlich doch „psychokinetische Kräfte" entwickeln können, die sich nicht mehr aufhalten lassen und Anwesende in großen Schrecken versetzen. Ein weiterer Grund für die Mahnung zur Vorsicht liegt in der Möglichkeit, daß sich seelische Störungen entwickeln, die sich zu wahren „mediumistischen Psychosen" auswachsen können.

Ich habe kürzlich den Fall einer Frau studiert, die unter einer offenkundigen mediumistischen Psychose leidet, deren Phänomenologie Professor Hans Bender von der Universität Freiburg klar beschrieben hat. Die Frau hatte sich als führende Geister sieben Engel ausgewählt und löste eine Katastrophe nach der anderen aus, weil sie in ihre Vorstellungen Menschen mit einbezog, die ohne entsprechende parapsychologische Bildung ihrem pathologischen, unbewußten und kreativen Ich zum Opfer fielen. Eines dieser Opfer war ein heranwachsendes Mädchen, das sich schon aufgrund einer früheren pathologischen Entwicklung heute besessen fühlt. Ich machte die Mutter des Mädchens darauf aufmerksam, daß eine psychologische Behandlung ihrer Tochter notwendig sei. Dieser Rat wurde jedoch nicht befolgt, weil die ganze Familie an „magische Kräfte" glaubt und überhaupt nicht begreift, daß es weitreichende Auswirkungen hat, wenn man ein solches Medium plagiiert.

Formell besteht für die Katholiken noch die Verpflichtung, bei den kirchlichen Autoritäten um Dispens für Experimente mediumistischen Typs nachzusuchen. Das steht mit der Einstellung der Kirche gegen den Spiritismus in Zusammenhang, wie sie gegen Ende des vorigen Jahrhunderts formuliert und 1917 bestätigt wurde.

Ich bin der Ansicht, daß die Versuche nicht gefährlich und gestattet sind, wenn die Mittel und der Zweck in Ordnung sind. Die Mittel dürfen die eigene physische, seelische und spirituelle Gesundheit nicht beeinträchtigen. Der Zweck ist dann und nur dann erlaubt, wenn die beobachteten Phänomene nicht dazu verwendet werden, anderen Lebewesen Böses anzutun.

Planung der Experimente

Der Experimentator muß einige Dinge ganz klar im Kopf haben. Er darf nicht aufs Geratewohl vorgehen und improvisieren oder sogar spielen, was noch schlimmer wäre. Es spricht nichts dagegen, wenn das Experiment auch Kurzweil verschafft. Um es aber kritisch akzeptieren zu können, muß eine genaue Methodologie nach den folgenden obligatorischen Punkten eingehalten werden.

1. Die Formulierung des Ziels
In der Parapsychologie gibt es drei mögliche Ziele:
a) Die Bestätigung und Untersuchung des Phänomens. Dieses kann psi-kognitiver oder außersinnlicher Natur (Telepathie, Hellsehen, Präkognition) oder psychokinetischer Natur sein, bei der es eine ganze Palette unterschiedlicher Erscheinungen gibt.
b) Studium des Psychomiletikers. Man untersucht dabei seine Reaktionen auf psychophysischem Niveau und die besten Bedingungen für eine Wiederholbarkeit der Experimente. Diese beziehen sich auf den Zustand der Person, die Zeit, den Raum und somit auf alle Variablen, die das Subjekt und damit auch die Ausführung des Experiments beeinflussen können.
c) Das Studium der Umwelt, das die Wiederholbarkeit wahrscheinlich beeinflußt. Für dieses Buch nehmen wir Abstand von den Punkten b) und c) und betrachten als einziges Ziel die Bestätigung paranormaler Erscheinungen.

2. Die Wahl des Inhalts der Experimente

Dieser Punkt umfaßt die Klassifizierbarkeit der Erscheinung, deren Glaubwürdigkeit und die Ableitbarkeit.

a) Was die Klassifizierbarkeit angeht, muß der Experimentator klare Vorstellungen von der Hyperästhesie, der psychischen Integration und der Paranormalität haben. Bei der Planung der experimentellen Situation darf er diese drei Erscheinungen nicht miteinander verwechseln. Schließlich muß er zwischen der Telepathie, also der unbewußten Kommunikation zwischen Psyche und Psyche, und dem Hellsehen unterscheiden, das eine Kommunikation zwischen Psyche und unbelebter physischer Realität darstellt.

b) Die Glaubwürdigkeit des Experiments hängt damit zusammen, wie genau es gelingt, unwillkürliche Sinneswahrnehmungen zu vermeiden. Diese würden beispielsweise ein Experiment über bedingte Telepathie (psychische Integration) auf ein hyperästhetisches Phänomen reduzieren.

Das könnte eintreten, wenn der angebliche Psychomiletiker die Rückseite der Karten sehen kann, deren Inhalt der Experimentator zu übermitteln versucht. Wurden die Karten nämlich schon vom Psychomiletiker verwendet, so ist es möglich, daß er sich unbewußt an irgendwelche Anomalien auf der Rückseite der Karten erinnert. Deswegen ist es zu empfehlen, daß sich der Agent, der die Botschaft übermittelt, und der Perzipient, der sie empfängt, gegenseitig nicht sehen. Bei Experimenten zur „reinen" Telepathie verlangt die saubere Methodologie, daß sich Agent und Perzipient in zwei verschiedenen Gebäuden oder sogar Städten befinden.

Der Begriff der Glaubwürdigkeit umfaßt auch die Hypothese eines Betruges, der bewußt oder unbewußt erfolgen kann. 1977 erhielt ich den Auftrag, einen sechzehnjährigen Jungen aus Casale Monferrato zu untersuchen. Die italienischen Zeitungen bezeichneten ihn als Wunderkind, weil er angeblich seine Gedanken fotografieren konnte. Er zog eine Karte aus einem Spiel, legte sie sich auf die Stirn, und kurze Zeit kam aus einer Polaroid-Kamera ein Bild heraus, das den Jungen mit der gezogenen Karte auf der Stirn zeigte. Er trat in Lokalen als eine Art Varietékünstler auf. Überdies berichteten die Zeitungen, der junge Mann könne auch Schlüssel verbiegen und andere Wunderwerke vollbringen. Ich ging dreimal nach Casale und unterzog den jungen Mann wiederholten Prüfungen, die alle mißlangen. Dabei bemerkte ich, daß er mich mit ein paar groben Taschenspielertricks täuschen wollte. Ich recherchierte und stieß auf einen Fotografen, der zugab, er habe sich dazu hergegeben, die falschen Fotografien zu konstruieren. In dieser Lage versuchte der junge Mann einen letzten Befreiungsschlag und kündete an, er würde sich in einer Bar der Stadt materialisieren. Zur vereinbarten Zeit standen viele Menschen vor der Bar. Ich untersuchte das Ganze und entdeckte den jungen Mann in einem Abstellraum des Lokals. So endete ruhmlos ein angebliches paranormales Phänomen.

Viele spontane paranormale Phänomene werden von geltungshungrigen Menschen in Szene gesetzt. Es ist aber eben gerade die Aufgabe der Parapsychologen, solche Fälle zu entlarven und der Wahrheit zum Durchbruch zu verhelfen.

Der Betrug kann auch unbewußt und unwillkürlich geschehen, und bisweilen ist es auch der Experimentator, der unbewußt ein Experiment verfälscht. Er kann zum Beispiel zerstreut und mit sehr leiser Stimme den Namen der Karte aussprechen, den er eigentlich auf außersinnlichem Weg dem Psychomiletiker mitteilen will. Durch einen solchen Fehler reduziert sich ein Experiment über bedingte Telepathie zu einem Versuch über die Hyperästhesie.

c) Die Ableitbarkeit bedeutet, daß durch Nachdenken und mit der Logik erworbene oder abgeleitete Fakten nicht paranormale Phänomene darstellen.

3. Die Hilfsmittel

Um sein Experiment zu einem guten Ende führen zu können, braucht man Karten, Würfel, Kuverts mit Zetteln, auf denen von anderen Personen geschriebene Wörter stehen, Tonbandgeräte usw. Bei jedem Experiment geben wir das benötigte Material an.

4. Die Aufeinanderfolge der Arbeitsgänge

In dieser Phase muß der Experimentator im Kopf oder mit Hilfe grafischer Darstellungen alle Arbeitsgänge in ihrer Reihenfolge durchdenken. Wir können das mit einem Stadtrundgang vergleichen, den wir vorher auf einer Karte ausgetüftelt haben.

5. Die Durchführung des Experiments

6. Die Auswertung

Dabei stellen wir fest, ob wir die Ziele erreicht haben.

Ist dies nicht der Fall, so müssen wir einen Fehler im ganzen Programm in Betracht ziehen und diesen korrigieren. Fehlerquellen gibt es genug: Ausfälle bei der Sinneswahrnehmung oder falsche Versuchsanordnungen. Vielleicht müssen auch der Agent oder der Perzipient ausgewechselt werden. Wenn die möglichen Fehler behoben sind, führen wir das Experiment noch einmal durch. Diese Prozedur bezeichnen wir als Feedback oder Rückkopplung, weil das Ergebnis die Ausgangslage eines neuen Experiments beeinflußt. Das ganze Vorgehen wollen wir hier noch einmal grafisch darstellen.

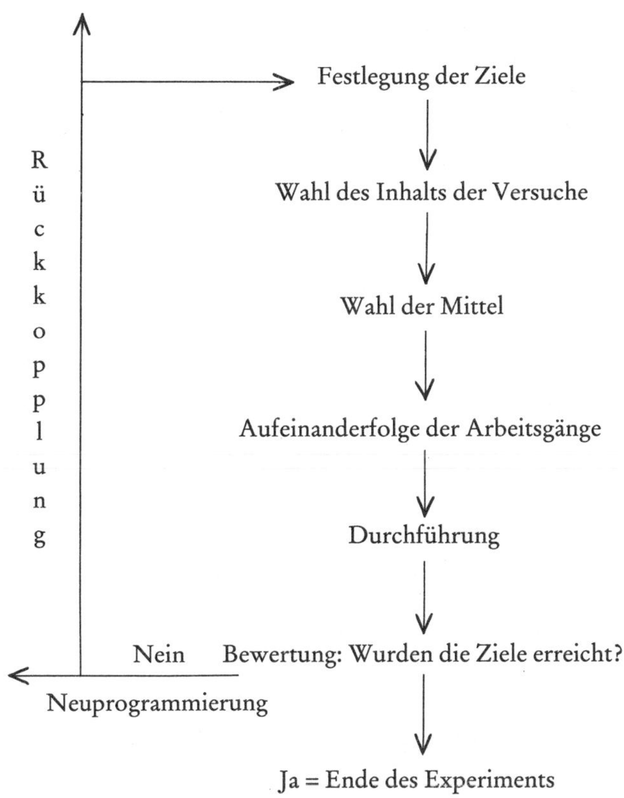

Psychophysische Bedingungen

Ich kenne zwei Personen, die wir hier der Einfachheit halber „P“ und „T“ nennen wollen.

T entspricht dem Agenten, im englischen Fachjargon „target-person“ (Zielperson) genannt. P hingegen ist der Perzipient, auf englisch auch „P-person“.

P wie T haben sich gerade von einem psychischen Zusammenbruch erholt. Sie arbeiten zusammen und treffen sich gelegentlich, stets aber nur nach telefonischer Verabredung.

Die beiden haben seit einigen Jahren ein merkwürdiges Phänomen bemerkt. Jedesmal, wenn T mit anderen Partnern über P gesprochen hat (das Gespräch dreht sich stets um die gemeinsame Arbeit), telefoniert P einige Minuten oder Stunden danach mit T, um ihn etwas zu fragen, ihm etwas mitzuteilen oder um mit ihm ein Treffen zu vereinbaren. P trifft die Entscheidung zu telefonieren nicht blitzartig, sondern seine Initiative ist das Ergebnis stunden- oder tagelangen Nachdenkens.

Es handelt sich um eine telepathische Botschaft, bei der wahrscheinlich auch P in den Stunden oder Tagen zuvor als Agent dient. Er veranlaßt T, über das betreffende Thema mit seinen Mitarbeitern zu sprechen. Bei dieser Zusammenarbeit gab es keine festen Termine. Auch logische Überlegungen, die zum Schluß führen konnten, daß ein Telefonanruf nun zu erwarten sei, waren nicht möglich. Seit einigen Jahren arbeiten beide nicht mehr zusammen. Damit ging auch ihre telepathische Beziehung zu Ende.

Der existentielle Auslöser

Offensichtlich war in diesem Fall die gemeinsame Arbeit der existentielle Auslöser, der zum unbewußten originären Impuls und damit zum Kommunikationsfaktor führte. Dieses Beispiel, das der realen Welt entnommen wurde, zeigt, daß der existentielle Auslöser die

wichtigste Rolle bei der Realisierung eines Experiments spielt. Wir haben diese Auslöser in ihrer Vielfalt schon früher aufgezählt und geben hier nur noch eine kurze Zusammenfassung:
- persönliches Interesse, Befriedigung, Wunsch nach Bestätigung;
- die Überzeugung, paranormale Eigenschaften zu besitzen;
- Emotionen und einige emotionale und psychopathologische Zustände;
- die Summe des bisherigen Lebens;
- affektive Bindungen;
- mystische Zustände oder Zustände angeblicher teuflischer Besessenheit;
- veränderte Bewußtseinszustände.

Vorbedingungen psychischer und physischer Art

Um den größtmöglichen Erfolg bei den Versuchen zu erzielen, sollte man übermäßige physische Betätigungen unterlassen, die das physiologische Gleichgewicht stören könnten, zum Beispiel
- übermäßigen Konsum alkoholhaltiger Getränke; ein bißchen Alkohol kann allerdings zu einer Entspannung und damit zu einem Gelingen des Experiments beitragen;
- übermäßiges Essen; am besten ist es, wenn die Verdauung der letzten Mahlzeit schon abgeschlossen ist;
- übermäßige sexuelle Betätigung.

Auch auf bestimmte psychische Bedingungen ist zu achten. Vor allem
- sollte man ausgiebige Diskussionen vor dem Experiment unterlassen, weil die Versuchspersonen möglichst entspannt sein sollten;
- sollte sich der Psychomiletiker im Ambiente und in der Gesellschaft der Anwesenden wohl fühlen;
- sollte die Beleuchtung heruntergeschraubt werden. Störende Elemente, vor allem Geräusche, sind möglichst fernzuhalten;
- sollten die anwesenden Personen ein „psychisches Schweigen" wahren und somit auf eine geistige Einflußnahme verzichten. Dadurch könnte es nämlich zu Interferenzen kommen.

Begriffe, Berechnungen und Interpretationen

Begriffe

Die folgenden Begriffe beziehen sich nur auf eine Art von Experiment, nämlich auf diejenigen mit Zener-Karten. Sie heißen auch ESP-Karten – vom englischen „extra-sensory-perception“ (also außersinnliche Wahrnehmung). Die Zener-Karten haben fünf Zeichen oder Symbole, nämlich *Welle, Kreis, Kreuz, Stern* und *Quadrat.* Es handelt sich dabei um eine im kollektiven Unbewußten verwurzelte archaische Symbolik. Sie erinnert an die Symbolik des Vollkommenen (Kreis und Quadrat), an kosmische (Stern), evolutive (Welle) und menschlich-göttliche Symbolik (Kreuz). Diese Symbolik steht dem archaischen Vorgang der „Kommunikation“ gegenüber, der das Wesen paranormaler Erscheinungen ausmacht. Die Symbolik kann also das Auftreten paranormaler Erscheinungen begünstigen.

Das Zener-Kartenspiel besteht aus 25 Karten, wobei die fünf Zeichen fünfmal wiederholt werden. Das erleichtert das Experimentieren und macht es nicht notwendig, das Spiel dauernd zu mischen. Wer nur fünf Karten besitzt, muß allerdings fünfmal geduldig mischen, so daß er auf ein Spiel mit 25 Karten kommt. Die Berechnungen, von denen später die Rede sein soll, beziehen sich nämlich immer auf ein Spiel mit 25 Karten.

Rhine verwendete diese Karten als erster bei seinen quantitativen Versuchen auf statistischer Basis. Es gelang ihm der Nachweis psi-kognitiver Phänomene. Als „Ziel“ bezeichnen wir jene Objekte, auf die sich paranormale Erscheinungen richten. Die Psyche des Psychomiletikers tritt mit diesem Ziel in Verbindung. Bei den Experimenten mit den Zener-Karten ist dieses Ziel die Karte.

Wir verwenden bei den Versuchen mit den Zener-Karten folgende weitere Begriffe:
Run: Dieser Begriff entspricht der Übereinkunft gemäß einer Versuchseinheit von 25 Karten, die durchgespielt werden, und stellt damit die statistische Einheit für unsere Berechnungen dar.
Versuch: Gemeint ist jeder Versuch des Perzipienten, die Karte zu erraten.
Ansage (call): Damit ist die Aussage des Perzipienten („Kreuz“, „Stern“ usw.) gemeint, mit der er die Karte zu erraten versucht.
Treffer (hit): Jede Übereinstimmung zwischen Ziel und Ansage.
Sitzung: Jede Zusammenkunft zu Versuchszwecken.
Satz (set): Anzahl der Runs in einer oder mehreren Sitzungen. Ein Satz besteht oft aus zehn Runs und setzt sich somit aus 250 Ansagen zusammen.
Ergebnis (score): Das Ergebnis wird durch die Zahl der Treffer und die Zahl der Nieten in einem Run (zum Beispiel acht Treffer auf 25 Versuche) oder durch die Zahl der Treffer pro Satz angegeben (zum Beispiel 72 Treffer auf 250 Versuche). Das Ergebnis pro Satz wollen wir Gesamtergebnis nennen.
Mittleres Ergebnis (average score): Das mittlere Ergebnis erhält man, wenn man das Gesamtergebnis eines Satzes durch die Anzahl der betreffenden Runs teilt.

Anfangsgründe der Wahrscheinlichkeitsrechnung für die quantitative Methode

Lange Zeit behauptete die Kritik telepathischer Erscheinungen, diese beruhten auf günstigen Koinzidenzen und somit auf dem Zufall. Deswegen begründete der Biologe Rhine, der Vater der modernen experimentellen Parapsychologie, im Gefolge von Charles Richet die quantitative statistische Methode, die von mathematischen Berechnungen Gebrauch macht.

Ich will hier kurz die Konzepte erläutern, die für eine saubere Auswertung der Versuche notwendig sind. Als zufällig bezeichnen wir eine Erscheinung, die sich unter verschiedenen Formen präsentieren kann, ohne daß es einen Grund für die Art der Manifestation gäbe. Die Ziehung der Zahlen einer Lotterie beruht zum Beispiel völlig auf dem Zufall. Wenn eine Lotterie 1000 Nummern umfaßt (von 1 bis 1000), so gibt es genau N = 1000 Möglichkeiten für die Ziehung.

Die Wahrscheinlichkeit, daß eine beliebige Zahl gezogen wird, zum Beispiel die 636, beträgt somit 1 zu 1000. Wir bezeichnen mit „N" die Zahl der möglichen Fälle eines Ereignisses (in diesem Fall 1000) und mit „n" die Zahl der günstigen Fälle des Ereignisses (in unserem Fall 1).

Als Wahrscheinlichkeit „p" bezeichnen wir die Zahl der theoretisch möglichen Fälle, geteilt durch die Zahl der günstigen Fälle.

$$p = \frac{\text{Zahl der günstigen Fälle}}{\text{Zahl der möglichen Fälle}} = \frac{n}{N}$$

Die Wahrscheinlichkeit eines unmöglichen Ereignisses ist gleich Null, während die eines sicheren Ereignisses 1 beträgt. Die Wahrscheinlichkeit ist also immer eine Zahl zwischen 0 und 1. Beim obigen Beispiel mit der Lotterie beträgt also die Wahrscheinlichkeit, die Zahl 636 zu ziehen, 1 zu 1000.

Wir können nun auch berechnen, welche Wahrscheinlichkeit besteht, daß wir im Rahmen unserer genannten Lotterie Zahlen ziehen, die aus lauter Einsen bestehen. Betroffen davon wären die Lose Nummer 1, 11 und 111. Damit ergeben sich drei günstige Fälle (n), und die Wahrscheinlichkeit liegt bei 3 zu 1000.

Wenn wir eine Münze hochwerfen, so haben Kopf und Zahl die gleiche Wahrscheinlichkeit von 1 zu 2. Die Wahrscheinlichkeit, daß das Herzas aus einem Spiel mit 40 Karten gezogen wird, liegt bei p = 1/40. Das Herzas wird dabei genauso wahrscheinlich gezogen wie jede beliebige andere Karte. Die Wahrscheinlichkeit, daß bei diesem Kartenspiel eine 10 gleich welcher Farbe erscheint, ist 4 (n) auf 40 (N). Es gilt also p = 4/40 = 1/10. Die Wahrscheinlichkeit, daß wir eine rote Karte ziehen, beträgt 20 (n) auf 40 (N). Es gilt also p = 20/40 = 1/2. Tatsächlich haben von 40 Karten 20 eine rote Farbe (Herz und Karo) und 20 eine schwarze Farbe (Pik und Kreuz).

Wenn wir einen Würfel werfen, hat jede Zahl dieselbe Wahrscheinlichkeit, oben zu liegen, nämlich 1 zu 6. Spielen wir nun mit zwei Würfeln und berechnen wir die Wahrscheinlichkeit, daß durch Summierung der Augen die Zahl 8 herauskommt. Wir müssen dazu alle möglichen Paarungen (N) berechnen, die sich mit den Augenzahlen der beiden Würfel bilden lassen, und sie mit der Zahl der günstigen Ereignisse (n) in Beziehung setzen. Die Zahl aller theoretisch möglichen Paarungen beträgt 36. Zu jeder beliebigen Zahl des ersten Würfels sind beim zweiten Würfel sechs Zahlen möglich, nämlich 1, 2, 3, 4, 5 und 6. Daraus ergibt sich die Gesamtzahl 6 x 6 = 36. Insgesamt gibt es fünf günstige Fälle, deren Summe die Zahl 8 ergibt, nämlich: (4 + 4), (5 + 3), (2 + 6), (6 + 2), (3 + 5). Die Wahrscheinlichkeit, daß wir also beim Wurf mit zwei Würfeln auch die Summe 8 bekommen, beträgt 5 zu 36.

Beim Experiment mit den Zener-Karten beträgt die Zahl der möglichen Fälle (N) 5, während die Zahl der günstigen Fälle (n) 1 ist. Die Wahrscheinlichkeit, daß die richtige Karte gezogen wird, liegt also bei 1 zu 5. Wenn wir nun das ganze Spiel aus 25 Karten (N) betrachten, so beträgt die Zahl der günstigen Ereignisse 5 (n). Auch hier liegt die Wahrscheinlichkeit p bei 5/25 = 1/5.

Als relative Häufigkeit oder Frequenz bezeichnen wir das Verhältnis der Anzahl der Treffer zu der Gesamtzahl der Versuche.

$$s = \frac{\text{Anzahl der Treffer}}{\text{Anzahl der Versuche}}$$

Die Wahrscheinlichkeit wird von vornherein berechnet, also bevor das Ereignis eingetreten ist. Die relative Häufigkeit berechnet man hingegen im nachhinein. Die Wahrscheinlichkeit bleibt bei dem Experiment immer dieselbe. Wenn wir zum Beispiel eine Münze hochwerfen, ist die Wahrscheinlichkeit, daß Kopf erscheint, immer 1 zu 2. Bei mehreren Versuchen schwankt allerdings die Frequenz.

Nehmen wir einmal an, wir wollen eine Münze 100mal hochwerfen. Die Wahrscheinlichkeit, daß der Kopf erscheint, beträgt 50 zu 100, d. h. 1 zu 2. Nun führen wir den Versuch durch. Dabei konstatieren wir, daß Kopf 48mal erschienen ist. Bei der nächsten Versuchsreihe werden wir wahrscheinlich eine andere Trefferquote erreichen. Je mehr Versuche wir durchführen, um so größer wird die Wahrscheinlichkeit, daß die Zahl der wahrscheinlichen günstigen Fälle zusammenfällt mit der Zahl der effektiven Treffer. Je mehr Versuche wir also durchführen, um so größer wird die Übereinstimmung zwischen Wahrscheinlichkeit und relativer Häufigkeit. Beim Beispiel mit der Münze wird mit zunehmender Zahl der Versuche die Frequenz sich immer mehr dem Wert 1 zu 2 nähern.

Wären paranormale Experimente den Gesetzen der Wahrscheinlichkeit und damit des Zufalls unterworfen, so müßte die beobachtete relative Häufigkeit mit der erwarteten Wahrscheinlichkeit zusammenfallen. Wenn hingegen der Beweis gelingt, daß bei solchen Experimenten die Trefferquote signifikant von der zu erwartenden Wahrscheinlichkeit abweicht, so wäre das ein Beweis paranormaler Erscheinungen.

Standardabweichung und mittleres Verhältnis

Bei einem telepathischen Experiment mit Hilfe der Zener-Karten beträgt die Wahrscheinlichkeit, daß eine beliebige Person die Karten richtig errät, 5 zu 25. Hat ein Psychomiletiker neun Treffer auf 25 Versuche, so erreicht er damit eine positive Variationsbreite von 4. Diese erhält man aus der Differenz zwischen der Anzahl der Treffer und der Anzahl der wahrscheinlichen Fälle (9 – 5). Weist der Psychomiletiker 15 Treffer auf, so beträgt die Variationsbreite 10 (15 – 5). Würde er alle Karten richtig wahrnehmen, so läge die Varia-tionsbreite bei 25 – 5 = 20.

Man kann daraus folgendes schließen: Die Ergebnisse sind um so bedeutsamer, je höher die Variationsbreite, d. h. die Differenz zwischen der Zahl der Treffer und der Zahl der wahrscheinlichen Fälle ist. Gleichzeitig steigt die Beweiskraft der Ergebnisse, je größer die Zahl der Versuche ist.

Die Statistiker verwenden die Standardabweichung und das mittlere Verhältnis „R“, um die Zuverlässigkeit von Experimenten anzugeben. Es handelt sich dabei um mathematische Konzepte. Wir wollen beide an einem Beispiel erklären. Nehmen wir an, daß wir ein telepathisches Experiment mit Zener-Karten durchgeführt haben und daß es aus vier Sätzen oder Sets zu je zehn Runs bestand. Die Zahl der Treffer betrug 251.

Vorläufige Berechnungen

- Anzahl der Sätze x Runs pro Satz = 4 x 10 = 40 Runs.
- Anzahl der Runs x Anzahl der Karten pro Run = 40 x 25 = 1000 Versuche.
- Wahrscheinlichkeit x Anzahl der Versuche = 1/5 x 1000 = 200. 200 Treffer würden also genau der Wahrscheinlichkeit entsprechen.
- Anzahl der effektiven Treffer = 251.
- Variationsbreite = Zahl der effektiven Treffer – Zahl der wahrscheinlichen Treffer = 251 – 200 = 51.

Standardabweichung

Der Wahrscheinlichkeit gemäß beträgt die Zahl der wahrscheinlichen Treffer 200. Effektiv wurden aber 251 Treffer erzielt. Läßt sich nun die Variationsbreite von 51 dem Zufall zuschreiben? Oder ist sie ein Zeichen für irgendeinen anderen Faktor, d. h. für die Intervention des Kommunikationsfaktors?

Natürlich kann eine Variationsbreite dem Zufall zuzuschreiben sein. Wird sie aber verhältnismäßig hoch, dann treten doch Zweifel auf, ob hier noch der reine Zufall die Hand im Spiel hat. Um dies zu entscheiden, gibt es das mathematische Maß der Standardabweichung, auch mittlere quadratische Abweichung genannt. Mit ihr kann man feststellen, bis zu welchem Punkt die Variationsbreite dem Zufall zuzuschreiben ist und wann sie als Beweis für die Paranormalität bedeutsam wird.

Die Formel für diese Standardabweichung beträgt in unserem Fall (und nur hier): S = 2√S, wobei „S“ der Anzahl der Runs entspricht.

Wenn wir nun diese Formel auf unser Experiment anwenden, so erhalten wir:

$$S = 2\sqrt{40} = 2 \times 6{,}32455 = 12{,}6491$$

Mittleres Verhältnis

Das mittlere Verhältnis ist ein Maß für den Erfolg des Experiments. Anhand des mittleren Verhältnisses können wir auf statistischen Tafeln die Wahrscheinlichkeit überprüfen, ob die Variationsbreite auf dem Zufall oder auf paranormalen Einflüssen beruht.

Das mittlere Verhältnis R wird auf folgende Weise berechnet:

$$R = \frac{\text{Variationsbreite}}{\text{Standardabweichung}} = \frac{51}{12{,}6491} = 4{,}03$$

Die Statistikexperten sind der Ansicht, daß das mittlere Verhältnis R > 2,50 betragen muß, um einen irgendwie gearteten fremden Einfluß voraussetzen zu können. Da in unserem Fall das mittlere Verhältnis 4,03 beträgt, ist der Erfolg des Experiments damit gegeben.

Im folgenden eine kleine Tafel, welche die Wahrscheinlichkeit angibt, daß die betreffende Variationsbreite auf dem Zufall beruht:

Mittleres Verhältnis R	Wahrscheinlichkeit, daß die Variationsbreite auf dem Zufall beruht
1	Die Wahrscheinlichkeit beträgt 1:6
2	Die Wahrscheinlichkeit beträgt 1:44
2,5	Die Wahrscheinlichkeit beträgt 1:167
3	Die Wahrscheinlichkeit beträgt 1:750
3,5	Die Wahrscheinlichkeit beträgt 1:4 260
4	Die Wahrscheinlichkeit beträgt 1:31 750
5	Die Wahrscheinlichkeit beträgt 1:3 508 000
6	Die Wahrscheinlichkeit beträgt 1:100 000 000

Die Experimente von Soal, die wir bereits zitiert haben, erreichten ein mittleres Verhältnis von 13,2.

Wir haben bisher nur von positiven Variationsbreiten gesprochen. In der Fachsprache heißen sie auch „psi-hitting". Bei Experimenten ist es aber durchaus möglich, daß man auch einer negativen Variationsbreite, einem „psi-missing", begegnet. Es entspricht Ergebnissen, welche die wahrscheinlichen Werte nicht erreichen. Einer psychologischen Interpretation zufolge ist das „psi-missing" auf eine problematische, schwierige Beziehung zum Ambiente des Versuches zurückzuführen. Man hat tatsächlich bemerkt, daß man die Versuchspersonen in zwei Gruppen einteilen kann:

- Die „sheeps" oder Schafe glauben an paranormale Phänomene. Versuche mit ihnen ergeben oft eine positive Variationsbreite.
- Ziegen oder „goats" glauben nicht an paranormale Phänomene. Bei Versuchen mit ihnen ergeben sich oft negative Variationsbreiten.

Hat ein Psychomiletiker ein problematisches Verhältnis zu einem bestimmten Phänomen oder zu den Teilnehmern an einem Experiment, so muß man sich auch auf psi-negative Ergebnisse einstellen. In einem solchen Fall kann man diese Tabelle verwenden, welche die möglichen negativen und positiven Variationsbreiten berücksichtigt.

Mittleres Verhältnis	Wahrscheinlichkeit, daß die Variationsbreite dem Zufall zuzuschreiben ist
1	Die Wahrscheinlichkeit beträgt 1:3
2	Die Wahrscheinlichkeit beträgt 1:22
2,5	Die Wahrscheinlichkeit beträgt 1:83
3	Die Wahrscheinlichkeit beträgt 1:375
3,5	Die Wahrscheinlichkeit beträgt 1:2 130
4	Die Wahrscheinlichkeit beträgt 1:15 875
5	Die Wahrscheinlichkeit beträgt 1:1 754 000
6	Die Wahrscheinlichkeit beträgt 1:50 000 000

Interpretation der Ergebnisse

Der Kommunikationsfaktor zeigt sich auf telepathischem Gebiet am leichtesten. Auf diesem Gebiet wollen wir auch die verschiedenen Interpretationstechniken miteinander vergleichen.

Quantitative Methode

Bei der quantitativen Methode erhebt sich eher das Problem der Bewertung als das der Interpretation der Ergebnisse. Wurden die Versuche korrekt durchgeführt, so reduziert sich das Problem der Bewertung auf die statistischen Berechnungen, vor allem des mittleren Verhältnisses. Dabei sollten wir allerdings einige typische Verhaltensweisen des Kommunikationsfaktors nicht außer acht lassen. Auf sie haben schon frühere Experimentatoren hingewiesen.

– Bei telepathischen Experimenten zeigt sich gelegentlich ein „Goldhändchen". Bereits Richet wies 1884 darauf hin. Es besteht aus einer höheren mittleren Häufigkeit der Treffer bei den ersten Versuchen eines Satzes. Bisweilen manifestiert sich das „Goldhändchen" auch bei den letzten Versuchen eines Satzes. Der Grund für diese Erscheinung liegt in der Seele des Psychomiletikers. Aufgrund seines Interesses erfährt er zu Beginn des Versuches starke Anreize. Folglich sorgt der Kommunikationsfaktor, der von diesen Anreizen aktiviert wird, für erhöhte Trefferquoten. Im Laufe des Experiments verflacht das Interesse und damit auch der originäre Impuls, der mit dem existentiellen Anreiz in Zusammenhang steht. Gegen Ende des Experiments zeigt sich dasselbe wie beim Zieleinlauf, wo der Sportler noch einmal alles gibt. Die Erscheinung des „Goldhändchens" hängt von der emotionalen Lage der Versuchsperson, ihrer Art, das Leben zu meistern, und anderen persönlichen Faktoren ab.

– Die „zeitliche Verschiebung" ist ein anderes typisches Merkmal des Kommunikationsfaktors. Sie äußert sich darin, daß die Ansage, d. h. die jeweils erratene Karte, nicht der Karte entspricht, die der Agent gerade zu übermitteln versucht, sondern einer oder mehreren Karten davor oder danach. Es ergibt sich dadurch entweder ein Vorauseilen oder ein Nachhinken.

Diese zeitliche Verschiebung stellten W. Carington, E. Stuart und vor allem P. Soal bei Experimenten fest.

Qualitative Methode

Bei der qualitativen Methode spielen Berechnungen keine Rolle, sondern im Zentrum steht die eigentliche Interpretation, vor allem von Experimenten, bei denen Zeichnungen oder Wörter telepathisch übertragen wurden, oder von spontanen Fällen telepathischer Wahrnehmungen im Traum.

In diesen Fällen ist die Perzeption reich artikuliert, weil die telepathische Botschaft „wie jedes andere Produkt des Unbewußten durch die Schichten der Seele, besonders durch die Zensur, zieht und in ihrem Inhalt tiefgreifend verändert wird. Sie muß deswegen interpretiert werden.“[1]

Bei der telepathischen Übermittlung tritt der Kommunikationsfaktor aus der Zone des Unbewußten hervor, und die betreffende Botschaft gelangt ins Bewußtsein, wobei sie aber verändert wird. Deswegen muß eine Interpretation erfolgen.

Die Veränderung geschieht mit Hilfe von Mechanismen, die der Psychoanalyse schon lange bekannt sind. Sie sollen hier kurz behandelt werden:

– Bei der Symbolisierung werden formale Elemente eines gegebenen Objekts verändert und umgeformt. Die darstellende Kraft des Objekts bleibt davon jedoch unberührt. Der Agent übermittelt zum Beispiel „Krankenschwester“, und der Perzipient empfängt „Injektionsspritze“. Das Wort oder das Bild der Krankenschwester erfuhr im Perzipienten eine Veränderung, die mit seinen persönlichen Erfahrungen zusammenhängt.

1988 führte ich einen Pilottest an einer angeblichen Psychomiletikerin durch, die wir M nennen wollen. Sie hatte mir von auffallenden anekdotischen Erscheinungen vor allem psychokinetischen Typs berichtet. Die Frau wies deutliche Zeichen einer fortgeschrittenen mediumistischen Psychose auf und fühlte, daß sie dazu bestimmt sei, eine „vom Teufel Besessene" zu werden. Unter ihren Treffern bei der Übermittlung geschriebener Wörter war auch ein hoch symbolischer. Das geschriebene Wort war „Teufel". Die Frau zeichnete eine Schlange. Dabei fiel sie in einen träumerischen, verinnerlichten Zustand und begann, die Namen der verschiedenen Teufel nach der alten magischen Tradition aufzuzählen, niederzuschreiben und auch ihre Unterschrift darunterzusetzen.

– Bei der Verdrängung werden aggressive Impulse vom Über-Ich auf unbewußtem Niveau gehalten. Eine analytische Behandlung kann sie jedoch ins Bewußtsein rufen. Die Kenntnis dieses Mechanismus hilft uns zu verstehen, warum gewisse Personen gewissen paranormalen Erscheinungen gegenüber empfindlich reagieren und auf sie ausgerichtet sind.

1989 begann ich Frau P zu studieren. Sie behauptete, sie könne erkennen, wann eine Person von einer Zauberei betroffen sei. Diese Information liefere ihr der „Geist" eines Siebenmonatskindes, das Frau P in ihrer Jugend gekannt hatte. Aus derErzählung der Frau, die keine „professionelle Magierin" war, konnte ich entnehmen, daß viele der angeblichen Zaubereien und der damit zusammenhängenden Fetische auf Dingen beruhten, welche die Frau selbst erzeugte („autofatture").

Wichtig ist der Umstand, daß Frau P vor zwölf Jahren ihre Fähigkeiten erwarb, als ein Sohn von ihr seinen Bruder mit einem Gewehrschuß getötet hatte. Er hatte dies nicht mit Absicht, aber fast unter dem Zwang einer mysteriösen Kraft getan. Die Frau hatte dann in den Matratzen und Kissen eine fetischartige Figur in Form eines Sarges gefunden.

Frau P hegt die Überzeugung, Opfer einer Verhexung gewesen zu sein. Meiner Interpretation nach handelte es sich jedoch um die Projektion von Problemen auf unbewußtem Niveau mit anschließender psychokinetischer, symbolischer Herstellung des sargähnlichen Fetischs. Dieser Umstand hatte in ihr jedoch die Aversion – ich würde sagen, Aggression – gegen diese psychokinetischen Formen und die Fähigkeit verstärkt, sie zu erkennen.

Auch bei der Interpretation von Bildern kann der Prozeß der Verdrängung eine Rolle spielen. Es fällt dann sehr schwer, festzustellen, wie stark eine solche Verdrängung eine telepathische Übertragung beeinflussen kann.

– Bei der Aufsplitterung können charakteristische Elemente einer Zeichnung verstreut in anderen Zeichnungen auftreten, die telepathisch übertragen werden.

– Bei der Verdichtung oder Kondensation übernimmt eine Person Elemente, die zu unterschiedlichen Personen oder Situationen gehören.

Herr Meier träumt zum Beispiel von seinem Nachbarn, mit dem er in sehr guter Beziehung lebt, daß er einen Autounfall erleidet. Sein Nachbar hat im Traum einen großen Leberfleck auf der rechten Wange und trägt eine Brille aus Schildpatt. Herr Meier ist erstaunt darüber, weil sein Nachbar weder einen Leberfleck hat und auch keine Schildpattbrille, ja überhaupt keine Brille trägt.

Am folgenden Tag erfährt Meier, daß sein Arbeitgeber (der eine Brille aus Schildpatt trägt) und dessen Teilhaber (der einen großen Leberfleck auf der rechten Wange hat) einen Autounfall hatten.

Herr Meier, der einen unbewußten Kontakt mit diesen beiden Männern durchlebte, kondensierte die paranormale Botschaft, wobei er sie auf die ihm wohlgesinnte Figur des Nachbarn projizierte.

Drittes Kapitel

Experimente

Versuche zur Telepathie, zum Hellsehen und zur Präkognition

Spontane Erscheinungen

Bevor wir experimentelle Erscheinungen behandeln wollen, betrachten wir die Merkmale „spontaner“ Phänomene. Ihre Art der Manifestation und ihre perzeptive Klarheit können uns bei der experimentellen Situation helfen. Was die Klarheit und Genauigkeit der Wahrnehmung anbelangt, so will ich hier die Klassifikation von L. Wassiliew anführen, der den Lehrstuhl für Physiologie an der Universität St. Petersburg innehatte.

– „Erste Stufe“: Der Psychomiletiker erfährt gefühlsmäßig eine unbestimmte Situation. Er hat das Gefühl, daß irgend etwas geschehen ist, weiß aber nicht, wo, wie und wem. Das Gefühl ist aber meistens unangenehmer Natur, weil sich außersinnliche Wahrnehmungen besonders in negativ aufgeladenen emotionalen und pathologischen Situationen und bei Gefahr manifestieren.
– „Zweite Stufe“: Die Wahrnehmung ist stark an eine Person verbunden. Diese kommt dem Psychomiletiker oft in den Sinn, und er weiß, daß ihr etwas zugestoßen ist.
– „Dritte Stufe“: Der Psychomiletiker nimmt Genaueres wahr. Er macht die Person aus, mit der etwas geschieht. Er kennt auch einige

Einzelheiten des Vorgefallenen. Von diesen Tatsachen erfährt der Psychomiletiker oft symbolisch im Traum.

Ein Beispiel hierfür gab es in meiner Familie. Während des Zweiten Weltkriegs wurden wir nach Fubine, einem Dorf im piemontesischen Monferrato, evakuiert. Meine Mutter begegnete während eines Besuchs in Alessandria der Besitzerin des Hauses, in dem wir vor dem Krieg gelebt hatten, und diese sagte ihr, sie habe sich mit einem Nagel den Fuß verletzt und ihn infiziert, als sie den Schutt des Hauses aufräumte, das bei einem Bombardement beschädigt worden war. Meine Mutter träumte einige Tage danach von dieser Frau, die Amalia Ricci hieß, und sah sie mit verbundenem Fuß. Frau Ricci sagte ihr: „Frau Pavese, jetzt geht es mir wirklich gut, ich bin geheilt." Meine Mutter antwortete ihr: „Ich freue mich, daß es Ihnen wieder gutgeht." Da erwachte meine Mutter und sah, daß der Morgen graute – es war Ostern. Nach einigen Tagen erfuhr sie, daß Frau Ricci an einer Starrkrampfinfektion gestorben war, am Morgengrauen des Ostertages.

Vielleicht dachte Frau Ricci vor ihrem Tod an meine Mutter. Vielleicht schlief meine Mutter auch mit dem Gedanken an sie ein. Fest steht, daß der Kommunikationsfaktor auf emotionaler Basis arbeitet. Es kam zu einer symbolischen Kommunikation, deren Inhalt mit der christlichen Interpretation des Todes übereinstimmte.

– „Vierte Stufe": Der Psychomiletiker erlebt wie in einer Halluzination das telepathische Geschehen. Er sieht mit eigenen Augen die Bilder, die ihm der Kommunikationsfaktor liefert. Im Hinblick auf die Art und Weise, wie sich die paranormale Wahrnehmung manifestiert, sind mehrere „Kanäle" möglich:
– die visuelle halluzinatorische Form (wie bereits erwähnt) oder auch die auditive Form, bei der die Person die Worte auf Entfernung hin hört;
– die geistige Wahrnehmung, bei der unvermutet eine Idee auftaucht;
– die Wahrnehmung während eines Traumes. Tatsächlich ist der Traum das beste Vehikel für die paranormalen Phänomene. In den meisten Fällen sind Traumwahrnehmungen jedoch symbolisch umgeformt und schwer zu interpretieren.

Die gemeinsamen Nenner der Telepathie

Kenntnisse über Bedingungen, die allen telepathischen Phänomenen gemeinsam sind, können den Aufbau positiver experimenteller Situationen begünstigen. Gemeinsame Elemente bei der Telepathie sind zum Beispiel:

1. Ambiente und persönliche Eigenheiten der Psychomiletiker: Alle Forscher bestätigen, daß eine heitere Umgebung, die Suche nach dem Erfolg, eine Wettbewerbssituation, die Erwartung einer Belohnung und das Interesse für die Forschung Versuche begünstigen. In parapsychologischer Ausdrucksweise können wir sagen, daß die aufgezählten Elemente existentielle Auslöser des originären Impulses und damit des Kommunikationsfaktors darstellen. Die Forscher Fraser Nicol und Betty Humphrey betonten 1952, die besten Ergebnisse hätten sie bei telepathischen Experimenten mit Personen mit starkem Selbstvertrauen erzielt.
2. Erwartungshaltungen des Experimentators: Ich habe bereits auf die Formbarkeit paranormaler Erscheinungen hingewiesen; sie passen sich oft den Erwartungshaltungen des Experimentators an. Es kann zum Beispiel vorkommen, daß sich der Experimentator einen Beweis für die Existenz der Präkognition von einem Versuch mit Zener-Karten erwartet. In diesem Zusammenhang kann ein sehr guter Psychomiletiker unbewußt, durch Psychokinese oder telepathischen Einfluß auf den Experimentator, der die Karten mischt, genau die Abfolge der Karten realisieren, die er vor dem Spiel angesagt hat.

An dieser Stelle will ich daran erinnern, daß es meiner Meinung nach eine gemeinsame Basis für alle paranormalen Erscheinungen gibt, nämlich den Kommunikationsfaktor. Die Formbarkeit reduziert sich also auf eine Anpassung des Kommunikationsfaktors an die Erwartungshaltungen sowohl des Psychomiletikers wie des Experimentators.

3. Die Person des Experimentators: Gewisse Experimentatoren begünstigen durch ihre Präsenz das Experiment. Die Sympathie ist ein wichtiger Faktor, doch spielen auch geringfügige, ich würde sagen, para-normale, Faktoren eine große Rolle. Es kann damit zu einer psychischen Integration und zu einer aktiven Beteiligung des Experi-

mentators kommen: Er kann dann durchaus bewirken, daß Experimente zu einem bestimmten Ergebnis führen.

4. Alter und Geschlecht: Die Telepathie manifestiert sich vorzugsweise in einem Alter unter 40 bis 45 Jahren, kaum darüber. Die telepathische Beziehung zwischen den Geschlechtern zeigt in der bisherigen Kasuistik folgende Prozentzahlen:

– von Mann zu Frau (41 Prozent);
– von Mann zu Mann (29 Prozent);
– von Frau zu Mann (18 Prozent);
– von Frau zu Frau (12 Prozent).

5. Zustand der Person: Telepathische Vorgänge werden begünstigt, wenn das wachsame Bewußtsein schwächer wird. So kann aus dem Unbewußten der Kommunikationsfaktor auftauchen. Begünstigt wird die Telepathie durch Entspannung, Meditation, psychische Abschließung gegenüber äußeren Geräuschen. Es kommt dabei zu einer Art Trennung zwischen Bewußtsein und Unbewußtem.

6. Telepathische Paare: Eine gute affektive Beziehung kann die Basis für ein „telepathisches" Paar schaffen. Verlobte, Freunde, Schüler und Lehrer können eine emotional sehr reiche seelische Beziehung haben, was die außersinnliche Wahrnehmung begünstigt.

7. Teilweise Wahrnehmung: Es kommt oft vor, daß der Perzipient bei der Übermittlung eines Bildes nur einen Teil davon oder eine Einzelheit auffängt oder auch ein fremdes Bild, das der Agent für sich kurz vor dem Experiment formulierte.

8. Das „Goldhändchen": Bei zahlreichen Versuchen konnte man gesetzmäßig schwankende Trefferquoten beobachten. Zu Beginn und gegen Ende ergaben sich stark positive Ergebnisse, während in der Mitte des Experiments die Zahl der Treffer zurückging.

Praktische und psychophysische Bedingungen für telepathische Experimente

Praktische Bedingungen

Die im folgenden aufgezählten Bedingungen erlauben es, bei Versuchen möglichst hohe Trefferquoten zu erzielen. Es handelt sich dabei um die folgenden Bedingungen: Kenntnis der Person, Umgebung, Mitteilung der Ereignisse, geistiger Zustand.
1. Die persönliche Bekanntschaft zwischen Agent und Perzipient ist, wie schon angedeutet, sehr nützlich, weil sie die paranormale Übereinstimmung zwischen den beiden erhöht. Affektive Bindungen und Freundschaft erhöhen die Erfolgswahrscheinlichkeit.
2. Die Umgebung beeinflußt entscheidend die Qualität des Phänomens. Will man Experimente zur reinen Telepathie durchführen, so dürfen Agent und Perzipient sich nicht in demselben Zimmer befinden, sonst könnte es zu einer psychischen Integration, d. h. zu einer bedingten Telepathie kommen, sofern es sich nicht gar um Hyperästhesie handelt.
3. Die Bekanntgabe der Resultate darf nur am Ende eines Runs oder eines qualitativen Experiments erfolgen. Werden sie zu früh bekanntgegeben, so können emotionale Faktoren wie Mißtrauen den Versuch verfälschen.
4. Der Geist des Agenten und des Perzipienten ist auf die telepathisch übermittelte Botschaft ausgerichtet. An dieser Stelle erhebt sich aber die Frage: Was wird dabei mitgeteilt?

Der Gegenstand telepathischer Kommunikation

Der existentielle Auslöser erzeugt im Psychomiletiker (Perzipient) den unbewußten originären Impuls (Kommunikationsfaktor). Dieser empfängt über den unbewußten allgemeinen Psychismus die Information aus dem Unbewußten des Agenten. Der Psychomiletiker ist in einem dynamischen Sinn der wahre „Agent“, weil der

Kommunikationsfaktor von ihm ausgeht. Der formale Agent hingegen betrachtet die Karten und bietet sich als mentales Ziel an. Das ist ein theoretisches Schema. Nicht auszuschließen ist eine Interaktion zwischen Agent und Perzipient dahingehend, daß der formale Agent an der Wahrnehmung des Psychomiletikers beteiligt ist und sie begünstigt.

Nimmt der Psychomiletiker den Gegenstand oder die Gedanken an diesen Gegenstand wahr? Als Soal 1941 mit dem Psychomiletiker Shackleton experimentierte, kam er zum Schluß, daß der Gedanke aufgefangen wird. Tatsächlich vertauschte er, ohne Shackleton etwas davon zu sagen, plötzlich die bis dahin verwendeten Karten, die Tiere zeigten. Soal nahm nun Karten, auf denen nur die Anfangsbuchstaben der Tiere standen. Das Experiment ging positiv aus, und Soal füllte vier Registrierblätter aus, bevor er Shackleton etwas davon sagte.

Ich empfehle Ihnen, folgendermaßen vorzugehen:

– Der Agent löscht in seinem Kopf alle Gedanken und konzentriert sich passiv und entspannt, indem er die Karten, den Gegenstand, die Zeichnung usw. betrachtet, die er übermitteln will.

– Der Perzipient beachtet ein „psychisches Schweigen" und versetzt sich in die Rolle des Zuhörers, der offen ist für die erste Wahrnehmung, die sich in seiner psychischen Leere Bahn verschafft.

Eine andere Technik schlug der Russe Kogan vom Institut für Bioinformation in Moskau vor. Sie setzt allerdings voraus, daß der Agent imstande ist, sich das „Ziel" in seinen exakten Umrissen vorzustellen und es zu visualisieren.

Der Perzipient muß in hohem Maße fähig sein, eine psychische Leere einzuhalten und somit alle Gedanken auszuschalten. Er muß seinen Geist in einen Zustand der Erwartung versetzen. Dieser Technik zufolge

- muß sich der Agent mit geschlossenen Augen einen weißen Schirm vorstellen, auf dem die Reproduktion des „Ziels" erscheint;
- muß sich der Perzipient denselben Schirm vorstellen und darauf warten, daß der Zielgegenstand darauf erscheint.

Der Agent kann auch versuchen, die Projektion von Diapositiven zu übermitteln. Der Perzipient verwendet dann ebenfalls die Technik des weißen Schirms, welche die Frau des berühmten Schriftstellers Upton Sinclair zum erstenmal benutzte. Sie führte übrigens Experimente durch, die auch Albert Einstein beeindruckten.

Psychophysische Bedingungen

Es gibt nur wenige, aber dafür bedeutsame psychophysische Bedingungen, die zu einem guten Gelingen des Experiments beitragen. Am hilfreichsten ist ein Zustand der geistigen Ruhe. Wir erreichen ihn am besten mit körperlicher und geistiger Entspannung – und nach einiger Übung. Die körperliche Entspannung erreichen wir durch eine bequeme Haltung; wir lassen dabei den Körper so gehen, als wäre er ein inerter Gegenstand. Für die geistige Entspannung empfiehlt es sich, heitere, ruhige Gedanken zu fassen, zum Beispiel die Vorstellung eines ruhigen Meeres, des blauen Himmels oder einer weiten grünen Ebene usw.

Vor allem sollte man einen Zustand der seelischen Isolierung schaffen. Wir schließen uns dabei von den Geräuschen der Umgebung ab und versetzen uns in einen Zustand der Meditation und der verringerten Wachsamkeit des Bewußtseins. Sehr gut sind aber auch hochemotionale Bedingungen. Die betreffenden Personen werden dadurch empfänglicher, doch ist ein solcher Zustand nur schwer zu erreichen.

Die ersten Experimente

Ein Experiment zur bedingten Telepathie

Dieses Experiment ist sehr leicht und ohne besondere Vorkehrungen durchzuführen. Es soll uns an die späteren, schwieriger aufgebauten Versuche heranführen.

1. Wir bereiten zehn kleine Blätter Papier in gleicher Größe und Farbe vor. Fünf davon tragen die Aufschrift „Ja“ und fünf die Aufschrift „Nein“.
2. Wir legen die doppelt gefalteten Papiere in eine Tüte oder einen Korb und legen zwei Blatt Papier bereit, auf denen wir die Ergebnisse notieren.

3. Der Agent und der Perzipient stellen sich mit einem Mindestabstand von zwei Metern auf und legen fest, wie schnell der Versuch durchgeführt werden solle (zum Beispiel ein Versuch pro Minute).
4. Der Agent zieht ein Blatt Papier heraus, entfaltet es und versucht mit einer der bereits beschriebenen Techniken, das Ergebnis dem Perzipienten zu übermitteln.
5. Jeder Versuch wird mit einer fortlaufenden Nummer versehen, und die Ergebnisse sind schriftlich festzuhalten. Der Agent schreibt auf, was auf dem betreffenden Stück Papier steht, und der Perzipient schreibt auf sein Blatt mit derselben fortlaufenden Nummer, was er wahrgenommen hat.
6. Die Blätter werden wieder gefaltet, in den Korb zurückgelegt und von Zeit zu Zeit durchmischt. Schließlich sollte man auf mindestens 100 Versuche kommen.
7. Nach dem eigentlichen Experiment kontrollieren der Agent und der Perzipient ihre Anmerkungen und überprüfen die Frequenz. Nach der reinen Wahrscheinlichkeit müßten 50 Treffer auf 100 Versuche kommen.

Der Unterschied zwischen dem wahren Ergebnis und dem wahrscheinlichen Ergebnis heißt Variationsbreite. Je größer die Variationsbreite, um so bedeutungsvoller das Ergebnis.

Der Nachteil bei diesem Experiment ist, daß es zu wahrnehmbaren Äußerungen kommen kann. Der Agent kann sich tatsächlich leicht dazu verführen lassen, das „Nein“ oder das „Ja“ unbewußt in seiner Mimik auszudrücken, zum Beispiel durch ein Kopfnicken, durch ungewolltes Murmeln und andere Bewegungen, die ein Hyperästhetiker sehr wohl wahrnehmen könnte. Wenn diese Zweifel ausgeschlossen sind, enthüllt das Experiment eine bedingte Telepathie oder psychische Integration.

Erster Versuch mit reiner Telepathie

Das eben beschriebene Experiment läßt sich in einen Versuch für reine Telepathie verwandeln, wenn Agent und Perzipient sich in zwei getrennten Zimmern aufhalten. Dazwischen sollte ein weiteres Zimmer mit geschlossenen Türen liegen. Auf diese Weise ist jede Sinneswahrnehmung ausgeschlossen.

Agent und Perzipient müssen sich über die zeitliche Abfolge des Experiments einigen. Sie richten ihre Uhren zum Beispiel auf die Sekunde genau aus und machen alle zwei Minuten einen neuen Versuch. Die erste dieser beiden Minuten dient der Übermittlung, die zweite der Niederschrift der Ergebnisse. Als Zeichen für den Versuchsbeginn kann man auch einen Glockenschlag erklingen lassen.

Zweites und drittes Experiment mit reiner Telepathie

Die größte Sicherheit, daß es sich bei diesem Versuch um reine Telepathie handelt, erhält man natürlich, wenn er in zwei verschiedenen Gebäuden stattfindet. Verlaufen die Versuche positiv, so kann man dasselbe Experiment auch durchführen, wenn Agent und Perzipient sich in zwei verschiedenen Orten aufhalten. In diesem Fall würde sich bestätigen, daß der Kommunikationsfaktor keine räumlichen Grenzen kennt.

Experimente mit Zener-Karten

Wir bringen hier einige Experimente mit Zener-Karten. Der Versuchsaufbau ist ähnlich wie beim ersten Experiment.

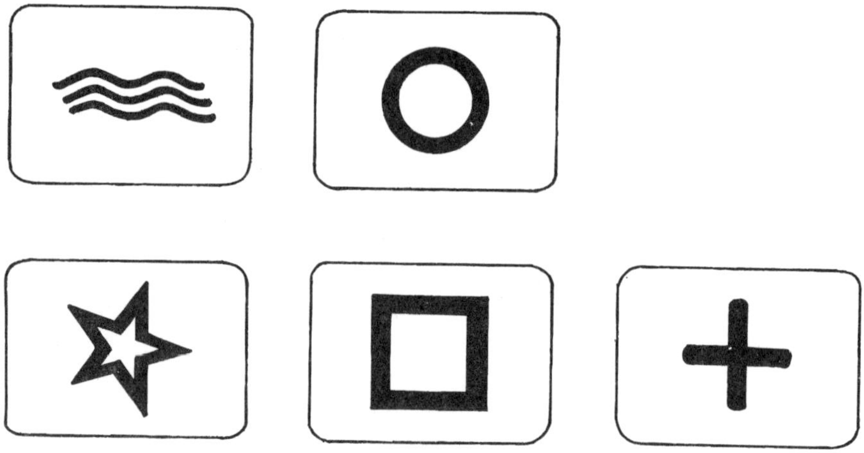

Erstes Experiment mit Zener-Karten

Wir erinnern daran, daß die Zener- oder ESP-Karten fünf Symbole zeigen, nämlich Welle, Kreis, Stern, Quadrat und Kreuz. Die Wahrscheinlichkeit eines Treffers beträgt ein Fünftel, mag man nun fünf Karten oder einen ganzen Satz von 25 Karten in Händen halten.

Beim ersten Experiment halten sich Agent und Perzipient im selben Zimmer auf. Bei einem positiven Ausgang haben wir also einen Beweis für die bedingte Telepathie (psychische Integration) mit möglichen hyperästhetischen Interferenzen.

1. Agent und Perzipient bereiten zwei Blatt Papier vor. Auf das eine schreibt der Agent bei jedem Versuch, welche Karte er übermittelt hat, während der Psychomiletiker seine Wahrnehmung notiert. Die Versuche werden fortlaufend numeriert.
2. Der Agent mischt die Karten, legt sie vor sich hin und zieht eine, betrachtet sie einige Sekunden lang, legt sie dann nieder und notiert auf seinem Blatt Papier die Nummer des Versuches und das gezogene Symbol. Der Perzipient notiert seine Wahrnehmung ebenfalls mit einer fortlaufenden Nummer.
3. Beide fahren so lange fort, bis ein Spiel mit 25 Karten zu Ende ist.

Stehen nur fünf Karten zur Verfügung, so müssen diese nach jedem Durchgang, insgesamt also noch viermal, gemischt werden, um einen Run aus 25 Karten zu erhalten.
4. Ich rate dazu, Sätze zu je zehn Runs zu spielen, wobei man das auf mehrere Sitzungen verteilen kann.
5. Am Ende jedes Runs müssen die Karten dem Versuchsleiter übergeben werden, der sie auf die Reihenfolge überprüft. Fehlt diese dritte Person, so können die beiden am Versuch beteiligten Personen gemeinsam die Karten durchgehen und auch die Ergebnisse notieren.

Nehmen wir an, wir hätten acht Treffer auf 25 Versuche. Wir berechnen dann die Variationsbreite; sie ergibt sich aus der Differenz zwischen der tatsächlichen und der wahrscheinlichen Trefferquote (8 – 5) und beträgt demnach 3. Man kann nun auch die Standardabweichung und das mittlere Verhältnis berechnen. Interessant wird dies jedoch erst ab zehn Treffern.

Nehmen wir also an, es hätten sich elf Treffer und damit eine Variationsbreite von 6 ergeben. Die Berechnungen sehen dann folgendermaßen aus:

$$\text{Standardabweichung} = 2 \times \sqrt{S} = 2 \times \sqrt{1} = 2.$$

$$\text{Mittleres Verhältnis} = \frac{6}{2} = 3$$

Nehmen wir an, wir hätten auf zehn Runs die folgenden Trefferquoten erzielt: 18, 15, 2, 8, 5, 6, 20, 7, 3, 9. Wir wollen nun die Signifikanz dieser Reihe berechnen.

Berechnungen für einen Satz:

- Die Gesamtzahl der Treffer beträgt
  18 + 15 + 2 + 8 + 5 + 6 + 20 + 7 + 3 + 9 = 93
- Die wahrscheinliche Zahl der Treffer beträgt 10 x 5 = 50
  Dasselbe Ergebnis erhält man durch die Rechnung: $\frac{1}{5}$ (Wahrscheinlichkeit) x 250 (Anzahl der Versuche).
- Die Variationsbreite beträgt 93 – 50 = 43

$$\text{Standardabweichung} = 2\sqrt{10} = 2 \times 3{,}16227 = 6{,}32454$$

$$\text{Mittleres Verhältnis R} = \frac{43}{6{,}32454} = 6{,}8$$

Das Ergebnis ist vorzüglich, auch wenn die Zahl der Versuche nur gering war. Für eine weitere Bestätigung wären jedoch mehr Versuche erforderlich.

Experiment mit veränderter Methodik

Wenn das vorhergehende Experiment negative Ergebnisse zeigte, kann man versuchen, den Ablauf des Versuchs zu ändern. Anstatt einiger weniger Sekunden, die dem Agenten für die Übermittlung zur Verfügung stehen, verlängert sich diese Zeit nun auf eine Minute.

Erstes, zweites, drittes Experiment mit reiner Telepathie

Um Experimente mit reiner Telepathie durchführen zu können, muß man Agent und Perzipient voneinander trennen. Dafür gibt es drei Möglichkeiten:

– Die Versuchspersonen befinden sich in unterschiedlichen Zimmern. Dazwischen liegt mindestens ein weiteres Zimmer mit geschlossenen Türen. Der Versuch wird mit synchronisierten Uhren durchgeführt. Die Versuchspersonen können auch leise klingeln, Glockengeräusche oder das Haustelefon verwenden, um sich über die Abfolge abzustimmen.
– Die Versuchspersonen befinden sich in verschiedenen Gebäuden. Die zeitliche Abstimmung erfolgt auf dieselbe Weise.
– Agent und Perzipient halten sich an zwei verschiedenen Orten auf.

Verfolgt das Experiment wissenschaftliche Zwecke, so sollten zwei weitere Personen dabeisein. Eine davon mischt die Karten und befindet sich beim Agenten, während die andere den Perzipienten kontrolliert. Die beiden Kontrollpersonen bekommen das Blatt Papier von den Versuchspersonen ausgehändigt. Sie notieren die Ergebnisse und führen die Berechnungen durch.

Farbexperimente

Wir bereiten 25 Karten vor. Je fünf davon sind schwarz, rot, grün, blau und weiß gefärbt. Der Perzipient muß die Farben wahrnehmen, die der Agent betrachtet. Das Experiment entspricht einem Zener-Karten-Versuch. Es ändert sich nur die Qualität des Sinnesreizes: Statt um Formen geht es hier um Farben.

Wer mit den Zener-Karten keinen Erfolg hatte, sollte den Versuch mit solchen Farbkarten wiederholen. Diese Veränderung ist in der Tat eine Möglichkeit, um die Versuchspersonen zu stimulieren.

Das Vorgehen ist dasselbe wie bei den Zener-Karten. Nach jedem Run werden die Karten neu gemischt und neue Blätter für die Anmerkungen ausgegeben. Natürlich bleiben auch die Wahrscheinlichkeit und die Berechnungsweise dieselben. Wie bei den Zener-Karten kann man auch hier unterschiedliche Experimente durchführen:
- im gleichen Zimmer (bedingte Telepathie, möglicherweise Hyperästhesie);
- in verschiedenen Zimmern;
- in verschiedenen Gebäuden;
- an verschiedenen Orten.

Das „Märchen", ein Experiment mit Kindern

Wie ich schon sagte, ist es nicht angebracht, Kinder an parapsychologischen Experimenten zu beteiligen. Allerdings kann man mit ihnen ein Spiel durchführen, sollte ihnen gegenüber aber nicht von persönlichen Kräften oder Mächten sprechen. Das wäre falsch, denn es gibt solche Mächte und Kräfte gar nicht. Es existiert hingegen ein archaisches Merkmal der menschlichen Psyche, die dadurch zu einer ursprünglichen und psychokinetischen, symbolischen Art der Kommunikation befähigt ist.

Die Kinder können bei diesem Märchenspiel mitmachen. Es

kann unterschiedliche Inhalte annehmen. Der Aufbau ist der folgende:

1. Der Erwachsene besorgt sich fünf Schachteln oder fünf Kuverts, auf die er die Abbildungen verschiedener Schlösser klebt. Dazu brauchen wir das Bild einer Prinzessin. Diese fünf Schlösser und die Prinzessin zeigt der Erwachsene den Kindern.
2. Das Bild der Prinzessin wird in einer der Schachteln versteckt.
3. Der Erwachsene erzählt nun den Kindern die Fabel von der Prinzessin, die in einem der fünf Schlösser von einem wütenden Monster gefangengehalten wird.
4. Wer will die Prinzessin befreien? Dazu muß man erst herausfinden, in welchem Schloß ihr Gefängnis liegt.
5. Es gibt auch einen Magier, der mit seiner Magie herauszufinden hilft, wo die schöne Prinzessin sich befindet.
6. Jedes Kind muß nur die Augen schließen und darauf warten, daß ihm der Magier eingibt, wo die Prinzessin gefangengehalten wird – vielleicht indem er ein Bild des entsprechenden Schlosses im eigenen Kopf erscheinen läßt.

Das Experiment ist bedingt telepathischer Art, wobei Sinneswahrnehmungen auch hyperästhetischen Typs möglich sind. Der existentielle Auslöser rührt vom Interesse her, die Prinzessin zu befreien.

Auch auf dieses Experiment können wir theoretisch die Wahrscheinlichkeitsrechnung und die Statistik anwenden. Wenn die Variationsbreite zwischen wahrscheinlichen und tatsächlich eingetretenen Treffern signifikant ist, kann man auf den Einfluß eines telepathischen oder hyperästhetischen Faktors schließen.

Das automatische Schreiben ist kein Mittel, um mit Verstorbenen in Verbindung zu treten

Das runde (Abb. 1) oder das rechteckige Buchstabenfeld (Abb. 2) werden von vielen zu Unrecht als Mittel zur Kommunikation mit den Verstorbenen betrachtet. Ich habe bereits die psychischen Autmatismen behandelt, bei denen das Unbewußte ans Licht des Bewußt-

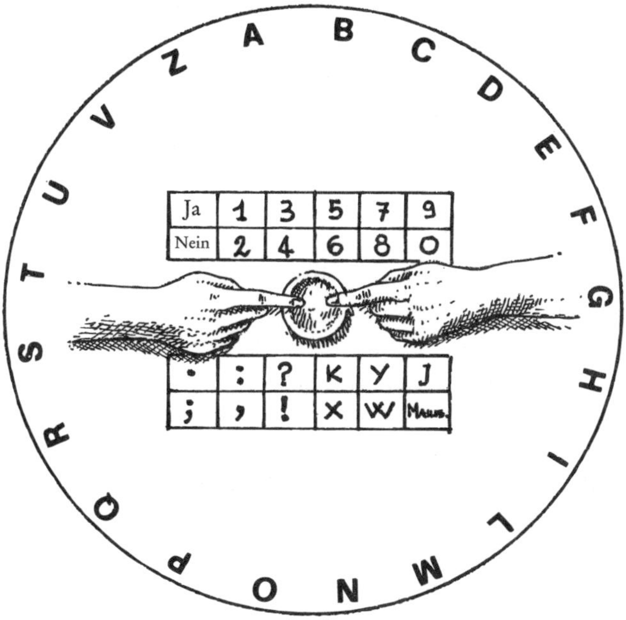

Abb. 1

seins tritt und die Hand dessen führt, der die Wörter zusammensetzt. Dies geschieht zum Erstaunen aller, auch des Mediums selbst, das davon überzeugt ist, daß die Gedanken, die sich bilden, nicht von ihm selbst herrühren.

Wenn das Medium allein arbeitet und überzeugt ist, mit „Geistern" in Verbindung zu stehen, dann tritt das kreative pathologische Ich auf den Plan und „erfindet" die fiktive Gestalt des Verstorbenen. Wenn mehrere Personen an einer solchen Sitzung teilnehmen, entsteht eine psychische Gemeinschaft, die zu „spiritistischen" Manifestationen führen kann.

In diesem Zusammenhang stelle ich zwei Möglichkeiten zur Diskussion. Ich bin auf sie bei der praktischen experimentellen Arbeit gestoßen. Sie sind schwer auseinanderzuhalten:

– Bei dieser „psychischen Gemeinschaft" entsteht aus dem einzelnen individuellen Unbewußten ein „kreatives unbewußtes Ich", das die fiktive Persönlichkeit schafft und das als Schlepptau für die anderen dient, die sich dadurch ziehen lassen. Ihre Information liefern sie in einem Klima der bedingten Telepathie.

– Die fiktive Persönlichkeit geht aus der zeitweiligen Dissoziierung der Psychen aller Beteiligten und der „Fusion“ der entsprechenden unbewußten kreativen Ichs hervor.

Eines steht fest, daß sich nämlich nicht die Geister der Verstorbenen zeigen. Sie sind schon in uns, in unserem bewußten Wissen und vor allem in unserem Unbewußten. Sie steigen daraus hervor und führen ein fiktives Leben, weil wir sie mit den uns zur Verfügung stehenden Informationen selbst schaffen.

Hans Bender schrieb: „Der Glaube bewirkt ..., daß psychische Leistungen, die alle Merkmale einer intelligenten Tätigkeit aufweisen, aber dem Ich nicht bewußt sind, als Äußerungen fremder Intelligenzen mißverstanden werden ... Die affektive Erschütterung, die durch den vermeintlichen Umgang mit Verstorbenen schon ohnedies entsteht, wird durch das gelegentliche Auftreten paranormaler Informationen gewöhnlich so verstärkt, daß nun der klopfende Tisch, das wandernde Glas, der schreibende Stift als Ratgeber gebraucht werden, die in allen Lebenslagen als höchste Instanz in Anspruch genommen werden.“[1]

Eine Person, die mit spiritistischem Ziel zu Automatismen greift, hält einen Dialog mit sich selbst oder, besser gesagt, mit ihrem Unbewußten. Ich bin mir wohl bewußt, daß sich viele von diesem Kontakt getröstet fühlen, weil sie anscheinend die Toten „wiederfinden“. Dabei geben sie sich aber keine Rechenschaft über die Risiken, die sie selbst dabei eingehen. Das Unbewußte kann die Kontrolle über die eigene Persönlichkeit übernehmen und sie sogar zwingen, absurde Dinge zu tun.

In dieser fiktiven Persönlichkeit finden wir Komponenten der Angst, des Aberglaubens, Schuldgefühle, die alle durch diese unbewußten Automatismen ans Licht gelangen. In der Folge kommt es zu auditiven Halluzinationen, die wörtlich diktieren, was die betreffende Person niederschreiben muß. Einen Schritt weiter muß die Person nicht einmal mehr schreiben, weil ihr eine Stimme all das sagt, was sie direkt auszuführen hat. An diesem Punkt hat das Unbewußte die Persönlichkeit überwältigt und in Besitz genommen. Wir sprechen von einer mediumistischen Psychose.

Das Buchstabenfeld ist wie die Planchette nur ein grafisches Hilfsmittel, um das in Gedanken und Wörter umzusetzen, was das gemeinsame Unbewußte der Teilnehmer ausarbeitet.

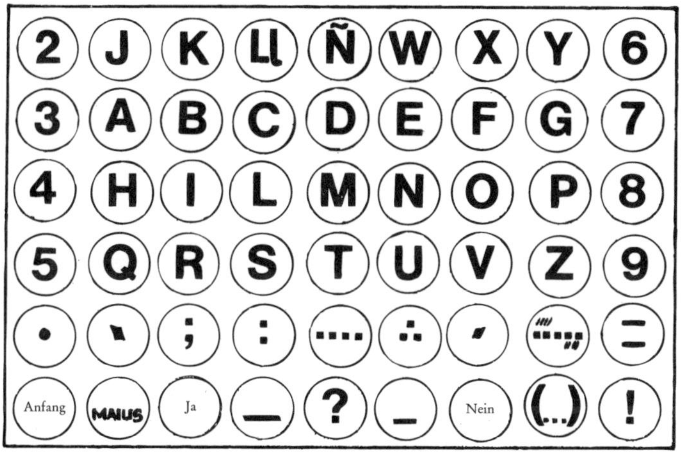

Abb. 2: Mit freundlicher Erlaubnis des Autors und des Verlags aus: L. und A. Occhipinti: La Telescrittura. Dialoghi con l'inconscio. Ed. Armenia, Mailand 1974.

Zwei oder mehr Personen legen ihren Finger auf einen kleinen Teller oder ein Glas in der Mitte des Buchstabenfeldes. Beim Warten entsteht ein Bewußtseinszustand, der die psychische Kommunikation des Unbewußten aller Teilnehmer begünstigt. Über diesen Kanal treten alle „unbewußten Produkte" auf, die ihrerseits wieder die Frucht der kulturell bedingten Glaubenshaltung der Beteiligten darstellen. Es kann sich auf diese Weise die fiktive Persönlichkeit eines Verstorbenen, des Teufels, eines Heiligen oder gar von Gott zeigen, wie wir im Abschnitt über das „rote Telefon" gesehen haben.

Nicht selten treten auch paranormale Erscheinungen auf, wenn sehr gute Voraussetzungen dafür gegeben sind. Wie gesagt, äußern sich auch Ängste und Hoffnungen; sie werden für wahr genommen und beeinflussen die Entscheidungen der betreffenden Personen. Das Medium gerät in einen Strudel, in dem es nicht mehr zwischen den bewußten Entscheidungen und den Entscheidungen des Unbewußten unterscheiden kann.

Spiritistische Sitzungen und Medium

Das Experiment einer „gemeinsamen Seele“ hat besonders negative Auswirkungen für jene, die ohnehin mit ihren Nerven schon am Ende sind, und für all jene, die Angst haben vor den Geistern und dem Teufel. Wer solche Experimente zur psychischen Integration durchführt und Angst hat vor Beelzebub, wird bei solchen Sitzungen wahrscheinlich der fiktiven Gestalt eines Oberteufels gegenüberstehen, wobei es noch zusätzlich zu psychokinetischen Erscheinungen kommen kann.

Bei spiritistischen Sitzungen besteht immer die Möglichkeit, daß einer der Teilnehmer in Trance (suggestiv ausgelöste Selbsthypnose) fällt und als „Werkzeug“ dient, mit dem sich das kreative unbewußte Ich ausdrückt. Dieses Opfer nennen wir Medium; es handelt sich um eine Person mit unleugbaren psychischen Problemen. Das Medium wird von seiner eigenen unbewußten Schöpfung plagiiert, seinem kreativen Ich. Das Medium glaubt an diese Schöpfung und verwandelt sich selbst in den Plagiator jener Menschen, die mit ihm in Kontakt treten.

Der Spiritismus kann im wesentlichen durch die Unkenntnis der Mechanismen des Unbewußten entstehen. Die „Beweise“ werden als solche genommen, sind hingegen nur paranormale Erscheinungen und Erscheinungen des „talentierten Unbewußten“, die der Natur des Menschen innewohnen. Verstärkend kommt hinzu, daß diese Menschen die christliche Botschaft nicht verstehen.

Zur Durchführung wissenschaftlicher Experimente

Wir können diese unbewußten Kräfte sehr wohl durch die eigene Haltung während der Experimente kontrollieren. Wir verwenden das Buchstabenfeld nur als Mittel, um paranormale Erscheinungen als natürliche Phänomene ohne jegliche emotionale Färbung zu reproduzieren. Emotionen machen die Kräfte der Suggestion zunichte. Sie treten immer dann auf, wenn wir dem Unbewußten die Zügel schießen lassen. Es ist dann einem wild gewordenen Pferd vergleichbar, das eine Menge Schaden anrichtet.

Wissenschaft und Glaube sind die Zukunft des Menschen

In dieser Welt voller Verwirrung und Konfusion müssen drei Dinge klargestellt werden:
– Die Magie existiert nicht als Macht, sondern ist nur ein Mittel der Tröstung für Menschen, die keinen Glauben und dafür Angst vor dem Leben haben.
– Der Spiritismus ist eine weitere Illusion des Menschen, die vom Talent des Unbewußten hervorgerufen wird. Sie beruht auf der Existenzangst, die keine Tröstung ohne wahren Glauben findet.
– Paranormale Erscheinungen werden fälschlicherweise von der Magie und dem Spiritismus als Beweis ihrer eigenen Existenz angeführt.

Wenn uns diese Dinge völlig klargeworden sind, werden die Lebensqualität und das Bewußtsein des Menschen einen solchen Sprung nach vorne machen, daß wir wirklich beginnen können, uns selbst zu entdecken. Die Zukunft des Menschen liegt im Glauben und in der Wissenschaft.

Das Buchstabenfeld als Hilfsmittel für den Kommunikationsfaktor

Das Buchstabenfeld eignet sich für wissenschaftliche Experimente. Man muß nur im richtigen Geist mit ihm umzugehen wissen.

Erstes Experiment mit Zener-Karten

Ich schlage zwei Verfahren für Experimente mit Zener-Karten und dem Buchstabenfeld vor. Man kann sich das Buchstabenfeld schnell herstellen, indem man kleine Kartons mit den Buchstaben des Alphabets in einem Kreis auslegt.

Beim ersten Versuch geht der Agent genauso vor wie bei den quantitativen Experimenten mit den Zener-Karten. Der Perzipient legt einen Kronkorken aus Plastik oder ein leichtes Täßchen in die Mitte der kreisförmigen Buchstabentabelle und wartet, wobei sein Kopf möglichst leer sein sollte von anderen Gedanken.

Er wartet, bis sich seine Hand automatisch von selbst bewegt und nacheinander auf die Buchstaben zeigt, die das Wort für das Symbol auf den Zener-Karten bilden. Auf diese Weise drückt er grafisch eine unbewußte Botschaft aus. Es ist durchaus möglich, daß der Automatismus bei einem ersten Versuch nicht funktioniert. Dann sollte man es mehrmals wieder probieren. Alle anderen Versuchsbedingungen bleiben unverändert.

Beim zweiten Versuch bildet der Agent nach dem Ziehen der Karten mit dem Buchstabenfeld bewußt die Buchstabenkombination des Symbols. Der Perzipient, der sich abwenden muß, sofern er sich überhaupt im selben Raum befindet, schließt die Augen, legt seine Hände darüber und versucht, mit seinem Geist die Buchstaben des Symbols zu empfangen.

Zweites Experiment mit den Zener-Karten

Am ersten Versuch des obigen Experiments können auch zwei Perzipienten teilnehmen. Alle halten einen Finger auf den Plastikkorken in der Mitte des Buchstabenfeldes. Wir wissen nunmehr, daß es mehrere Arten gibt, solche Versuche durchzuführen:

– Im selben Zimmer. In diesem Fall handelt es sich um bedingte Telepathie mit möglichen hyperästhetischen Interferenzen.

– In unterschiedlichen Räumen, Häusern oder gar Orten. In diesen Fällen handelt es sich um Versuche zur reinen Telepathie.

Ich rate dazu, die Experimente sofort zu unterbrechen, wenn sich dabei Spuren „fiktiver Persönlichkeiten“ zeigen, die mit der Abfolge des Versuchs nichts zu tun haben. Das wäre nämlich ein Hinweis darauf, daß der eine oder andere Perzipient dem Spiritismus anhängt oder Ängste damit verbindet. Sein kreatives Unbewußtes beginnt dann, Streiche zu spielen.

Drittes qualitatives Experiment mit Zeichnungen

– Der Agent oder besser eine dritte Person bereitet einfache Zeichnungen in wenigen Strichen vor, deren Bedeutung der Agent sehr gut kennt, zum Beispiel ein Haus, eine Sonne, einen Stuhl usw.
– Der Agent konzentriert sich auf die Zeichnung und schaut sie an, wobei er möglichst an nichts anderes denkt.
– Der Perzipient versucht, sich möglichst von allen Gedanken freizumachen und erwartet den Automatismus, der von der unbewußten Wahrnehmung, d. h. dem Kommunikationsfaktor, geleitet wird. Er zeigt dann auf dem Feld jene Buchstaben an, welche die Zeichnung beschreiben.

Dieses Experiment ist qualitativer Natur und kann deswegen nicht statistisch, sondern eher interpretatorisch ausgewertet werden, weil es auf unbewußtem Niveau zu Veränderungen kommen kann. Der Kommunikationsfaktor übermittelt ja nur das Konzept der Zeichnung. Es sind dabei also Aufsplitterungen, Verdichtungen, Symbolisierungen und Veränderungen zu erwarten. Auch bei diesem Versuch können wir die verschiedenen Varianten im Hinblick auf die Aufenthaltsorte des Agenten und des Perzipienten durchspielen.

Viertes qualitatives Experiment zur Übermittlung von Wörtern

Der Agent oder der Versuchsleiter bereiten Karten vor, auf denen konkrete Wörter niedergeschrieben sind, zum Beispiel „Ballon“, „Pfeil“ usw. Der Agent versucht sie dem Perzipienten mitzuteilen, und dieser nimmt die Botschaft mit Hilfe des Buchstabenfeldes wahr. Wie bereits ausgeführt, kann man auch hier ein Team von Perzipienten bilden. Sie legen ihre Finger auf den Plastikkorken in der Mitte des Buchstabenfeldes und bilden damit eine psychische Einheit.

Experimente zum Hellsehen

Hellsehen oder Telepathie?

Das Hellsehen ist die Kommunikation zwischen Psyche und physischer unbelebter Realität. Von Hellsehen sprechen wir zum Beispiel dann, wenn der Psychomiletiker eine Karte richtig angeben kann, die niemand gesehen hat. Damit kann er die entsprechenden Informationen nicht über eine andere Psyche bekommen. Der Kommunikationsfaktor kennt keine Barrieren und kann jede Informationsquelle anzapfen, sei sie nun belebter oder unbelebter Natur. Dies folgern wir aus qualitativen und quantitativen Versuchen und auch aus spontanen Fällen. Wir dürfen das Hellsehen allerdings nicht mit der Telepathie verwechseln, die auf unbewußter Kommunikation zwischen der einen Psyche und der anderen beruht.

Bei den Experimenten zum Hellsehen ist es absolut zu vermeiden, daß der Experimentator die Karte oder den Zielgegenstand des Versuches betrachtet. Im gegenteiligen Fall bleibt der Zweifel bestehen, daß der Psychomiletiker die Information von der Psyche des Agenten bezieht und nicht direkt vom Zielgegenstand. Bei den Experimenten zum Hellsehen gibt es also keinen Agenten in dem Sinn, daß eine Person etwas zu übermitteln hätte.

Statt dessen gibt es einen Experimentator, der die Karten anordnet, ohne deren Symbole zu sehen. Es ist dabei wichtig, daß ein ganz neues Spiel verwendet wird, das noch niemand angefaßt hat. Nur so können wir sicher sein, daß niemand hyperästhetisch gewonnene Informationen über den Inhalt der Karten besitzt.

Erstes Experiment zum Hellsehen: Spielkarten

– Ein Assistent ordnet 40 Karten eines Spieles beliebig auf dem Tisch an. Sie selbst, der Psychomiletiker und der Assistent dürfen diese Karten aber vorher nie in Händen gehabt haben. Neue Karten sind, wie

schon gesagt, am besten, aber auch die teuerste Lösung. Der Assistent darf nur die Rückseite der Karten sehen.
– Der Assistent entfernt sich. Sie geben dann dem Psychomiletiker, der sich in einem anderen Zimmer befindet, einen Plan, der die Stellung der 40 Karten mit Hilfe von Rechtecken angibt.
– Auf jedes dieser leeren Rechtecke schreibt der Psychomiletiker die Karte, die er wahrnimmt. Nach dem Experiment wird kontrolliert und die Zahl der Treffer ermittelt.

Zweites Experiment: Würfel

Die beiden Würfel müssen sich in einer undurchsichtigen Schachtel befinden. Wir schütteln sie und lassen die Schachtel geschlossen liegen, so daß niemand die Würfel sehen kann. Der Psychomiletiker muß zuerst seine Aussage machen.

Wäre jemand über den Ausgang des Würfelns auf dem laufenden, so könnte man von Telepathie und nicht mehr von Hellsehen sprechen. Bei diesem Experiment bleibt der Zweifel, daß der Psychomiletiker psychokinetisch die Würfel so beeinflußt hat, daß sie die Anzahl der Augen zeigen, die er hellseherisch angibt.

Drittes Experiment: Lektüre eines Buches

– Wir nehmen ein großes Buch, zum Beispiel ein Lexikon, und öffnen es in einem völlig verdunkelten Zimmer, so daß wir die Seite nicht sehen können.
– Der Psychomiletiker, der sich in einem anderen Zimmer befindet, muß die erste Zeile der linken Seite aufsagen oder die Zeichnung oder die Fotografie beschreiben, die an dieser Stelle vorhanden ist.

Viertes Experiment: Zener-Karten

Auf den vorhergehenden Seiten haben wir verschiedene qualitative Experimente beschrieben. Die Zener-Karten nun eignen sich für quantitative Versuche.

Welches Experiment über das Hellsehen ist besser geeignet als eines, das schon Erfolg gehabt hat? Ich beziehe mich hier auf die Versuche von Dr. Pratt und Dr. Pierce in den Jahren 1933/34. Die Vorgehensweise habe ich bereits detailliert beschrieben. Wir wollen hier nicht noch einmal alles wiederholen, sondern dazu auffordern, es Schritt für Schritt zu wiederholen. Es ist am besten, wenn wir in zwei verschiedenen Zimmern arbeiten. Dazwischen sollte sich ein weiteres leeres Zimmer befinden. Die statistische Auswertung ist dieselbe wie bei den Versuchen zur Telepathie.

Ein Experiment zur angeblichen Präkognition

Die Präkognition ist jenes paranormale Phänomen, das die Fakten schon kennt, bevor sie eingetreten sind. Allerdings sind diese im Augenblick der Vorhersage schon im Entstehen und somit angelegt: Die Präkognition sondiert die Zukunft und findet den wahrscheinlichsten Gang der Dinge heraus. Dabei spielen die Handlungen des Menschen und die Naturgesetze eine Rolle. Die Präkognition erfolgt somit auf probabilistischer Basis, geht also nach der Wahrscheinlichkeit.

Die quantitativen Versuche gingen nicht über eine statistisch gesicherte Bestätigung der Existenz des Kommunikationsfaktors hinaus, auch wenn es darum ging, die Existenz der Präkognition zu beweisen. Der Kommunikationsfaktor, der keine räumlichen Grenzen kennt, kann sich den Erwartungen der Experimentatoren anpassen. Ich erinnere an den Fall von Parson, der mit Shackleton experimentierte – übrigens demselben Shackleton, der mit Soal die quantitativen Versuche zur Präkognition durchgeführt hatte. Es ging dabei um die hellseherischen Fähigkeiten Shackletons. Die Ergebnisse waren negativ. Man kam zum Schluß, daß das Hellsehen die präkognitiven Ergebnisse des Experiments von Soal nicht erklären konnte.

Diese Schlußfolgerung erwies sich als falsch, weil man vergaß, die unbewußte Anpassung des Psychomiletikers an die Vorstellungen des Experimentators und damit die Plastizität paranormaler Erscheinungen zu berücksichtigen. Angesichts der Unmöglichkeit, die Präkognition mit statistischen Mitteln zu beweisen, schlage ich einen Versuch vor, der in der klassischen Parapsychologie der Präkognition gilt. Für mich liefert er aber nur einen Beweis für die Existenz des Kommunikationsfaktors, der die einzige Realität der paranormalen Phänomenologie darstellt.

Experiment zur Pseudo-Präkognition

Dieses Experiment enthält einige Vorsichtsmaßnahmen, die der parapsychologischen Tradition gemäß verhindern sollen, daß präkognitive Ergebnisse von anderen Phänomenen abgeleitet werden. Wie bereits mehrfach erwähnt, hängt dies mit der Abgrenzung der Telepathie, des Hellsehens und der Präkognition zusammen.

Der Kommunikationsfaktor, der diese drei Erscheinungen hervorruft, überwindet automatisch diese Unterscheidung und stellt eine neue Basis für die Parapsychologie dar, die von vielen vorsichtigen Beobachtern übrigens intuitiv schon empfunden wurde.

Die Vorsichtsmaßnahmen bestehen unter anderem darin, daß die Karten zufällig gezogen werden müssen.

1. Wir nehmen die 25 farbigen Karten, die bereits für telepathische Experimente verwendet wurden, als Grundlage.
2. Wir werfen 25mal einen Würfel und ignorieren dabei die Augenzahl 6. Wir erhalten dann eine Zahlenreihe, zum Beispiel 5, 3, 1, 1, 2, 5, 4, 4, 2, usw.
3. Wir schreiben die Abfolge der Zahlen auf ein Blatt Papier und bereiten fünf Karten vor, jede mit einer Nummer von 1 bis 5.
4. Wir lassen von einer dritten Person die 25 bunten Karten mischen und teilen sie zufällig, ohne sie anzusehen, in Gruppen von je fünf Karten auf.

5. Wir legen die fünf Gruppen von Karten in fünf Behälter, die von 1 bis 5 numeriert sind und die vor dem Assistenten stehen. Wir bringen einen Schirm zwischen einer vierten Person und dem Agenten an, wobei unten am Schirm ein Schlitz vorhanden sein sollte.
6. Diese vierte Person liest die Liste der Zahlenreihen ab und schiebt durch den Schlitz die erste numerierte Karte hindurch.
7. Der Agent liest die Zahl ab und hebt eine bunte Karte von der entsprechend numerierten Gruppe ab, betrachtet sie zehn Sekunden lang und legt sie dann beiseite.
8. Der Agent notiert mit einer fortlaufenden Nummer das Zeichen der Karte. Der Perzipient wird auf jedes Ziehen durch einen Glockenschlag aufmerksam gemacht und schreibt auf, was er empfängt. Die Kontrolle erfolgt dann durch eine andere Person.

Dieses Experiment ist die veränderte Kopie jenes berühmten Versuches, den Soal und Shackleton 1941 durchführten. Das Experiment sieht vor, daß der Psychomiletiker nicht die gezogene Karte, sondern die darauffolgende errät. Wir können das Experiment auch auf diese Weise durchführen, oder wir entscheiden uns für die andere Lösung, welche die Wahrnehmung der gerade gezogenen Karte vorsieht. Das Hauptproblem besteht darin, einen Psychomiletiker zu finden, der die Ergebnisse wiederholen kann.

Psychokinetische und telekinetische Versuche

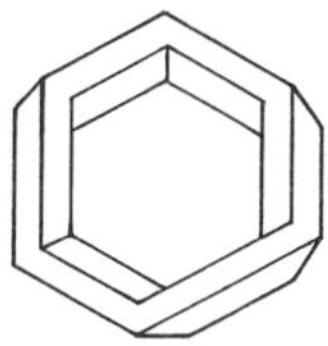

Psychokinese – das schwierigste Experiment

Aus dem Interpretationsmodell paranormaler Erscheinungen geht ohne Zweifel hervor, daß es sich um eine ursprüngliche Kommunikationsform auf unbewußter Ebene handelt. Im Rahmen dieses Modells drückt die Psychokinese einen Bruch mit der Außenwelt und das Unbehagen des Zusammenlebens mit sich selbst aus.

Die Psychokinese setzt eine symbolische Kommunikation durch „Einwirkung auf die Materie“ in Gang. Realisiert wird dies durch eine psycho-physische Interaktion. Den natürlichen Mechanismus dazu habe ich Faktor Omega genannt, doch ist das nicht mehr als ein Name, denn bis heute ist seine Natur unbekannt.

Psychokinetische Erscheinungen entstehen meistens bei pathologischen Situationen. Wir haben im ersten Teil die bekanntesten Formen der Psychokinese behandelt und dabei bestätigt gefunden, daß sie mit Problemen zusammenhängen, welche die Tiefenpsychologie betreffen. Poltergeister, Psychophonie, Psychokinesen spiritistischen, mystischen, diabolischen Typs und Spukerscheinungen sind Manifestationen, die mit Situationen tiefsten Mißbehagens und größten Konflikten zusammenhängen.

Die folgenden Experimente sind sowohl qualitativen wie quantitativen Typs. Die qualitativen Versuche sind kurz gefaßt, und jeder kann alle nur denkbaren Veränderungen daran anbringen.

Reaktion auf eine spontane psychokinetische Erscheinung

Jeder reagiert auf ein spontanes psychokinetisches Ereignis auf seine Weise. Unser Verhalten hängt von der kulturellen Einbettung der Person und damit weitgehend davon ab, wie weit sie es gewohnt ist, mit dem Verstand und emotional mit einer unbekannten Erscheinung umzugehen. Wenn mehrere Menschen um einen Tisch sitzen und sie plötzlich kräftige, aufeinanderfolgende Klopfgeräusche (Raps) im Schrank hören, so kann man die zahlreichen verschiedenen Reaktionen zwei Grundtypen zuschreiben:

1. Es kann eine Art besorgte Neugier entstehen. Sie führt dazu, daß man versucht, den möglichen Grund herauszufinden. Vielleicht waren es Temperaturschwankungen, die zu einem schnellen Verziehen des Holzes führten, oder ein Tier wurde zufälligerweise im Möbel eingeschlossen. Vielleicht werden keine Hinweise auf die Ursache jener Klopfgeräusche gefunden. Menschen mit entsprechender Bildung wissen dann, daß Heranwachsende, Menschen mit großen existentiellen Problemen oder Menschen in einer ganz besonderen Lebensphase (zum Beispiel in den Wechseljahren) der Grund für die Klopfgeräusche sein können. Es stellt sich dann die Frage, ob der betreffende Mensch Hilfe von einem Psychologen braucht.
2. Leben die Menschen hingegen in einem Klima spiritistischer Auffassungen, in deren Umgebung es ganz „natürlich" ist, daß sich Verstorbene mit Klopfgeräuschen melden, oder hat gerade eine spiritistische Sitzung stattgefunden, so kann leicht die Überzeugung entstehen, daß es sich um einen Existenzbeweis dieser Verstorbenen handelt.

Psychische Bedingungen für psychokinetische Experimente

Die Erfahrung hat mich gelehrt, daß psychokinetische Erscheinungen unter gewissen Umständen und bei ganz bestimmten Personen auftreten:

1. Bei intensivem Gebet, wenn die betreffende Person um ein Zeichen, einen Beweis für ihren Glauben bittet. Es ist dabei egal, was denn das

Objekt dieses Glaubens ist, Gott, die Geister, bei Stammesreligionen zum Beispiel auch der Blitz. Der Glaube ist tatsächlich ein bedeutsamer Auslöser für ein solches Phänomen. Der Glaube vervielfacht seine Auswirkungen, wenn die betreffende Person in einem Konflikt mit sich selbst und der Umwelt lebt. Wie können wir aber mit einer Realität wie dem Glauben Versuche anstellen? Der Glaube, welcher Art auch immer, ist zu respektieren.

Die Spiritisten führen ihre mediumistischen Sitzungen nicht durch, um wissenschaftlich zu experimentieren, sondern um ihren „Glauben" unter Beweis zu stellen, um Anhänger zu gewinnen, um Beweise zu sammeln für die Existenz der Geister, auch um den Ehrgeiz des Mediums zu befriedigen. Alle diese Gründe und das spiritualistische Klima erschweren eine Kontrolle.

2. Bei zurückgehaltener Wut, bei Angstzuständen ohne Begründung können wir positive Ergebnisse erhalten, wenn denn ein Experimentieren überhaupt möglich ist. Ich konnte bei einem jungen Menschen, der in einem unbewußten Konflikt lebte, sehen, wie Gegenstände durch die Luft flogen (Telekinese).

3. Es gibt bestimmte Personen, die unter offenkundig normalen Verhältnissen psychokinetische Erscheinungen hervorrufen können. Ich glaube, daß diese Fähigkeit mit einem tiefen Selbstvertrauen und der Fähigkeit in Zusammenhang steht, das eigene innere Sein mit der gesamten physischen und psychischen Realität in Übereinstimmung zu bringen.

Psychokinetische und telekinetische Experimente

Erstes Experiment

Wir lassen in diesem Zusammenhang Uri Geller beiseite, von dem bereits öfter die Rede war. Ich erinnere mich an ein Experiment meines Vaters, den ich als einen heiteren Menschen in Erinnerung habe.

Nach dem Essen leerte er den Brotkorb, der aus einem Metallblech mit Löchern bestand, drehte ihn um und hielt seine Hand in ungefähr

40 cm Abstand darüber. Dann bewegte er seine Hand vor- und rückwärts, wobei er immer denselben Abstand von der Tischplatte einhielt. Der Brotkorb folgte diesen Bewegungen und glitt auf dem Tisch dahin. Die ersten Male griff ich mit meiner Hand ungläubig in den Zwischenraum zwischen seiner Hand und dem Brotkorb und suchte irgendeinen Faden. Doch mußte ich feststellen, daß kein Trick damit verbunden war. Interessant an der ganzen Sache war, daß mein Vater dieses Phänomen ohne Anstrengung oder offenkundige Konzentration zustande brachte. Es handelt sich dabei um einen Fall von Telekinese, mit der auch Sie Versuche anstellen können.

Als Parapsychologe muß ich zugeben, daß ich in meiner Jugend viel Glück hatte. Ich interessierte mich zwar nicht auf wissenschaftlichem Niveau für das Paranormale, konnte aber doch viele entsprechende Dinge miterleben. Mein Vater führte interessante telekinetische und psychokinetische Experimente durch, und meine Mutter hatte telepathische, präkognitive und hellseherische Fähigkeiten. Nach dem Aufwachen am Morgen erzählte sie oft von Träumen über Geburten, Todesfälle und Krankheiten, die sich dann als richtig erwiesen. Auch in der Familie mütterlicherseits gab es viele paranormale Erscheinungen, darunter zum Beispiel ein Spukhaus, von dem man später entdeckte, daß darin ein Verbrechen stattgefunden hatte, als es noch bewohnt war. So wurden außersinnliche Erscheinungen für mich ganz normal. Ich gewann jene Vertrautheit mit paranormalen Manifestationen, die Jahre später die Grundlage für den Beginn meiner parapsychologischen Studien darstellen sollte.

Zweites Experiment

Wir stecken schräg in die Seiten eines Weinkorkens zwei Gabeln. In die Mitte des Korkens, auf der nach unten gerichteten Seite, führen wir dann eine Nadel so ein, daß ihr größter Teil noch herausragt (Abb. 3).

Diese ganze Installation stellen wir auf den metallischen Kronkorken einer Mineralwasserflasche. Es ergibt sich dabei ein Gleichgewicht, bei dem Drehungen um die eigene Achse möglich sind. Wir konzentrieren uns und versuchen, den Korken mit den Gabeln auf paranormalem Weg in Drehung zu versetzen.

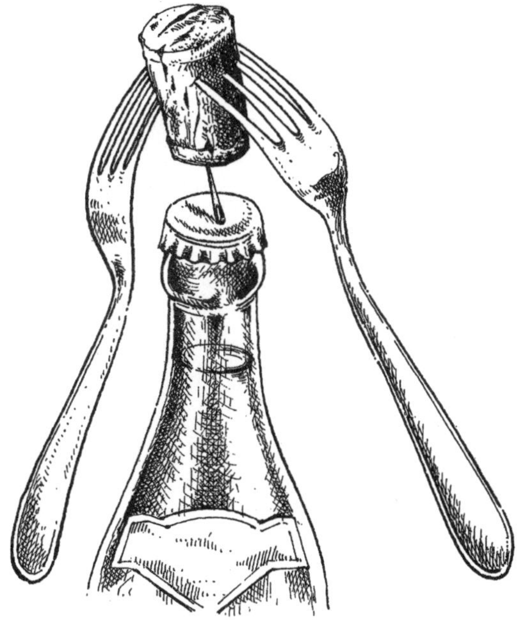

Abb. 3

Drittes Experiment

Wir versuchen die Nadel eines Kompasses von ihrer Richtung abweichen zu lassen. Wir fahren mit den Händen über das Gerät, müssen zuvor aber Ringe und Uhren ablegen.

Viertes Experiment

Das klassische Experiment der letzten Jahrzehnte besteht darin, auf paranormalem Weg Schlüssel, Metallgegenstände, Nadeln und Plastikteile zu verbiegen.

Fünftes quantitatives Experiment

Wir legen einen Würfel in eine Schachtel. Während wir sie bewegen, nehmen wir den Deckel ab und werfen den Würfel auf eine glatte Fläche. Das Ziel des Experiments wird es ein, die Augenzahl 3 zu erhalten. Die Wahrscheinlichkeit dazu beträgt ein Sechstel. Auf 600 Würfe gibt es also der Wahrscheinlichkeit nach 100 Treffer. Die erreichte Variationsbreite zeigt das Maß für die Intervention einer fremden Kraft.

Viertes Kapitel

Radiästhesie und Rhabdomantie

Rhabdomantie und Radiästhesie

Kurze Geschichte der Rhabdomantie und der Radiästhesie

1688 lebte in Grenoble ein Wünschelrutengänger namens Aymar, der dem Vernehmen nach auf wunderbare Weise mit einem V-förmigen Stück Holz verborgene Quellen und verlorene Gegenstände auffinden konnte. Ein Staatsanwalt, der davon gehört hatte, ließ Aymar rufen, um die Verantwortlichen eines Diebstahls ausfindig zu machen. Aymar wurde an den Ort des Verbrechens gebracht. Von dort folgte er der Reaktion seiner Wünschelrute. Sie führte ihn schließlich ins Gefängnis, wo die vier Übeltäter bereits saßen. Er ließ die vier sich in einer Reihe aufstellen und legte seinen Fuß auf den Fuß des ersten. Die Wünschelrute schlug nicht aus. Beim zweiten tat sie dies, doch der Beschuldigte leugnete jede Täterschaft. Beim dritten Gesellen bewegte sich die Rute nicht, wohl aber beim vierten, der die Tat gestand und den zweiten in dieses Geständnis miteinbezog. Die Wünschelrute war besser gewesen als alle Kriminalinspektoren!

Diese Tatsache läßt sich auf verschiedene Weise je nach der Arbeitshypothese erklären:

1. Es kann zum Beispiel die Hyperästhesie ohne jedes paranormale Zutun in Frage kommen. Aymar wußte schon, daß die Beschuldigten im Gefängnis saßen, führte aber das ganze Ritual durch wie ein Jagdhund, der eine Spur wittert. Als er den vier Beschuldigten gegenüber-

stand, nahm er mit seinen Sinnen, d. h. hyperästhetisch, die kleinsten Anzeichen von Angst wahr und übersetzte sie in psychische Automatismen. Diese wiederum führten zu einer Muskelkontraktion, so daß das Zeichen an seiner Wünschelrute sichtbar wurde.
2. Nehmen wir an, Aymar habe nichts von der Existenz der vier Beschuldigten gewußt. Dann könnten wir behaupten, er habe die Information von der Psyche der Personen aufgenommen, die ihn zum Ort des Verbrechens brachten und natürlich Bescheid wußten. Die Information gelangte durch psychische Integration zu Aymar, also durch bedingte Telepathie. Die beiden Schuldigen unter den vier machte er dann ebenfalls durch Hyperästhesie oder durch bedingte Telepathie aus.

Schon in den ältesten Kulturen, zum Beispiel in China, Babylonien und Israel, wurde die Wünschelrute zum Auffinden verlorener Gegenstände und zur Weissagung verwendet. Der Prophet Hosea sagt in der Bibel: „Mein Volk befragt sein Holz, und sein Stab soll ihm Auskunft geben" (4, 12). Den römischen Legionen, die Gallien und Germanien eroberten, gingen Wünschelrutengänger voraus, die unterirdische Quellen für das Heer suchten. Die Wünschelrutengängerei oder Rhabdomantie ist seit jeher das einfachste Verfahren, um unterirdische Wasseradern aufzuspüren. Wie wir aber bereits gesehen haben, verwendeten geschickte Wünschelrutengänger oder Rutler ihr Instrument auch, um die unterschiedlichsten Dinge aufzufinden. Die Wünschelrute gibt mit ihren Ausschlägen und Bewegungen Antwort auf gestellte Fragen.

Eine verhältnismäßig junge Tochter der Wünschelrutengängerei ist die Radiästhesie. Sie verwendet ein Pendel, d. h. ein Gewicht am Ende einer Schnur. Das Pendel war bereits bei der altrömischen Priesterkaste in Gebrauch. Kaiser Flavius Valens (4. Jh. n. Chr.) hatte eine Verschwörung aufgedeckt und wollte nun mit seherischen Mitteln erfahren, wer die Verschwörung angeführt hatte. Der Priester, dem diese Aufgabe oblag, befestigte einen Ring an einer Schnur und ließ diese über den Buchstaben des Alphabets kreisen. Dabei zeigte er auf vier Buchstaben, die den Namensbestandteil Theo ergaben. So wurden alle jene zum Tode verurteilt, deren Name mit Theo anfing. Der Zufall wollte dann, daß einer der Nachfolger des Flavius Valens Theodosius hieß!

Die Natur radiästhetischer und rhabdomantischer Erscheinungen

Über die Frage, welche Kraft denn Pendel und Wünschelrute bewege, gibt es zwei Theorien, eine physikalische und eine mentale oder parapsychologische. Die physikalische Radiästhesie behauptet, die betreffende Person empfange Wellen, die von den entsprechenden Dingen ausgesandt würden. Pendel und Wünschelrute funktionierten ihnen zufolge als Verstärker der empfangenen Signale. Andere Forscher hingegen meinen, der Radiästhesist empfange nicht nur, sondern strahle auch Wellen ab. Diese würden dann von diesen Gegenständen nur reflektiert und erneut vom Radiästhesisten empfangen. Er wäre dann einem Radargerät vergleichbar.

Unter den Vertretern der Wellentheorie gibt es eine Gruppe, die behauptet, es handele sich um magnetische Wellen. Sie liefern die folgende, zunächst durchaus einleuchtende Erklärung: Wenn die Moleküle des Grundwassers sich am Boden reiben und in den Sand eindringen, so würden sie elektrisiert und erzeugten eine magnetische Kraft. Wenn der Rutengänger nun mit der Spitze seines Geräts die magnetischen Kraftlinien aus der Erde berühre, so komme es zu einer Art Energieumwandlung: Über die Rute und den Körper des Radiästhesisten entlade sich dann der elektrische Strom in die Erde (Abb. 4).

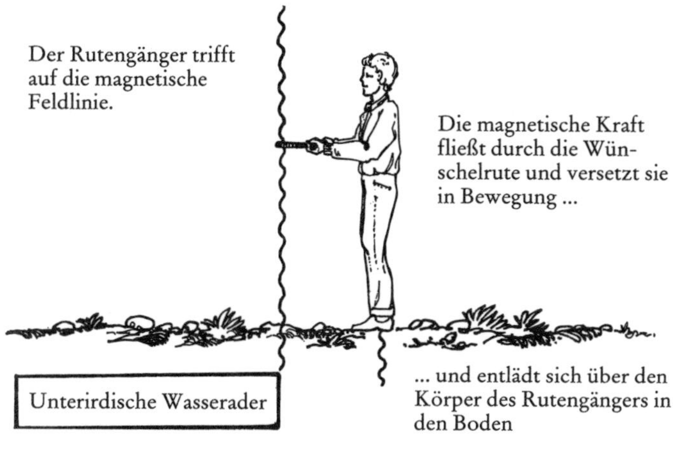

Abb. 4

Diese Theorie hat aber zwei große Lücken: Erstens werden physikalische Begriffe gebraucht, doch nicht gemäß der Physik angewendet, und auch die behaupteten physikalischen Phänomene lassen sich leider nicht messen. Zweitens kann die Theorie nicht erklären, warum ein Psychomiletiker telepathische, außersinnliche Wahrnehmungen haben und zum Beispiel eine Person mit Hilfe einer Landkarte und einem Pendel ausfindig machen kann.

Die beste Erklärung im Lichte der modernen Parapsychologie erklärt die entsprechenden Erscheinungen als Manifestationen der unbewußten Psyche des Menschen. Pendel und Wünschelrute sind also nur Mittel, über die sich der Kommunikationsfaktor zum Ausdruck bringt. Damit sind sie unter bestimmten Situationen zum Beispiel dem automatischen Schreiben vergleichbar. Der Radiästhesist zeigt also hyperästhetische Erscheinungen oder eine psychische Integration (bedingte Telepathie), wenn das radiästhetische Experiment im Beisein der interessierten Personen durchgeführt wird.

Es kann auch zu reiner Telepathie, zu Hellsehen und Präkognition kommen, wenn das Experiment in Abwesenheit der interessierten Personen stattfindet.

Versuche mit dem Pendel

Wir bauen uns ein Pendel

Ein radiästhetisches Pendel ist leicht zu bauen. Wir knüpfen dazu an einem Faden aus Seide, Baumwolle, Nylon usw. einen symmetrisch gebauten Gegenstand fest, zum Beispiel einen Ring, einen Radiergummi, wie er früher für Schreibmaschinen verwendet wurde (Abb. 5), eine durchbohrte Münze usw. Wir können auch ein Loch durch eine Holzkugel bohren und einen langen Nagel hindurchstecken, so daß dessen Spitze am anderen Ende herausschaut (Abb. 6). Die Schnur verknoten wir dann am Kopf des Nagels.

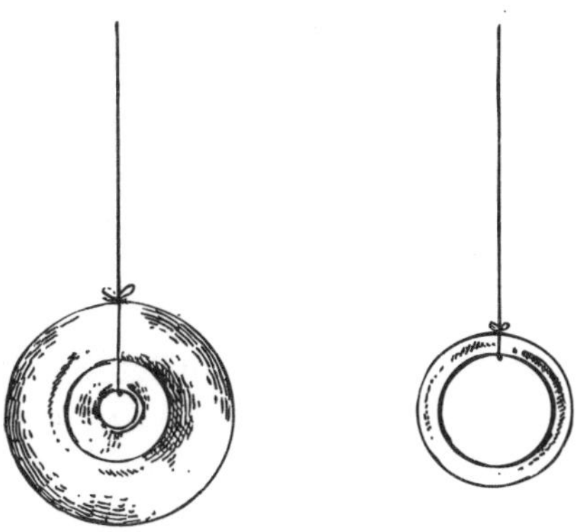

Abb. 5

Abb. 6

Der Faden kann beliebig lang sein; Entsprechendes gilt auch für das Gewicht des Pendels. Wir empfehlen ein Gewicht von 10 bis 30 Gramm und eine Fadenlänge von 20 bis 30 Zentimetern. Schließlich zählt in der Radiästhesie die Person mit ihren hyperästhetischen und paranormalen Fähigkeiten und nicht das Pendel. Aus diesem Grund spielt es keinerlei Rolle, aus welchem Material das Pendel oder die Wünschelrute gefertigt sind und welche Form sie aufweisen. Wichtig ist dies nur für jene Menschen, die glauben, das Pendeln beruhe auf einer physikalischen Grundlage. Dabei werden spiralförmige Pendel aus Kupfer oder mit Spitzen aus einem Magneten usw. verwendet. Diese Pendler sind dermaßen von ihrer Auffassung überzeugt, daß ihre Instrumente funktionieren, solche aus anderem Material aber nicht.

Vorgehen beim Pendeln

Es gibt zwei grundlegende Regeln beim Pendeln:
1. Wir richten unseren Geist ganz auf den betreffenden Gegenstand aus und lassen alle anderen Dinge beiseite.
2. Wir müssen klar entscheiden, welche Bewegungen das Pendel oder die Wünschelrute durchführen muß, damit es uns den gesuchten Gegenstand anzeigt.

Mißerfolge stehen mit einem der folgenden grundlegenden Faktoren in Zusammenhang:
1. Wir haben das entsprechende Signal des Pendels nicht genau festgelegt oder konzentrieren uns nicht richtig auf den Gegenstand.
2. Übung und Konstanz sind sehr wichtig, um beim Pendeln Ergebnisse zu erzielen. Mögliche Mißerfolge sind auch auf mangelndes Training zurückzuführen.
3. Dem Unbewußten gelingt es nicht, die paranormale oder hyperästhetische Botschaft zu empfangen. Der Experimentator muß sich daran erinnern, daß er seine Versuche in einer heiteren und entspannten Umgebung durchführen soll.

Sehr wichtig sind auch die beiden folgenden Punkte:
– Stellen Sie keine unmöglichen Fragen, welche die Grenzen des Pa-

ranormalen überschreiten, zum Beispiel Fragen über das geistliche Leben, über die Verstorbenen, das Überleben nach dem Tode usw.
– Stellen Sie keine persönlichen Fragen über Gesundheit, die Liebe, die Finanzen, auch nicht, wenn sie Familienmitglieder betreffen. Emotionale Faktoren könnten eine Antwort suggerieren, die mit Ihren unbewußten oder bewußten Ängsten oder Hoffnungen übereinstimmt.
4. Eine Suggestion war wirksam. Während des Versuchs muß eine „geistige und seelische Stille“ herrschen. Sie dürfen nicht an eine bestimmte Lösung denken oder sie herbeiwünschen. Wenn Sie nicht neutral bleiben, kommt es zu den merkwürdigsten Antworten. Im folgenden ein praktisches Experiment darüber, wie die Suggestion wirken kann.

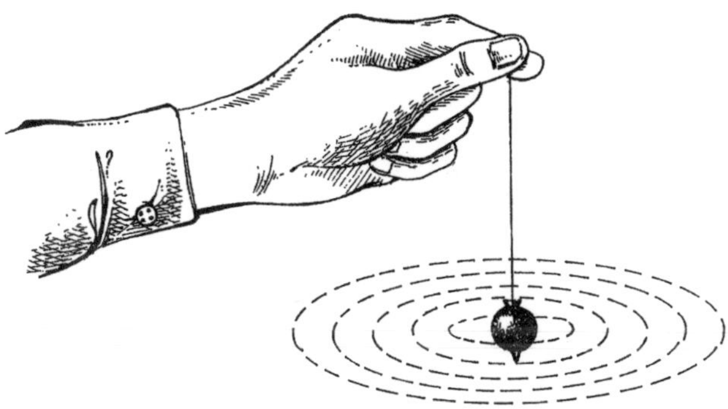

Abb. 7

Ein Experiment zur Suggestion

1. Wir nehmen das Ende der Schnur zwischen Daumen und Zeigefinger. Wenn das Pendel stillsteht, wünschen wir intensiv, daß es sich in einer bestimmten Richtung dreht oder hin und her schwingt (Abb. 7). Warten Sie ab. Bald wirkt die Suggestion, und das Pendel bewegt sich.
2. Wünschen Sie, daß das Pendel immer weitere Ausschläge macht: Sie werden sehen, daß auch dieses eintrifft.
3. Wünschen Sie, daß das Pendel nun stillsteht und danach sich in

umgekehrter Richtung dreht oder schwingt. Ziemlich schnell wird sich auch diese Bewegung einstellen.

Dies alles ist nicht paranormal, sondern reine Autosuggestion und das Ergebnis des unbewußten Automatismus. Wenn es Ihnen nicht gelungen ist, das Pendel drehen oder schwingen zu lassen, so bedeutet das, daß Sie von der Suggestion nicht überzeugt waren. Sie wirkte somit in umgekehrtem Sinne.

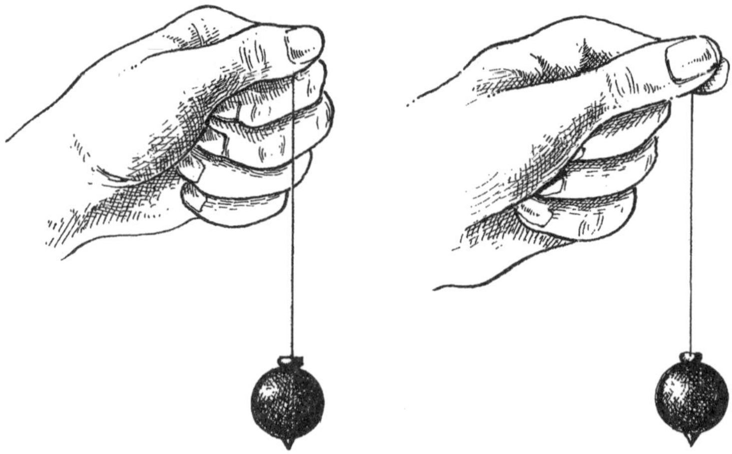

Abb. 8

Die Signale des Pendels

Wir können das Pendel auf zwei Arten halten wie in der Abbildung 8 dargestellt. Bei der ersten Art ruht der Daumen auf dem Zeigefinger, und die Faust ist geschlossen. Bei der zweiten Haltung verwenden wir den „Pinzettengriff". Wichtig ist, daß wir keine abrupten Bewegungen durchführen. Die herkömmlichen Signale und Antworten des Pendels können sein:

1. Bewegung im Uhrzeigersinn (Abb. 9);
2. Bewegung im Gegenuhrzeigersinn (Abb. 10);
3. eine Bewegung parallel zum Körper (Abb. 11) und eine senkrecht zum Körper (Abb. 12).

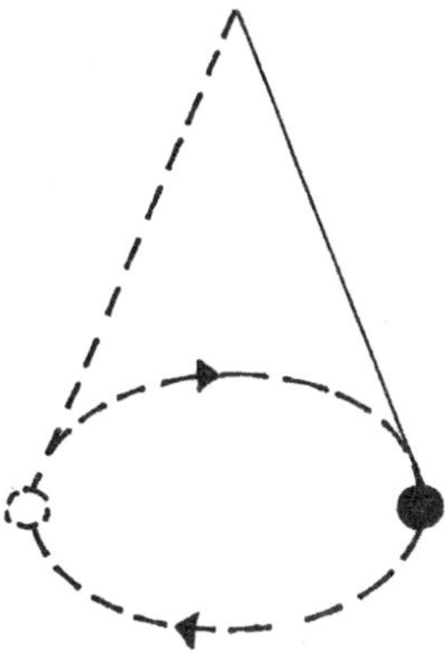

Abb. 9: Drehbewegung
im Uhrzeigersinn

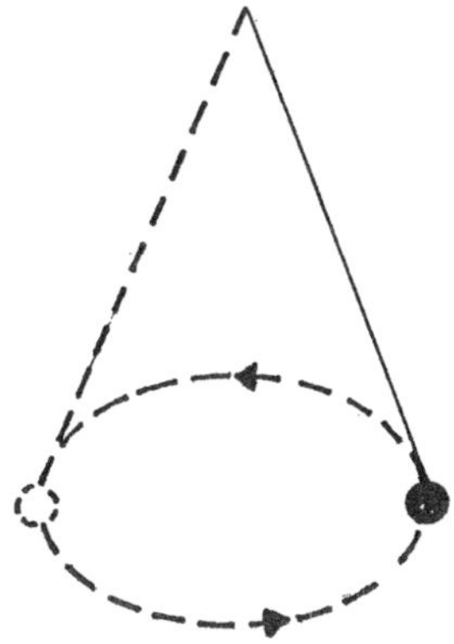

Abb. 10: Drehbewegung
im Gegenuhrzeigersinn

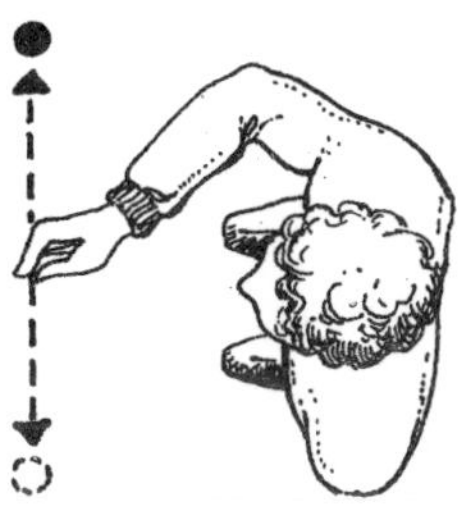

Abb. 11: Hinundherschwingen
parallel zum Körper

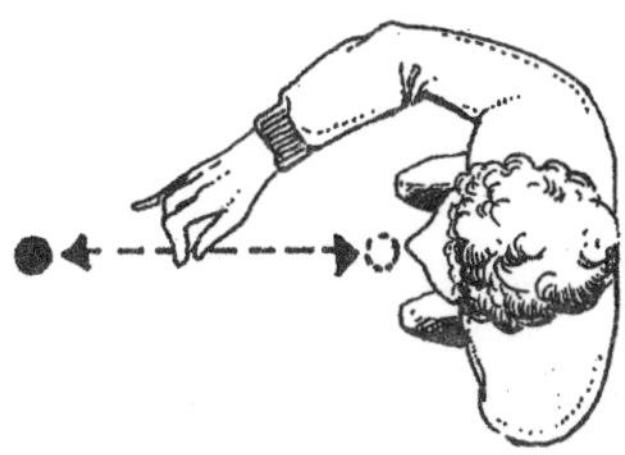

Abb. 12: Hinundherschwingen
quer zum Körper

Das Muster

Der klassischen physikalischen Radiästhesie zufolge ist es unumgänglich, in der Hand oder im Pendel ein „Muster" (meistens auch mit dem französischen Wort „Témoin" bezeichnet) zu haben, d. h. eine kleine Menge des Stoffes, der gefunden werden soll. Dieses Muster erleichtert die Suche, zum Beispiel nach Wasser mit identischen physikalischen, chemischen und bakteriologischen Eigenschaften.

Der mentalen oder parapsychologischen Theorie zufolge ist dieses Muster nur eine Konvention und nicht absolut notwendig. Das Muster erleichtert zwar die Suche, doch seine Bedeutung erschöpft sich darin, daß es eine Art Bezugspunkt bildet.

Wir unterscheiden drei Arten von Mustern:

1. Reales Muster: Es besteht tatsächlich aus einem Stück der gesuchten Materie. Eine kleine Glasflasche mit Trinkwasser darin hilft zum Beispiel, eine Quelle zu suchen, die ebenfalls Trinkwasser liefern soll.
2. Fiktives Muster: Es wird ein anderer Stoff verwendet, aber gleichzeitig vom Wunsch des Radiästhesisten „imprägniert“ oder mit dem Gegenstand der Suche bereits in Kontakt gebracht. Wir können zum Beispiel auf ein Stück Papier das Wort „Trüffel“ schreiben und uns dabei den unverwechselbaren Duft dieses knollenförmigen Pilzes vorstellen. Diese Idee soll dann sozusagen das ganze Papier durchdringen. Wenn Sie dieses Muster akzeptieren und gut pendeln können, so gelingen Ihnen dabei interessante Experimente.
3. Indirektes Muster: Dieser Fall ist dann gegeben, wenn wir als Muster nur einen persönlichen Gegenstand (Taschentuch, Hemd), eine Fotografie oder eine Haarlocke von der Person besitzen, über die wir etwas erfahren wollen.

Das Muster ist zwar nicht unumgänglich notwendig, hat aber dennoch günstige Auswirkungen, weil es die Konzentration auf den Gegenstand des Versuches lenkt.

Ein Experiment zur Suggestion

Ich gehe hier vor allem auf das Pendel ein, weil dieses Gerät sich am besten für Versuche zu Hause eignet und weil mit dauernder Übung immer bessere Resultate erzielt werden. Mit den folgenden stufenartig aufgebauten Programmen möchte ich Sie auf diesen Weg weisen.

Wiederholen Sie vor allem das bereits beschriebene Experiment zur Suggestion, und wünschen Sie dabei, daß das Pendel nacheinander alle vier Bewegungen durchführt, die in den Abbildungen 9 bis 12 angegeben sind (Uhrzeigersinn, Gegenuhrzeigersinn, parallel und quer zum Körper).

Legen Sie genau die Signale, also die Art der Bewegung des Pendels, und die Bedeutung fest und konzentrieren Sie sich darauf. Ihr Unbewußtes wird sich daran gewöhnen, über solche Signale Antwort zu geben.

Ein Experiment in drei Phasen: Erste Phase

Ich will Ihnen hier ein Experiment vorschlagen, das sich in drei Phasen aufteilt. Die beiden folgenden Phasen finden Sie nach anderen Experimenten einige Seiten weiter hinten. Die Aufteilung in drei Phasen wird deswegen notwendig, weil wir durch zu viele Informationen die Ergebnisse nicht verfälschen wollen. Zum Experiment gehören die drei Abbildungen 13, 14 und 15. Sie stellen den Zeiger eines Kompasses, einen Hufeisenmagneten und einen Eisenstab dar.

Einige Dinge sollten wir uns ins Gedächtnis zurückrufen:

1. Der Konvention gemäß ist der Nordpol eines Magneten der negative Pol.
2. Die blaue Kompaßnadel mit dem weißen Punkt entspricht dem positiven Pol und wird deswegen vom negativen Nordpol angezogen, denn entgegengesetzte Pole ziehen sich an.

Abb. 13

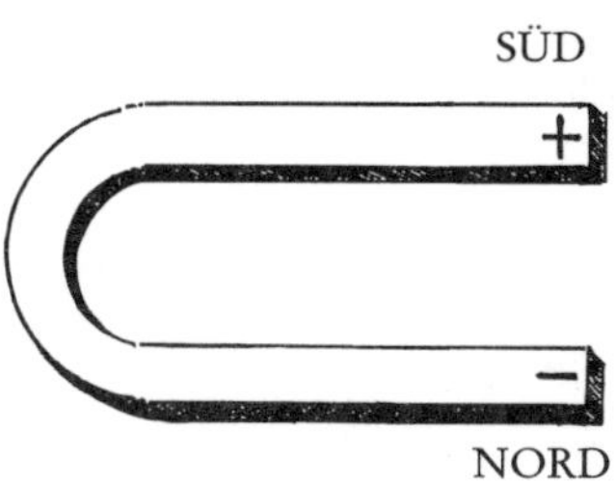

Abb. 14

Abb. 15

3. Der magnetische Nordpol ist positiv.
4. Die helle Kompaßnadel ist negativ und wird deswegen vom positiven Südpol angezogen.

Wir schauen erst, wie das Pendel über die Spitzen der Kompaßnadel schwingt, ohne damit ein mentales Signal zu verbinden. Wir lassen also das Pendel einfach nach den vorhandenen Magnetfeldern schwingen, schreiben aber die Ergebnisse auf.

Auch Magnete haben zwei entgegengesetzte Pole, einen negativen und einen positiven. Wir legen mit der Kompaßnadel diese Pole fest. Dabei behalten wir natürlich folgendes im Auge:
1. Der negative Pol des Magneten zieht den positiven Pol der Kompaßnadel, also deren blauschwarze Hälfte an.
2. Der positive Pol des Magneten zieht den negativen Pol der Kompaßnadel, also deren metallisch helle Hälfte an.

Nachdem wir die Pole des Magneten bestimmt haben, beobachten wir, wie sich das Pendel über den beiden Magnetpolen verhält, ohne damit irgendeine geistige Botschaft zu verbinden, und notieren die Ergebnisse.

Jeder Eisen- oder Stahlstab weist ebenfalls einen negativen Nordpol und einen positiven Südpol auf. Das können wir mit dem Kompaß nachweisen. Auch hier beobachten wir, wie sich das Pendel über den Polen des Eisenstabes ohne geistige Beeinflussung verhält. Auch diese Ergebnisse schreiben wir auf.

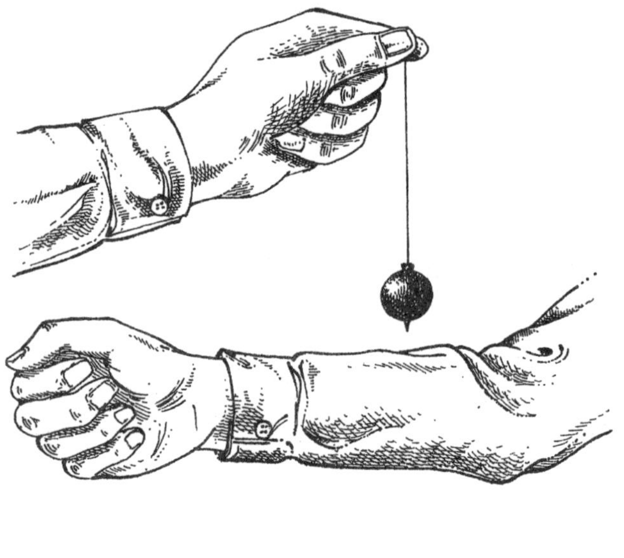

Abb. 16

Betrachten wir nun die Abbildung 16. Wir halten das Pendel ohne irgendeine geistige Botschaft über den Unterarm und schreiben die Ergebnisse auf. Vielleicht sehen alle diese Resultate etwas konfus aus, aber das macht nichts. Wir werden in der zweiten Phase dieses Experiments die Bedeutung erkennen. Es ist absolut notwendig, die erste Phase vor der zweiten durchzuführen, sonst zählen die Resultate nicht.

Die geheimnisvolle Schachtel

Erstes Experiment: Hyperästhesie

1. Wir besorgen uns drei gleich große Schachteln oder Dosen. In Frage kommen zum Beispiel die Kunststoffbehälter von fotografischen Filmen. In einen dieser Behälter geben wir irgendeinen leichten Gegenstand, sagen wir ein Bonbon. Wir mischen nun die drei gleichen Dosen in einem anderen geschlossenen Behälter miteinander.
2. Wir ordnen die drei Behälter vor uns an und fassen im Kopf den Entschluß, daß sich das Pendel bei jener Schachtel bewegen muß, die

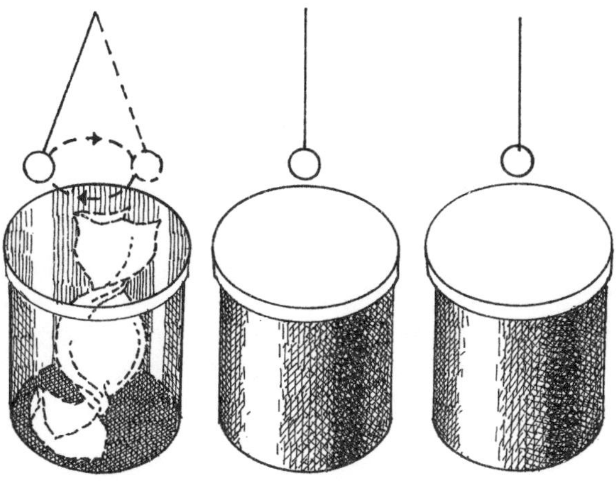

Abb. 17

das Bonbon enthält (Abb. 17). Da wir selbst die Dosen angeordnet haben, laufen wir natürlich Gefahr, daß wir im Unbewußten einen Unterschied im Gewicht oder im Aussehen der Dosen bemerkt haben. In einem solchen Fall gilt die Hypothese, daß wir es mit einer Hyperästhesie zu tun haben, die auf besonders scharf entwickelten Sinnen beruht.

Zweites Experiment: Bedingte Telepathie

Wir wiederholen das vorhergehende Experiment. Ein Helfer soll allerdings das Bonbon oder einen anderen Gegenstand während unserer Abwesenheit in eine der Dosen legen. Wir führen dann das Experiment im Beisein dieses Helfers durch. Ein eventueller Erfolg ist dann einer psychischen Integration zuzuschreiben. Es handelt sich also um einen Versuch zur bedingten Telepathie mit möglichen hyperästhetischen Einflüssen, wenn wir zum Beispiel unbewußt Signale von seiten des Helfers wahrgenommen haben. Dasselbe Experiment läßt sich jedoch in einen Versuch über reine Telepathie umwandeln.

Drittes Experiment: Reine Telepathie

Befindet sich der Helfer weit weg, so handelt es sich im Erfolgsfall um reine Telepathie. Als Hypothese wäre auch eine Form des Hellsehens zu vertreten. Sie setzt einen Kontakt zwischen der Psyche des Psychomiletikers und der unbelebten Materie des Bonbons voraus. Es bleibt jedoch stets die Hypothese einer reinen Telepathie bestehen, also einer mentalen Verbindung zwischen Ihnen und Ihrem Helfer. In allen drei Fällen ist ein eventueller Erfolg wenig aussagekräftig und kann sehr wohl auf Zufall beruhen. Die Trefferwahrscheinlichkeit beträgt nämlich ein Drittel. Bei 18 Versuchen sind also sechs Treffer wahrscheinlich (18 x $^1/_3$). Wenn Sie eine höhere Erfolgsquote vorweisen und wenn die Variationsbreite immer größer wird, können Sie zufrieden sein.

Viertes Experiment: Fiktives Muster

Ergab das vorhergehende Experiment positive Resultate, so können wir es mit einem fiktiven Muster wiederholen. Wir schreiben somit auf ein Stück Papier das Wort, das dem versteckten Gegenstand entspricht – in unserem Fall „Bonbon". Dann konzentrieren wir uns auf den Wunsch, das Bonbon wiederzufinden, entscheiden uns für ein mentales Signal und fahren weiter fort, indem wir in der Hand das Blatt halten, das uns als Muster dient. Es sollte uns eigentlich die Suche erleichtern.

Die Suche nach einem verborgenen Gegenstand

Erstes Experiment: Hyperästhesie und bedingte Telepathie

Lassen Sie während der eigenen Abwesenheit von einem Helfer einen Gegenstand im Zimmer verbergen. Konzentrieren Sie sich auf diesen Gegenstand, und denken Sie sonst an nichts anderes. Legen Sie das Signal des Pendels fest, also die Bewegung, die es durchführen muß, wenn der Gegenstand gefunden ist. Ich rate Ihnen zu folgender methodischer Vorgehensweise:

1. Begeben Sie sich in die Mitte des Zimmers und halten Sie mit der einen Hand das Pendel fest, während Sie mit der anderen auf eine der vier Seiten des Zimmers weisen. Sie müssen vorher festlegen, daß sich das Pendel bewegen soll, wenn die Hand auf die Seite zeigt, wo der Gegenstand verborgen ist. Weist die Hand auf die anderen Seiten, so soll das Pendel stillstehen.
2. Ist die Seite des Zimmers gefunden, so kann man diese wieder in zwei weitere Teile aufteilen, zum Beispiel eine linke und eine rechte Hälfte. Bleibt der Helfer im Zimmer, so ist ein eventueller Erfolg einer Hyperästhesie oder einer bedingten Telepathie zuzuschreiben.

Man kann diese Suche, wenn man seiner selbst sicher ist, auch in Gesellschaft von Freunden durchführen. Dabei wird man aber bemerken, daß eine feindselige oder skeptische Haltung oft störend wirkt und das Erreichen richtiger Ergebnisse oft unmöglich macht.

Zweites Experiment: Reine Telepathie

Wenn der Helfer den Gegenstand versteckt, dann weggeht, und wenn Sie danach eintreffen, ist ein möglicher Erfolg ein Zeichen für reine Telepathie. Durch seine Anwesenheit kann der Assistent Ihnen nämlich winzige sinnliche Hinweise zur Auffindung des Gegenstandes geben, oder es kommt zu einer paranormalen psychischen Integration. Dies alles wird bei der beschriebenen Versuchsanordnung ausgeschlossen.

Drittes Experiment: Gesellschaftsspiel

Wir können dasselbe Experiment im Beisein von Freunden durchführen. Wenn Ihre Freunde gemeinsam den Gegenstand verstecken, wird das Auffinden wohl auf hyperästhetische Wahrnehmungen zurückzuführen sein, auch wenn sich die Hypothese einer psychischen Integration nicht ganz von der Hand weisen läßt. Da viele Freunde wissen, wo der Gegenstand verborgen ist, werden sich auch die unwillkürlichen Signale (Handzeichen, Flüstern, Körperhaltung) vervielfachen und Sie zum richtigen Ort führen.

Viertes Experiment: Reine Telepathie

Wenn bei diesem Gesellschaftsspiel eine nicht mehr anwesende Person den Gegenstand versteckt hat und nicht einmal die Freunde wissen, wo er sich befindet, so ist der Erfolg bei diesem Versuch der reinen Telepathie zuzuschreiben.

Ein Experiment in drei Phasen: Zweite Phase

Wir haben während der ersten Phase des Experiments festgestellt, wie man mit Hilfe der Magnetnadel die Pole eines Magneten oder eines Eisenstabes bestimmen kann. Wir haben sodann herauszufinden versucht, wie sich das Pendel über den verschiedenen Polen ohne jede geistige Beeinflussung verhält. Wir vergleichen nun Ihre Ergebnisse mit den richtigen Ergebnissen einiger der wichtigsten Radiästhesie-Forscher.

1. Das Pendel kann die Magnetnadel ersetzen, wenn es darum geht, Nord- und Südpol zu unterscheiden.
2. Über dem negativen Pol der Kompaßnadel, des Hufeisenmagneten und des Eisenstabes dreht sich das Pendel im Uhrzeigersinn oder im positiven Sinn (Abb. 18, 19, 20).
3. Über dem negativen Pol der Kompaßnadel, des Hufeisenmagneten und des Eisenstabes dreht sich das Pendel im Gegenuhrzeigersinn oder im negativen Sinn (Abb. 18, 19, 20).

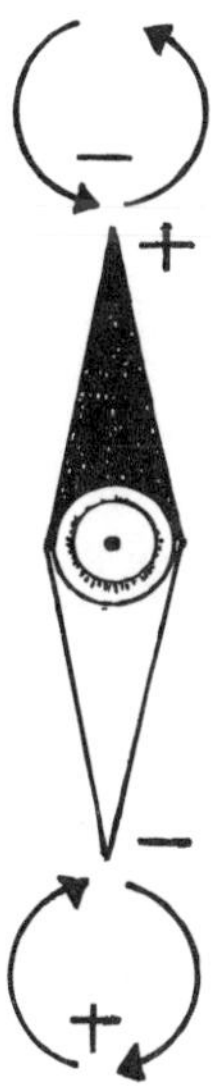

Abb. 18

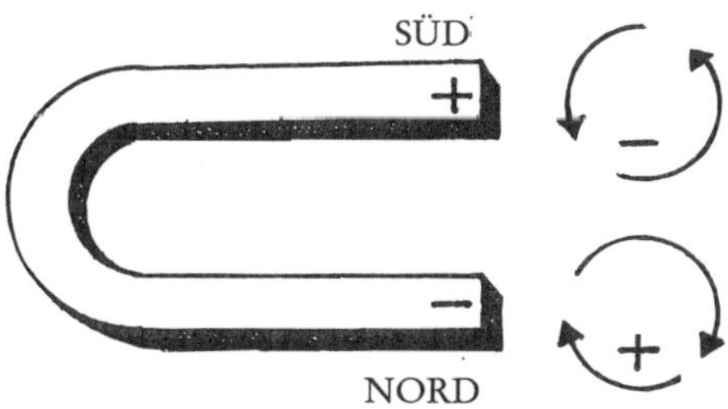

Abb. 19

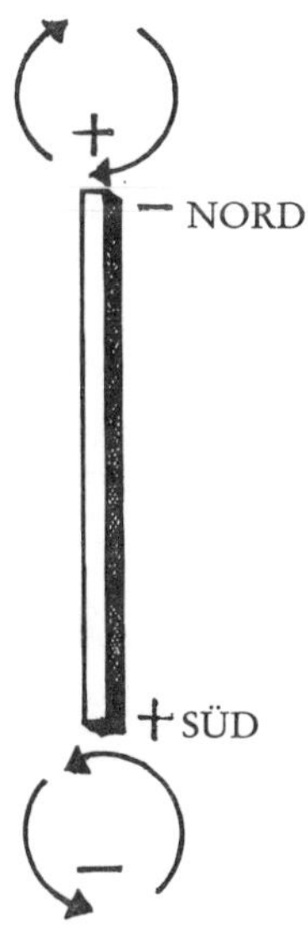

Abb. 20

4. Der bekannte Forscher Zampa stellte fest, daß das Pendel in der Längsachse des Unterarmes hin und her schwingt (Abb. 21).

Wir vergleichen unsere Resultate mit denen des Forschers und schreiben die Ergebnisse auf. Sie werden uns für die dritte und letzte Phase des Experiments von Nutzen sein.

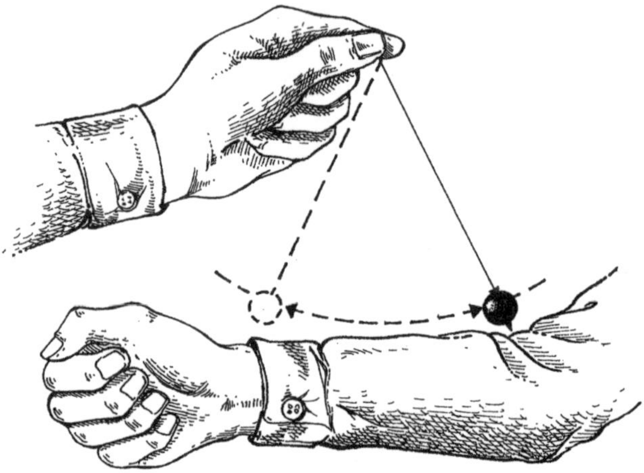

Abb. 21

Die Suche nach dem „verborgenen Schatz" mit Hilfe einer topographischen Karte

Der Radiästhesist Moine erzählt in einem seiner Bücher, Freunde hätten ihn gebeten, Goldmünzen aufzuspüren, die eine verstorbene Verwandte mit Sicherheit in irgendeinem Winkel des Hauses oder des Gartens versteckt hatte. Moine ließ sich eine detaillierte Karte schicken und entdeckte, daß das Gold im Keller versteckt war.

Er begab sich persönlich in die Stadt, wo seine Freunde wohnten, und wollte mit dem Pendel genau die Stelle des Versteckes orten. Die Freunde waren aber sehr skeptisch, weil sie bereits auf eigene Faust im Keller gegraben hatten. Moine beharrte aber auf seiner Entdeckung und grub an der betreffenden Stelle noch tiefer. So kam eine verrostete Eisenkassette ans Licht, die 400 Goldmünzen enthielt! Der brave Hellseher erhielt als Geschenk die Eisenkassette!

Wenn wir diese Episode für authentisch halten, so müssen wir sie als Beweis für das Hellsehen einstufen, weil sie einen Kontakt zwischen Psyche und Materie voraussetzt. Ich schlage Ihnen heute eine moderne Schatzsuche mit Hilfe von Grundrissen von Wohnungen und Gärten vor: Ein Helfer verbirgt dort einen Gegenstand, den Sie auffinden müssen.

Wir können mit einem realen Muster zu Werke gehen oder uns ein fiktives Muster schaffen, indem wir die Bezeichnung des Gegenstandes auf ein Stück Papier schreiben und es dann mit unserer Vorstellung tränken. Denken Sie daran, daß wir das Muster in derselben Hand halten sollten wie das Pendel.

Wir kommen aber auch ganz ohne Muster aus. Es reicht, wenn wir intensiv an den Gegenstand denken, den wir finden müssen. Mit unseren Gedanken schaffen wir uns somit ein funktionsfähiges Muster.

Wir befreien uns von jeder persönlichen Suggestion auf bewußter Ebene. Wir denken also nicht darüber nach, wo denn der Gegenstand versteckt sein könnte. Wir versetzen uns in die Lage eines neutralen Beobachters und lenken unsere Gedanken nur auf das, was wir finden wollen. Dazu müssen wir das Signal des Pendels ganz klar von vornherein festlegen und dann sozusagen die verschiedenen Stellen auf der Karte abtasten. Nachher können wir auch nachsehen, ob die Beobachtung mit der Wirklichkeit übereinstimmt.

Ein Experiment mit dem Talent des Unbewußten

Die Experimente zur modernen Schatzsuche können dann praktische Bedeutung erlangen, wenn es darum geht, einen Gegenstand aufzufinden, den wir im Hause verlegt haben und nicht mehr finden. Die Menschen in der Antike befragten in solchen Fällen okkulte Seher. Wir befragen unser Unbewußtes, das auf uns heute noch magisch wirkt, weil wir seine Möglichkeiten und seine Natur noch nicht kennen. Wahrscheinlich stellt es den Verbindungspunkt zum grenzenlosen Mysterium dar, das oberhalb des Menschen steht.

Ich knüpfe hier an die Anfangskapitel dieses Buches an, wo vom unglaublichen Gedächtnis des Unbewußten die Rede war. Es bewahrt alles auf, was das bewußte Gedächtnis schon längst vergessen hat.

Erstes Experiment: Nichtparanormale Suche

Wenn Sie im Hause etwas verlegt haben, können Sie die Technik verwenden, die wir in den vergangenen Experimenten („Schatzsuche") kennengelernt haben, um aus dem Unbewußten die benötigten Informationen wieder auftauchen zu lassen. Es handelt sich dabei aber um ein rein psychisches und nicht ein paranormales Experiment. Wir verwenden den Automatismus des Pendels als Mittel, um den Ort, wo wir den Gegenstand hingelegt haben, wieder im Gedächtnis aufsteigen zu lassen.

Wir verwenden also eine der beiden Techniken, die auf den vorigen Seiten behandelt wurden:

– Bei der einen Technik weist ein Arm auf einen bestimmten Teil des Hauses, und das Pendel antwortet auf die Frage, ob es sich um die richtige Zone handelt.

– Bei der anderen nehmen wir eine topographische Karte zu Hilfe.

Wenn es Ihnen gelingt, den Gegenstand wiederzufinden, so handelt es sich um einen schönen Erfolg, der zu weiteren Hoffnungen berechtigt.

Zweites Experiment: Paranormale Suche

Nehmen wir an, ein Freund würde von Ihren Erfolgen erfahren und Sie bitten, in seinem Haus einen Gegenstand zu suchen, den er selbst verlegt hat. Wenn Sie ihn wirklich finden, wäre das ein Beweis für die bedingte Telepathie. Sie hätten nämlich telepathisch im Unbewußten des Freundes die betreffenden Informationen gesucht und gefunden.

Wäre Ihr Freund aber nicht zugegen, während sie den Gegenstand mit dem Pendel suchen, so könnte es sich um einen Versuch zur reinen Telepathie handeln.

Ein Experiment in drei Phasen: Dritte Phase

Die erste Phase des Experiments handelte davon, ob es möglich ist, daß die Pendelbewegung ohne irgendwelche mentale Beeinflussung von der Magnetkraft bestimmt wird. Die zweite Phase sagte Ihnen, welche Bewegungen das Pendel der klassischen radiästhetischen Theorie zufolge hätte durchführen müssen. Die dritte Phase ist die der Wahrheit.

Ich habe mit Ihnen ein Experiment über die Suggestion durchgeführt. In der zweiten Phase erhielten Sie Daten und damit eine Art Vorschrift, wie das Experiment der physikalischen Theorie zufolge hätte ausgehen müssen. Die Autorität der genannten Forscher führte vielleicht dazu, daß sie zu übereinstimmenden Ergebnissen gelangten.

Die stets gleichbleibende Drehbewegung des Pendels soll den Radiästhesisten des vorigen Jahrhunderts zufolge auf der Kraft der Magneten beruhen. Ich will Ihnen aber ein Experiment vorschlagen, das den Mythos der magnetischen Kraftfelder zerstört.

Halten Sie Ihr Pendel über den negativen Pol eines Magneten. Treffen Sie eine ganz bestimmte geistige Übereinkunft, daß nämlich das Pendel sich links herum drehen soll, während es sich der klassischen physikalischen Theorie zufolge nur im Uhrzeigersinn drehen darf. Sie müssen sich dabei Ihres Willens und der Stärke Ihrer mentalen Signale sicher sein, weil die alte Suggestion im Unbewußten immer noch wirksam sein könnte. Sie werden sehen, daß das Pendel sich trotz aller sogenannten physikalischen Gesetze nach links dreht.

Dieses Experiment zeigt einmal mehr, daß die treibende Kraft der Radiästhesie nur psychischer und nicht physikalischer Natur ist!

Die Suche nach Wasser

Die Suche nach Wasserquellen kann experimentell im Haus mit Hilfe des Pendels erfolgen.

Erstes Experiment zur bedingten Telepathie

1. Ein Helfer füllt in Ihrer Abwesenheit drei Tassen mit Wasser und versteckt sie so in einem Karton, daß man sie in dessen Innerem einzeln verschieben kann.
2. Der Pendler legt ein mentales Signal fest und versucht mit Hilfe des Pendels, die Lage der Tassen im Karton festzustellen. Wenn er sich seiner Sache sicher ist, soll er die Stellung der Tassen mit je einer Stecknadel markieren. Erst danach darf er im Karton nachsehen.
3. Der Radiästhesist soll für einen Augenblick wegsehen. In dieser Zeit verschiebt der Helfer die Tassen und die Stecknadeln. Sie können nun mit dem Experiment weiter fortfahren. Die Anwesenheit des Helfers hat zur Folge, daß eventuelle Erfolge auf psychischer Integration oder bedingter Telepathie, vielleicht auch auf Hyperästhesie beruhen können.

Zweites Experiment: Volle und leere Tassen

Der Helfer füllt eine Tasse mit Wasser oder läßt sie leer – gerade wie es ihm einfällt. Er deckt sie jedoch mit einem Karton ab, und Sie müssen sagen, ob die Tasse Wasser enthält oder nicht. Dazu müssen Sie erst das mentale Signal festlegen und sich von aller Voreingenommenheit befreien. Die Wahrscheinlichkeit beträgt 1 zu 2, also 50 Prozent. Das Experiment muß sehr oft wiederholt werden. Wenn die effektive Trefferquote höher ist als die Zahl der wahrscheinlichen Treffer, so ergibt sich eine positive Variationsbreite.

Wir finden auf einer Landkarte den Aufenthaltsort einer Person

Wenn wir mit dem Pendel das Gebiet feststellen wollen, in dem sich eine Person während einer Reise aufhält, so setzen wir dabei einen telepathischen Kontakt voraus.

Um reine Telepathie handelt es sich, wenn der Psychomiletiker die Wegstrecke, die Etappen und das Reiseprogramm nicht kennt. In diesem Fall sollten die Reisenden zu vorbestimmten Zeiten, zu denen auch die Experimente stattfinden, den Ort des Aufenthalts und die Zeit notieren. Der Psychomiletiker selbst zeichnet auf einer Karte Ort und Zeit ein. Am Ende des Versuchs folgt der Vergleich.

Dieser Versuch hat mehr Erfolgsaussichten, wenn es sich um Familienmitglieder oder Freunde handelt, mit denen Sie durch enge Bande verbunden sind. Vor Jahren folgte ich mit dem Pendel meinen Eltern auf einer Landkarte und erreichte dabei eine Trefferquote von 70 Prozent. Oft gelang es mir, den Zeitpunkt zu bestimmen, wann sie gerade in eine Stadt kamen. Einmal stand das Pendel fest an einer Stelle auf der Autobahn nahe der Stadt Tortona. Ich vermutete einen Stau, erfuhr dann aber später, daß meine Eltern von der Straßenpolizei angehalten worden waren und eine Buße bezahlen mußten!

Die Telepathie kann einem aber auch übel mitspielen. Das geschah mir einmal, als meine Eltern von einer Reise nach Apulien zurückkehrten. Tags zuvor hatte ich mit dem Pendel herausgefunden, daß sie sich in einer umbrischen Stadt befanden, und nun spürte ich, daß sie bei La Spezia waren. Ich begann die wahrscheinliche Ankunftszeit auszurechnen, als mich ein schreckliches Bild befiel. Ich hatte den Eindruck eines Unfalls. Ich „sah" Blut, Scherben, Schmerzen, Verzweiflung. Vergebens konsultierte ich das Pendel. Die Aufregung machte es mir unmöglich, gelassen zu bleiben. Ich war furchtbar aufgeregt und mußte ein Beruhigungsmittel nehmen. Plötzlich „spürte" ich jedoch, daß die Eltern eintrafen. Sie erklärten mir alles: In der Umgebung von La Spezia hatten sie beim Vorbeifahren ein Auto gesehen, das in die Leitplanke geprallt war. Sie waren einen Augenblick lang tief beeindruckt gewesen, fanden dann aber doch ihre Heiterkeit wieder. In jenem Augenblick war ich ihnen ganz nahe gewesen, und ihre bewußte Wahrnehmung führte zu meiner bereits geschilderten Aufregung.

Bei solchen Versuchen ist ein Muster durchaus nützlich, d. h. eine Fotografie der betreffenden Person. Während des Experiments halten wir mit der einen Hand das Pendel und mit der anderen die Fotografie fest. Mit dem Pendel suchen wir dann verschiedene Punkte der Landkarte ab.

Die Einstellung zur Arbeit

Nachforschungen über persönliche Haltungen und den eigenen Gesundheitszustand sollten wir nie für uns selbst durchführen. Die Hoffnungen und Ängste, die tief in uns sitzen, würden nach oben kommen und uns nur Illusionen und weitere Ängste bescheren. Im Hinblick auf andere Personen können gewisse Psychomiletiker hingegen telepathisch gute Ergebnisse erzielen. Es ist jedoch möglich, daß der Pendler anstelle der wahren Einstellung eher das wahrnimmt, was der betreffenden Person bewußt ist. In diesem Fall handelt es sich um eine bedingte Telepathie.

Beim Versuch verwenden wir die Abbildung 22.

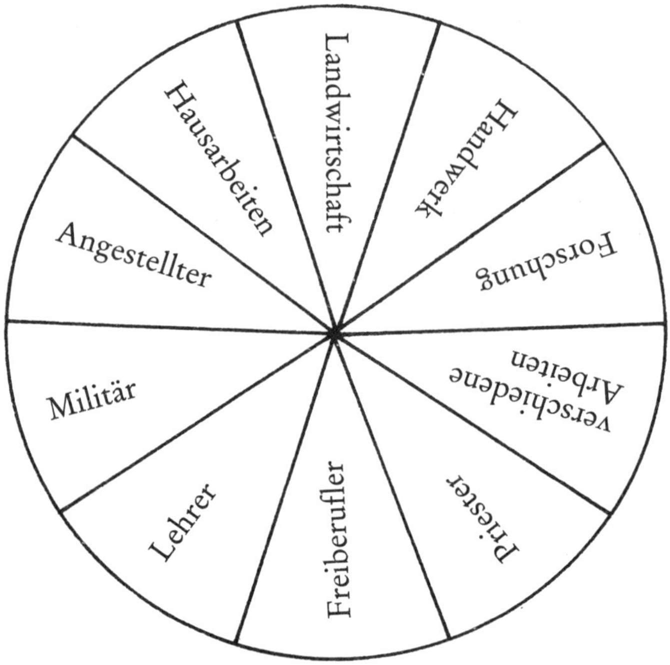

Abb. 22

Ich erinnere an die folgenden Gebote der Radiästhesie:
- Das Signal muß festgelegt werden.
- Wir müssen uns auf die Versuchsperson konzentrieren.

– Wir müssen neutral bleiben und dürfen uns nicht von möglichen Wünschen oder persönlichen Eindrücken leiten lassen.

Die Versuchstechnik, die ich Ihnen hier vorschlage, können Sie nach Belieben verändern, weil sie eine paranormale Vorgehensweise betrifft, bei der jeder seine eigenen Ausdrucksmittel hat. Wir halten mit einer Hand das Pendel und mit der anderen einen Bleistift fest. Mit diesem berühren wir nacheinander die verschiedenen Kreissegmente. Wenn Sie den richtigen Sektor berühren, wird sich das Pendel nach Ihrer Übereinkunft bewegen.

Die Verwendung der Wünschelrute

Wir bauen uns eine Wünschelrute

Die herkömmliche Wünschelrute erhalten wir, wenn wir eine Astgabel abschneiden (Abb. 23) oder zwei gebogene Äste an einem Ende miteinander verbinden (Abb. 24). Der Tradition zufolge ergeben Haselnuß und Ulme die besten Wünschelruten. Jedenfalls sollten die Äste ziemlich dünn und biegsam sein.

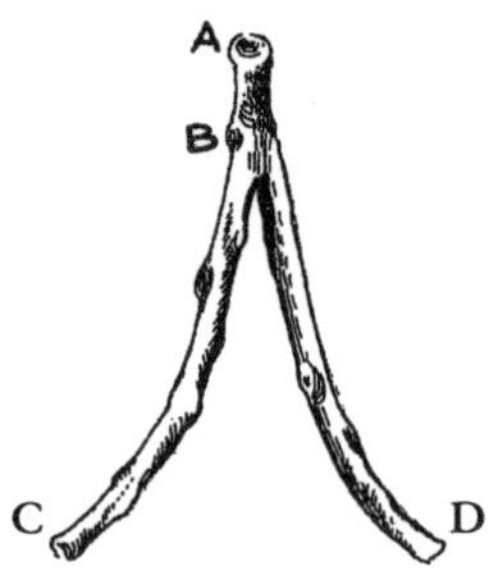

Abb. 23

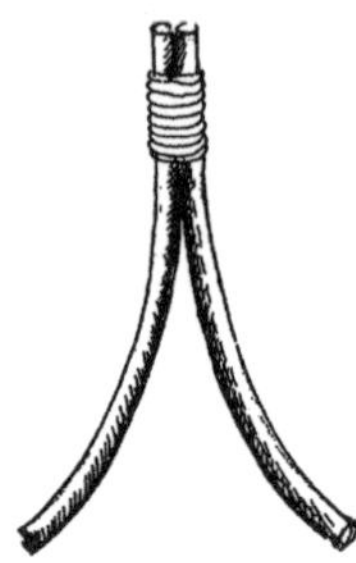

Abb. 24

Die Strecke AB sollte ungefähr 5 cm lang, die Strecken BC und BD 30 cm lang sein. Jeder wird am Ende aber sein eigenes Format bevorzugen. Es kommen übrigens auch andere Materialien in Frage, zum Beispiel Bambus oder Metall.

Wie man eine Wünschelrute hält

Wir halten die Wünschelrute mit den Handinnenflächen nach oben, damit wir sie zwischen dem Daumen und den übrigen Fingern einspannen können (Abb. 25).

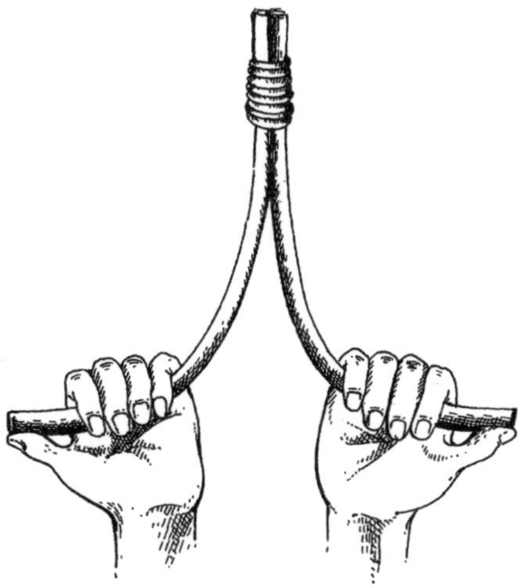

Abb. 25

Die Unterarme werden nach vorne gestreckt, während die Ellbogen ziemlich eng am Körper anliegen. Die Wünschelrute wird waagrecht zur Erde mit der Spitze nach vorne gehalten. Sie muß sich drehen können. Die Signale, die wir von vornherein festlegen, können unterschiedlicher Natur sein. Halten wir uns an die alten Wünschelrutentraditionen, die drei typische Bewegungen vorsehen:

1. Die Rute dreht sich in einen Winkel von 90 Grad nach oben (positiver Ausschlag, Abb. 26)
2. Die Rute dreht sich in einen Winkel von 90 Grad nach unten (negativer Ausschlag, Abb. 27)
3. Die Rute führt eine halbe (180 Grad) oder ganze Drehung (360 Grad) durch (Abb. 28).

Die Intensität des Empfangs hängt von der Übung und vom psychischen Automatismus ab, der zu Muskelkontraktionen führt. Diese bewirken dann die Bewegung der Wünschelrute.

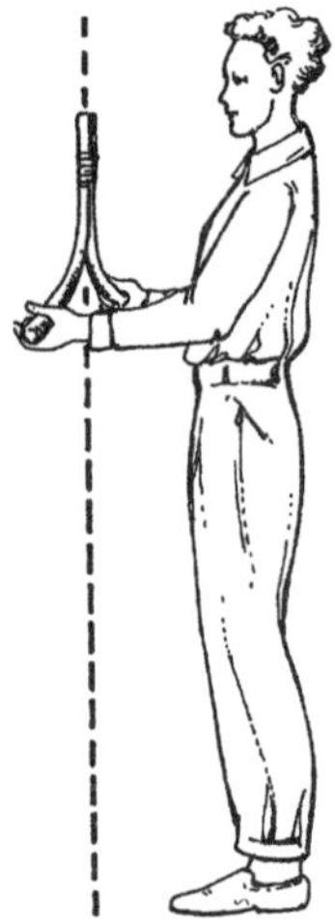

Abb. 26

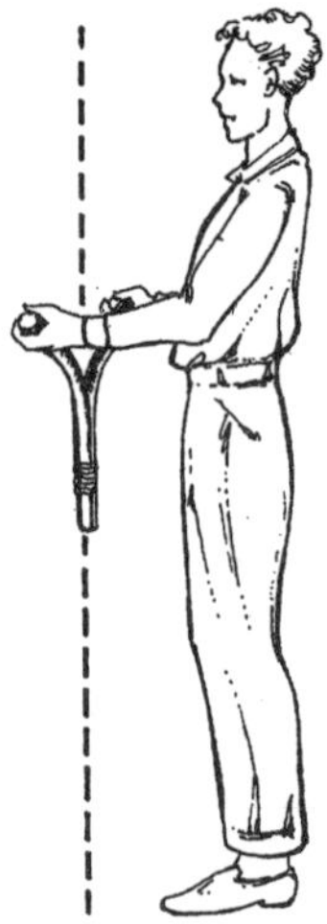

Abb. 27

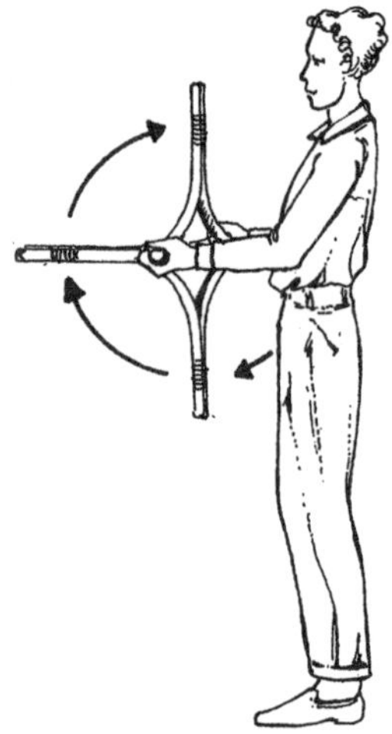

Abb. 28

Die Suche nach unterirdischem Wasser

Die Wünschelrute ist wohl das älteste außersinnliche Instrument der Menschheit. Seit jeher wird es für die Suche nach unterirdischen Quellen und Wasseradern eingesetzt. Eine Ausweitung ist allerdings auch auf das Gebiet der Mineralien- und Erzsuche möglich.

Wichtig bei der Suche nach Wasser ist ein methodisches Vorgehen. Wir müssen erst das abzusuchende Gebiet durch gedachte Linien unterteilen und diese dann nach und nach abschreiten. Dabei halten wir die Wünschelrute wie bereits beschrieben und haben zuvor schon ein entsprechendes Signal festgelegt, zum Beispiel eine bestimmte Drehbewegung. Diese erfolgt nur, wenn sich der Psychomiletiker über der betreffenden Wasserader befindet. Bei nicht psychomiletisch begabten Menschen ist eine Drehbewegung der Wünschelrute nur das Symptom einer Autosuggestion ohne paranormale Bedeutung.

Ist die Wasserader oder die unterirdische Quelle lokalisiert, so lassen sich die Bestimmungen noch weiter verfeinern:

1. Um die Tiefe der Wasserquelle zu erfahren, legen wir fest, daß jede vollständige Umdrehung der Wünschelrute einem Tiefenmeter entspricht.
2. Um die Schüttung der Quelle in Kubikmetern pro Sekunde oder um die Wassertemperatur zu bestimmen, kann man auf analoge Weise vorgehen.

Anmerkungen

Erstes Kapitel
Parapsychologie, eine Wissenschaft zwischen Magie und Utopie

Klarheit über die Parapsychologie

1. C. G. Jung: Über die Psychologie des Unbewußten, Zürich 1942
2. C. G. Jung: Der Mensch und seine Symbole, Olten 1984, S. 69
3. Enciclopedia di parapsicologia: L'uomo e l'ignoto, Mailand 1978, S. 621
4. H. Bender: Telepathie, Hellsehen und Psychokinese, München 1989, S. 106
5. F. Cazzamalli: Il cervello radiante, Mailand 1960, S. 64–65
6. Ibidem
7. H. Berger: Psyche, Jena 1940, S. 30–32
8. L. Wasiliew: Esperimenti di suggestione mentale, Turin 1972, S. 262
9. In diesem Punkt bin ich mit Professor Dettore einig.
10. C. G. Jung: Erinnerungen, Träume, Gedanken, Olten 1990, S. 155
11. E. Servadio: Passi sulla via iniziatica, Rom 1977, S. 64
12. H. Bender: Telepatia, chiaroveggenza e psicocinesi, Rom 1988, S. 9
13. J. Braid: Neurohypnology or the rational of nervous sleep, 1843
14. J. M. Charcot, in: „Revue Medic.“, 12 (1892)

Der Kommunikationsfaktor

1. W. Sherpes: Spiritismo antico e moderno, Mailand 1956
2. H. Bon: Medicina e religione, Turin 1944, S. 270
3. Ibidem
4. Ibidem
5. Der Autor prägte für diese Erscheinung den italienischen Begriff „autoinfestazione“.
6. Hier verwendet der Autor den Begriff „autofatture“, den man ungenau auch als „selbsterzeugter Fetisch“ übersetzen könnte.
7. O. Gonzales Quevedo: La faccia occulta della mente, Rom 1972, S. 227
8. Ibidem

Die Zeit und das Paranormale

1. R. Sudre: Trattato di parapsicologia, Rom 1966, S. 191
2. O. Gonzales Quevedo: La faccia occulta della mente, Rom 1972, S. 254
3. J. B. Rhine: I poteri dello spirito, Rom 1975, S. 57–59
4. Ibidem
5. Ibidem

Pathologie der psychokinetischen, mystischen und diabolischen Erscheinungen

1. G. Moretti: I santi nella loro scrittura, Rom 1975
2. H. Bon: Medicina e religione, Turin 1944, S. 227
3. Ibidem, S. 232
4. G. Moretti: I santi nella loro scrittura, Rom 1975, S. 324

5. Ibidem, S. 111
6. Ibidem, S. 239
7. Ibidem, S. 273–274
8. Ibidem, S. 7 und 29
9. Paul V., Benedikt XIV.: Rituale Romanum, Rom 1880, S. 304
10. O. Gonzales Quevedo: La faccia occulta della mente, Rom 1972, S. 107
11. Ibidem, S. 110
12. C. Balducci: Il diavolo, Casale Monferrato, 1988, S. 263
13. C. Balducci: La possessione diabolica, Rom 1974, S. 18
14. Ibidem
15. Ibidem
16. Ibidem
17. Ibidem, S. 19

Das Pro und Contra der Parapsychologie

1. P. Cassoli, in: „CSP Quaderni di Parapsicologia“, n. 6–8, 1975, S. 19
2. P. Canova, in: „Jesus“, n. 6, Juni 1984

Die Interpretation paranormaler Erscheinungen

1. Cenacolo degli spiritualisti livornesi: Voci dell'Empireo, vol. 1, S. 301
2. Ibidem, S. 129
3. Johannes 20, 31
4. Timotheus 3, 16
5. Konstitution „Dei Verbum“ 3, 11
6. Ibidem, 1, 4
7. Hebräer 1, 1–4

Zweites Kapitel
Theorie der Versuchsgestaltung

Begriffe, Berechnungen und Interpretationen

1. P. Cassoli, in: „CSP Quaderni di Parapsicologia“, n. 6–8, 1975, S. 42

Drittes Kapitel
Experimente

Versuche zur Telepathie, zum Hellsehen und zur Präkognition

1. H. Bender: Telepathie, Hellsehen und Psychokinese, München 1989, S. 95

Fachbegriffe

Agent: Der Agent versucht bei telepathischen Experimenten, ein Bild, ein Wort oder einen Gedanken einer anderen Person mitzuteilen, die wir Perzipient nennen.

Apport: Herbeischaffen oder Konkretisieren eines Gegenstandes, der in der Umgebung zuvor nicht existierte. Der Apport ist mit einem Asport verbunden, also einem Wegtransportieren von einem anderen Ort.

Archetyp: Idee, Vorbild. Archetypen sind die Inhalte des kollektiven Unbewußten und damit allen Menschen gemeinsam. Sie äußern sich z. B. in Märchen und Mythen.

Bilokation: Die Fähigkeit, an zwei oder mehr Orten gleichzeitig zu sein.

Cumberlandismus: Die Fähigkeit gewisser Menschen, die Gedanken anderer Personen über deren Muskelkontraktionen wahrzunehmen. Dabei müssen beide in physischem Kontakt stehen. Der Cumberlandismus, der auch als Muskellesen bezeichnet wird, ist eine Form der Hyperästhesie.

Déjà-vu-Erlebnis: Eine Erinnerungstäuschung, bei der man glaubt, ein Ding oder eine Situation schon einmal gesehen (französisch: déjà vu) oder erlebt zu haben.

Diabolisch: Teuflisch.

Empirisch: Von Erfahrungen geleitet, durch Versuche überprüft.

Evaneszenz: Die Erscheinung, daß mit zunehmendem zeitlichem Abstand vom Ereignis prä- und retrokognitive Aussagen an Bestimmtheit und Schärfe verlieren. Der Grund liegt im Unvermögen des Kommunikationsfaktors, sich in der Zeit zu bewegen.

Exorzismus: Teufelsaustreibung, ein Ritus vor allem in der katholischen Kirche. Dabei ergeht an den Teufel oder den Dämon im Namen Gottes der Befehl, die besessene Person oder den betreffenden Gegenstand zu verlassen.

Halluzination: Spontane Sinnestäuschung.
Es können dabei alle Sinne getäuscht werden, vor allem aber der Gesichtssinn und das Gehör.

Hyperästhesie: Die Erscheinung, daß gewisse Menschen winzige, anderen Menschen nicht mehr zugängliche Signale mit ihren Sinnen wahrnehmen können.

Hypnose: Ein veränderter Bewußtseinszustand, bei dem die hypnotisierte Person die psychische Suggestion einer anderen Person akzeptiert.

Kasuistik: Beschreibung und Sammlung einzelner Fälle.

Levitation: Das freie Schweben einer Person oder eines Gegenstandes in der Luft.

Materialisation: Die Bildung und Erscheinung menschlicher Formen.

Medium: Im spiritistischen Umfeld die vermittelnde Person zwischen Lebenden und Verstorbenen. In Wirklichkeit ist das Medium ein Opfer seiner eigenen unbewußten Kreativität.

Narzißmus: Maßlose Selbstverliebtheit.

Neurose: Eine seelische Störung, die sich im Verhalten oder Erleben äußert, z. B. als Depression. Neurosen gehen aus Konflikten hervor.

Okkultismus: Heute allgemeine Bezeichnung für Geheimlehren und Geheimwissenschaften, die mit den klassischen Wissenschaften und deren Methoden nichts zu tun haben.

Out-of-body-experience (OOBE): Die Erfahrung, sich außerhalb des eigenen Körpers zu befinden. Man sieht z. B. von erhöhter Warte aus den eigenen Körper daliegen.

Pantomnesie: Die Erscheinung, daß wir uns an alles erinnern können.

Parameter: Soviel wie veränderliche Größe, Bedingung, Randbedingung.

Paranormal: Allgemeine Bezeichnung für jene Eigenschaften, welche die Parapsychologie untersucht. Diese Eigenschaften stehen neben (griechisch: para) dem Normalen und sind mit den traditionellen Wissenschaften zwar nicht zu erklären, aber mit deren Methoden zu erforschen.

Parapsychologie: Diese neue Wissenschaft untersucht die Phänomene, die nicht der Kontrolle unserer fünf Sinne unterliegen und die mit den heutigen wissenschaftlichen Kenntnissen von den Naturgesetzen nicht oder nur teilweise zu erklären sind. Parapsychologische Phänomene treten im Rahmen teilweise noch unbekannter Naturgesetze auf und sind keine Erscheinungen des Göttlichen oder des Lebens nach dem Tod.

Perzipient: Bezeichnung für jene Person, die bei telepathischen Experimenten das Bild, das Wort oder den Gedanken zu empfangen versucht, die der Agent übermittelt.

Präkognition: Das Wissen um Tatsachen, die erst noch eintreten werden.

Psychokinese: Eine paranormale Einwirkung auf die Materie.

Psychomiletiker: Eine Person, die paranormal mit ihrer Psyche Botschaften empfängt und aussendet.

Psychophonie: Registrierung intelligenter Stimmen auf Tonband ohne technische Intervention eines Menschen.

Radiästhesie: Bezeichnung für das Pendeln. Gelegentlich ist zusätzlich auch das Rutengehen (Rhabdomantie) gemeint.

Retrokognition: Das paranormale Wissen um Dinge, die bereits geschehen sind.

Rhabdomantie: Wünschelrutengehen.

Sensitiv: Bezeichnung für einen Menschen, der paranormale, außersinnliche Wahrnehmungen hat.

Spiritismus: Spiritisten sind davon überzeugt, daß sie über ein Medium mit den Geistern Verstorbener sprechen können.

Spiritualismus: Eine Richtung des Spiritismus. Die Spiritualisten glauben, daß sie über das automatische Schreiben Botschaften von der Gottesmutter, von Christus und sogar von Gott erhalten. Der philosophische Spiritualismus vertritt die Ansicht, dem Menschen liege ein spirituelles, geistiges Prinzip zugrunde.

Sublimation: Verwandlung in Höheres. Meistens ist das sinnliche, sexuelle Begehren und dessen Verwandlung in eine nicht sexuelle Handlung gemeint.

Telekinese: Bewegung ferner Gegenstände ohne Anwendung einer bekannten physikalischen Kraft.

Telepathie: Unbewußte Kommunikation zwischen zwei Menschen.

Trance: Ein veränderter Bewußtseinszustand. Der in Trance Befindliche ist nur beschränkt ansprechbar und zeigt kaum willkürliche Bewegungen.

Zener-Karten: Nach Karl Zener benannte Karten, die vor allem bei der parapsychologischen Forschung eingesetzt werden. Ein Spiel umfaßt 25 Karten mit fünf Zeichen, nämlich Welle, Quadrat, Stern, Kreuz und Kreis.

Literatur

AA. VV. (Hg. P. Giovetti), Parapsicologia e Sopravvivenza, Rom 1984.
ANGELA P., Viaggio nel mondo del paranormale, Mailand 1979.
BALDUCCI C., Il Diavolo, Casale Monferrato 1988.
BALDUCCI C., La possessione diabolica, Rom 1974.
BAUDOLIN C., Esiste una scienza dell'anima?, Catania 1957.
BELTRANO O., Almanacco Perpetuo diviso in cinque Trattati, in: „Venetia", MDCXCVI.
BENDER H., Telepatia, chiaroveggenza e psicocinesi, Rom 1988.
BENDER H., Telepathie, Hellsehen, Psychokinese, München 1989.
BENDER H., Sesto senso, Mailand 1974.
BERGER H., Psyche, Jena 1940.
BERGIER J., Il paranormale, Rom 1988.
BON H., Medicina e religione, Turin 1944.
BONAVENTURA E., La psicanalisi, Verona 1954.
BOSSI V., Parapsicologia, un po' di verità e tante truffe, Legnano 1979.
BOZZANO E., Animismo e spiritismo, Verona 1967.
BRAID J., Neurohypnology or rational of nervous sleep, 1843.
CALLIGARIS G., Le catene lineari secondarie del corpo e dello spirito, Udine 1929.
CALLIGARIS G., Le catene lineari del corpo e dello spirito, Udine 1928.
CALLIGARIS G., Le meraviglie della metapsichica, Mailand 1940.
CANOVA P., in: „Jesus", n. 6, 1984.
CARINGTON W., Telepatia, fatti, teoria, deduzioni, Rom 1948.
CASSOLI P., Lettere ad uno parapsicologo, Florenz.
CAVANN R., Aspetti scientifici della parapsicologia, Turin 1973.
CAZZAMALLI F., Il cervello radiante, Mailand 1960.
CENACOLO DEGLI SPIRITUALISTI LIVORNESI, Voci dell'empireo.
CHARCOT J. M., in: „Revue Medic.", 12 (1892).
CONVEGNO INTERNAZIONALE SULLE NUOVE RICERCHE SPERIMENTALI NEL CAMPO PARAPSICOLOGICO, Parapsicologia e scienza esatta a confronto, Mailand 1973.
CSP Quaderni di parapsicologia, nn. 4-5-6-8-9-10, Bologna 1972, 1975, 1977.
CROOKES W., Fenomeni dell'occulto, Rom 1972.
DE BONI G., L'uomo alla conquista dell'anima, Mailand 1975.
D'ESPERANCE E., Il paese dell'ombra, Verona 1948.
DE GIACOMO P., Elementi di psicopatologia, Rom 1972.
DE MARTINO E., Il mondo magico, Turin 1973.
DETTORE U., Normalità e paranormalità, Mailand 1977.
DETTORE U., Storia della parapsicologia, Mailand 1976.
DI SIMONE G., Rapporto della dimensione X, Rom 1973.
ENCICLOPEDIA DI PARAPSICOLOGIA, L'uomo e l'ignoto, vol. I–V, Mailand 1978.
FERRARO A., Spiritismo illusione o realtà?, Rom 1979.
FLOURNOY T., Spiritismo e psicologia, Rom 1971.
FREUD S., Sogno ipnosi e suggestione, Rom 1973.
GIBIER P., I fenomeni dello spiritismo, Rom 1971.
GONZALES QUEVEDO O., La faccia occulta della mente, Rom 1971.
GRAMAGLIA P. A., Lo spiritismo, Casale Monferrato 1986.

HUSON P., Guida alle facoltà ESP, Mailand 1977.
INARDI M., Il romanzo della parapsicologia, Mailand 1975.
JUNG C. G., Der Mensch und seine Symbole, Olten 1984.
JUNG C. G., Erinnerungen, Träume, Gedanken, Olten 1990.
JUNG C. G., L'io e l'inconscio, Turin 1967.
JUNG C. G., Psicologia dell'inconscio, Turin 1968.
JUNG C. G., Psicologia e patologia dei cosiddetti fenomeni occulti, Turin 1974
JUNG C. G., Problemi dell'inconscio nella psicologia moderna, Turin 1974.
JUNG C. G., Über die Psychologie des Unbewußten, Zürich 1942.
JUNG C. G., Inconscio, occultismo e magia, Rom 1971.
JÜRGENSON F., Dialoghi con l'Aldilà, Mailand 1976.
KARDEC A., Il libro dei medium, Rom 1973.
KOESTLER A., La sfida del caso, Rom 1974.
MESEGUER P., Il segreto dei sogni, Rom 1967.
MITCHELL E., Esplorazioni psichiche in USA, vol. I, vol. II, Turin 1975.
MOINE M., Guida alla radiestesia, Mailand 1975.
MORETTI G., I santi dalla loro scrittura, Rom 1975.
MORSELLI E., La psicanalisi, Bd. I, II, Mailand 1944.
MORSELLI E., Psicologia e spiritismo, Mailand 1908.
NESTLER V., La telepatia, Rom 1974.
OCCHIPINTI L. und A., La telescrittura dialoghi con l'inconscio, Mailand 1974.
OCCHIPINTI L. und A., Panorama di parapsicologia, Mailand 1975.
OMEZ R., Religione e scienze metapsichiche, Catania 1957.
OMEZ R., Occultismo e scienza, Rom 1965.
OSTRANDER S. und SCHROEDER L., Scoperte psichiche dietro la cortina di ferro, Turin 1975.
PAUL V., BENEDIKT XIV., Rituale Romanum, Rom 1880.
PAVESE A., 50 esperimenti di parapsicologia, Casale Monferrato 1977.
PAVESE A., Programmazione operativa e tipi di investigazione in parapsicologia sperimentale, in „Metapsichica", Mailand, Juli – Dezember 1977.
PAVESE A., Sperimentiamo insieme, in: „Arcani", nn. 3, 4, 5, 7, 8, Mailand 1980.
PETAZZI G., Spiritismo moderno, Triest 1934.
PICCIOLI A., Esistono i fantasmi? Come oggi si spiegano?, Mailand 1968.
PITIGRILLI, Gusto per il mistero, Mailand 1954.
PLEZ U., Le scienze perdute, Turin 1974.
PRATT J. G., Parapsicologia come scienza, Mailand 1976.
PUHARICH A., Uri Geller, Mailand 1975.
RANDALL J., La parapsicologia e la natura della vita, Mailand 1977.
RAMAKRISHNA RAO K., Parapsicologia Sperimentale, Rom 1967.
RANZATO F., Le tre dimensioni psichiche, Rom 1974.
RESCH A., Introduzione alla paranormologia, Pontificia Università Lateranense, Accademia Alfonsiana, Rom 1977.
RHINE J. B., I poteri dello spirito, Rom 1975.
RYZL M., ESP nel mondo moderno, Rom 1976.
RYZL M., Ipnosi ed ESP, Rom 1971.
RYZL M., Parapsicologia, Rom 1971.
RYZL M., Manuale di parapsicologia, Rom 1984.
SACERDOTE ANONIMO, L'umanità alla soglia della sua liberazione.
SERVADIO E., Passi sulla via iniziatica, Rom 1977.
SHERPES W., Spiritismo antico e moderno, Mailand 1956.

SINCLAIR U., Radio mentale, Mailand 1976.
SUDRE R., Trattato di parapsicologia, Rom 1966.
TENHAEFF W. H. C., ESP 1973, Seminario di Parapsicologia qualitativa (Rom), V Convegno Internazionale di Parapsicologia (Genua), Mailand 1974.
THURSTON H., La chiesa e lo spiritismo, Mailand 1949.
TOCQUET R., L'ombra svelata, Turin 1971.
VERRICO F. und MC, La psicoscrittura, Rom 1984.
WASILIEW L., Esperimenti di suggestione mentale, Turin 1972.
ZAMPA D., Elementi di radiestesia, 1973.
ZORAB G., D.D. Home il medium, Mailand 1976.